宁夏地方史话丛书

# 六盘山史话

总主编 张 廉
主 编 负有强

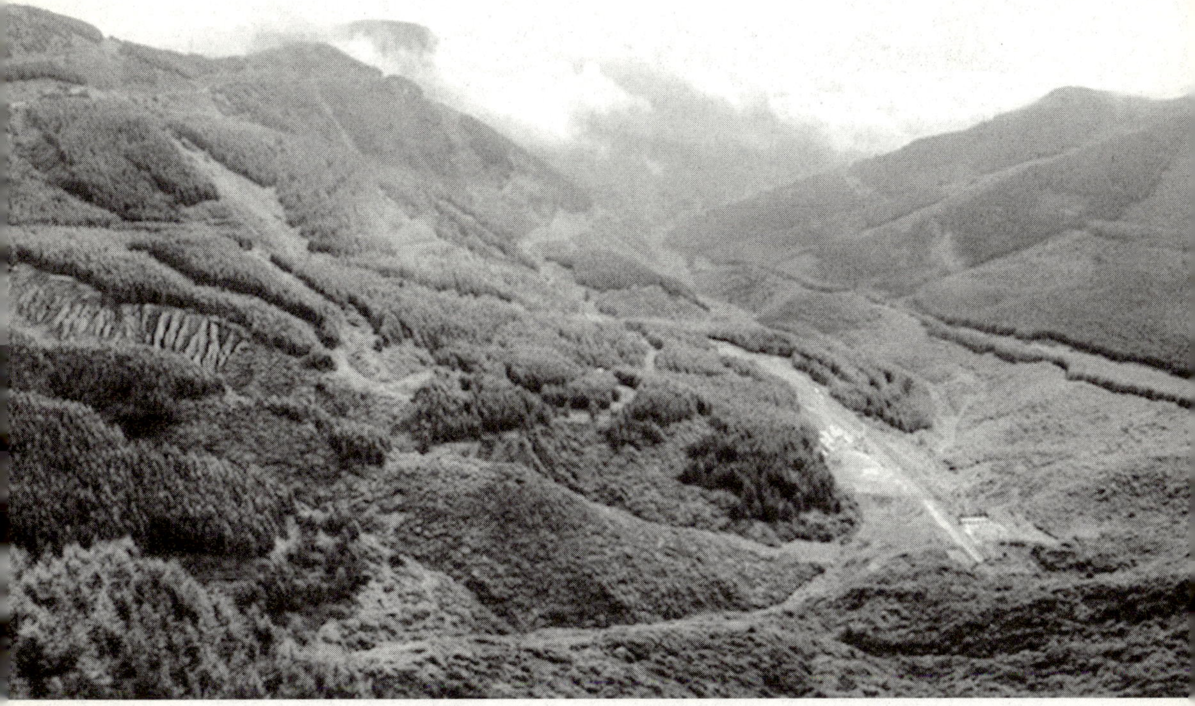

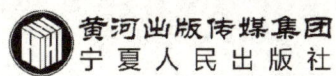

# 图书在版编目（CIP）数据

六盘山史话 / 负有强主编 . —银川：宁夏人民出版社，2018.6
（宁夏地方史话丛书 / 张廉总主编）
ISBN 978-7-227-06937-9

Ⅰ . ①六… Ⅱ . ①负… Ⅲ . ①六盘山—地方志—宁夏 Ⅳ . ① K928.72

中国版本图书馆 CIP 数据核字（2018）第 200488 号

## 六盘山史话
（宁夏地方史话丛书）

负有强　主编

责任编辑　姚小云
责任校对　白　雪
封面设计　香　榆
责任印制　肖　艳

 出版发行

| 地　　址 | 宁夏银川市北京东路 139 号出版大厦（750001） |
| 网　　址 | http://www.yrpubm.com |
| 网上书店 | http://www.hh-book.com |
| 电子信箱 | nxrmcbs@126.com |
| 邮购电话 | 0951-5052104　5052106 |
| 经　　销 | 全国新华书店 |
| 印刷装订 | 银川市昊博彩色印刷有限公司 |
| 印刷委托书号（宁）0010679 | |

开本　880mm×1230mm　　1/16
印张　21.5　　　字数　300 千字
版次　2018 年 10 月第 1 版
印次　2018 年 10 月第 1 次印刷
书号　ISBN 978-7-227-06937-9
定价　68.00 元

版权所有　侵权必究

《宁夏地方史话丛书》

**编委会**

| | | | | |
|---|---|---|---|---|
| 主　任 | 咸　辉 | | | |
| 副主任 | 赵永清 | 杨培君 | 张　廉 | 刘天明 |
| 委　员 | 许　宁 | 陈春平 | 赵旭辉 | 李秋玲 |
| | 郭秉晨 | 杨志东 | 马汉文 | 曹志斌 |
| | 白耀华 | 王文宇 | 宋建钢 | 马建民 |
| | 撒承贤 | 李志炜 | 王生屹 | 杨玉经 |
| | 李郁华 | 喜清江 | 马汉成 | 万新恒 |
| | 负有强 | 周福琦 | 赵会勇 | 刘　虹 |
| | 赵　波 | 马自忠 | 苏焕喜 | 李　彬 |
| | 马莉方 | 李玉山 | 谭兴玲 | 金永灵 |
| | 戴培吉 | 丁　炜 | 房正纶 | 武维东 |
| | 潘建宁 | 马威虎 | 刘启东 | 陈　宏 |
| | 许正清 | 孙生玉 | 张永祥 | 赵军文 |

主　　编　　张　廉
副 主 编　　刘天明　负有强　张万静
特邀编审　　吴忠礼　孙生玉
编辑部主任　　负有强
编辑部副主任　　张万静

《六盘山史话》

编委会

| 主　　任 | 张　廉 | | |
|---|---|---|---|
| 副 主 任 | 刘天明 | 负有强 | |
| 委　　员 | 马平恩 | 祁悦章 | 郭恒军 |
| | 郭勤华 | 贾虎林 | |

主　　编　　负有强
副 主 编　　张万静
特邀编审　　吴忠礼　　王晓华
撰　　稿　　张家铎　　马平恩

# 前 言

宁夏历史悠久，文化灿烂，是中华文明的发祥地之一。有史以来，北方游牧民族与中原农耕民族在这里繁衍生息、相互交融、相互渗透，形成了多种文化形态并存的局面，积淀了独特的地域和民族文化资源。丰富璀璨的宁夏历史文化遗存，既蕴含了物换星移、兵戎玉帛的沧桑往事，也呈现出厚重丰富、独具特色的文化内涵。

宁夏回族自治区党委、政府高度重视文化的大发展、大繁荣，十分重视历史典籍的编纂出版工作。广大史学工作者依托宁夏丰富的历史文化资源，辛勤耕耘，忘我奉献，编辑出版了一大批反映宁夏历史文化的研究成果，为宁夏历史文化的开发和利用展现了新的窗口，对人们了解宁夏、认识宁夏发挥了重要的作用。新时期，继续深入挖掘宁夏历史文化资源，推出大批适合时代要求、人民群众需要的研究成果，不仅是宁夏广大史学工作者的重要使命和历史任务，也是建设和谐富裕新宁夏、与全国同步进入全面小康社会的迫切要求。《宁夏地方史话丛书》编纂工作的启动，正是适应这一发展要求应运而生的产物。

《宁夏地方史话丛书》旨在以宁夏多元文化为主线，分门别类，按照地域和行业来分类，以重大历史事件来陈述，打造一整套宁夏地方历史文化的集大成之作。这套丛书不仅展现了宁夏历史文化的不同侧面，而且系统介绍宁夏历史发展进程，是彰显宁夏历史文化特色、打造宁夏历史文化品牌、促进宁夏历史文化发展的优秀成果。

新中国地方志编纂工作开展三十余年来,各地地方志、年鉴、地情资料丛书的大量出版,积累了丰富的地方历史文化资料,培养了一批文字功底强、业务能力精的史志专家队伍。各级领导对地方史志工作也给予了大力支持,创造了良好的发展环境,为打造品质一流、特色浓厚的《宁夏地方史话丛书》奠定了坚实的基础。通过《宁夏地方史话丛书》,人们可以感受宁夏历史文化的苍凉厚重,领略宁夏历史文化的奇特魅力。

《宁夏地方史话丛书》编辑部

# 目录 MULU

| | | |
|---|---|---|
| 001 | 履巨迹华胥受龙孕 | 避葫芦兄妹结夫妻 |
| 010 | 炼彩石女娲补天穹 | 画八卦伏羲定乾坤 |
| 018 | 轩辕帝问道广成子 | 周穆王谒见西王母 |
| 025 | 商高宗山外击鬼方 | 周天子荒服伐西戎 |
| 029 | 建基业秦人固陇右 | 巡北地始皇建萧关 |
| 041 | 战匈奴孙卬殉萧关 | 巡安定武帝越陇山 |
| 047 | 汉宫女请缨出塞外 | 王昭君和蕃过萧关 |
| 054 | 光武帝二番伐隗嚣 | 羌族人三次举义旗 |
| 061 | 出祁山上演三国戏 | 守月支张郃杀杨条 |
| 067 | 皇甫氏传谱千百载 | 梁家族主政数十秋 |
| 085 | 赵夏秦纷争战高平 | 敕勒部揭竿反六镇 |
| 094 | 宇文泰关陇建北周 | 隋唐兵原州御突厥 |
| 100 | 唐太宗瓦亭观马政 | 弹筝峡番汉划鸿沟 |
| 109 | 六盘山开凿石窟群 | 佛龛洞展现雕塑术 |
| 116 | 建监苑陇右兴畜牧 | 陷长安荒废八马坊 |
| 129 | 孙思邈药撒六盘山 | 采药农习学采药术 |
| 139 | 粟特人为官原州城 | 马家堡初建清真寺 |
| 148 | 营堡寨沿边御西夏 | 战三川元昊败宋兵 |
| 161 | 李继迁经营天都山 | 十三将驻守西安州 |
| 168 | 金海陵建宫兴土木 | 张中彦伐木开陇道 |
| 175 | 刘都护顺昌战兀术 | 众豪杰川陕抗金兵 |

001

## 目录 MULU

| | | |
|---|---|---|
| 189 | 宋金兵争夺德顺军 | 蒙太祖力拔笼竿城 |
| 194 | 凉殿峡大汗召处机 | 六盘山蒙主留遗诏 |
| 205 | 六盘山平定浑都海 | 阿难达皈依伊斯兰 |
| 210 | 忽必烈开城建上都 | 铁木耳谋反终王位 |
| 218 | 逐残元徐达定西北 | 悟"亢龙"大帅求还乡 |
| 224 | 朱元璋数下迁徙令 | 大槐树百姓领川资 |
| 231 | 设总制提调边镇军 | 筑高墙防御蒙古兵 |
| 244 | 明朝廷固原设监苑 | 杨一清西北理马政 |
| 255 | 满四儿反明据石城 | 项总督破险回京师 |
| 265 | 周大旺兵变固原镇 | 李自成转战泾渭河 |
| 271 | 左宗棠督修西兰路 | 清官兵护路栽杨柳 |
| 277 | 张广建督甘掠财物 | 众议员通电驱督军 |
| 282 | 王洛宾邂逅五朵梅 | 民歌王以歌慰生平 |
| 287 | 奉严令修筑西兰路 | 抗日寇开通国际道 |
| 293 | 建林场营造针阔林 | 护生态建立保护区 |
| 305 | 六盘山开发旅游区 | 老龙潭打造观光地 |
| 323 | 立丰碑建成纪念馆 | 记伟绩重修会师园 |
| 332 | 凿隧道贯通六盘山 | 修高速连接青兰路 |

## 履巨迹华胥受龙孕
## 避葫芦兄妹结夫妻

六盘山又称陇山，陇是龙的音转。中国人自称是龙的传人，和陇山，即六盘山有极大的关系。

大约在地质学第四纪之初，地球是冰河时期，在中国历史上正是传说中的九头十纪开天辟地的时代。当此之时，鸿蒙未辟，宇宙洪荒，整个世界都在混沌之中。当时的中国西南天气和暖，雨水充足，黄河以北则冰雪皑皑。特别是蒙古高原地处中国极北，首当冰河冲击，所以"有冻塞积水，雪雹霜霰，漂泊群众之野"。洪大的冰流从西伯利亚滚滚而来，

东海子（传说中的雷泽，华胥履足的地方）

挟带砾石，卷着泥沙，注入今日之瀚海盆地，使这块盆地汇成内陆大海，这就是传说中的寒泽。

　　蒙昧时代晚期，冰河退去，蒙古高原大内海失去水源而枯竭，这些山岳的冰流，因为阻绝了出路在峪中形成了高山湖泊，这些湖泊至今仍留在西北山岳地带。

　　六盘山上湖泊中有一个叫雷泽，"雷泽湛湛，清彻不容污浊，每喧辄兴雷丽"。附近住着华胥部落。华胥族人，水淹不死，火炙不灭，越沟谷如履平地，睡虚空似卧躺平床，云雾遮不住眼睛，响霹雷震不坏耳朵。族中有一个女子叫华胥，善良温顺，长得"若轻云之蔽月，若芙蓉出绿波，秾纤得衷，修短合度，削肩纤腰，廷颈秀项，皓齿明眸，辅靥承权"。这个女子天天在雷泽里捕鱼、洗澡。一天，她睡着了，梦见有龙缠身，心猿意动。醒来时，躺在一个巨人特大的脚印中，不觉怀孕。十二年后，在一个赤光照屋的夜晚，生下伏羲。伏羲人首蛇身，肩宽膀大，目巨鼻隆，龙唇龟齿。身长九尺一寸。后来，华胥氏又生了一个女孩，取名女娲，女娲人首蛇身，目光如炬，心灵手巧。

华胥塑像

华胥氏一边拉扯两个孩子,一边操劳着。孩子渐渐长大了,华胥便教他们打渔、捕猎、种植、纺织,日子过得其乐融融。那时的六盘山土地非常肥沃,特别适合种葫芦。一家人就在湖边、河畔种了好多葫芦。

有一个葫芦长得非常大,看样子能装下几个人呢。华胥预感将要发生什么大事,便把这个熟透了的大葫芦摘下来,掏空内里,晒干后给里面装了好多吃的、喝的。一天,突然电闪雷鸣,暴雨如注,洪水一下子淹没了村庄,伏羲和女娲赶紧钻进了葫芦里躲避。兄妹俩躲在葫芦里漂啊漂,整整漂了七七四十九天,大水终于退了。伏羲、女娲走出葫芦,被眼前的景象惊呆了:房屋不见了,洞穴被泥水封死了,伙伴不见了,家畜也没了,到处都是积水,到处都是厚厚的淤泥……兄妹俩回到湫渊雷泽,开始了艰难的生活。过了一段时间,他们出去寻找伙伴。走了不知多少路,翻了不知多少山,蹚过不知多少河,四处都找遍了,还是连一个人影也没见到。

一天,伏羲为难地对女娲说:"咱俩婚配吧。"女娲一听羞红了脸,忙说:"不行,不行!咱们是亲兄妹啊!"伏羲说:"世上只有咱俩了,如果阴阳不配,就再没有人了。"女娲想了想说:"那就看天意吧。"

伏羲崖

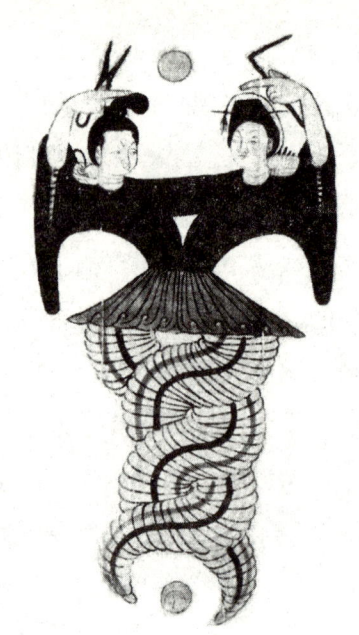

伏羲女娲（资料图）

伏羲说："好！不如咱们各在一座山头点一堆火，两股烟能合到一处，咱们就做夫妻。"于是，他们爬上相距很远的两座山头上点起烟火，两座山上的青烟竟然相向而飘，很快合成一股。伏羲笑道："看来天意让咱们成婚呀！"女娲忙摆手说："不算，不算！再试一次。咱们隔着河梳洗头发，俩人的头发能缠一起，才行。"他们便隔着河洗头发，谁知头发越洗越长，一会儿工夫，两人的头发便紧紧缠在一起。伏羲说："这次算不算？"女娲红着脸说："再试一次吧。山顶有盘石磨，咱们各取一扇滚到山下，两扇磨盘能重合在一起的话，咱们便成婚。"他们到山顶上滚磨盘。两扇磨盘滚到山底时竟牢牢地重合在一起。看到天意确实如此，俩人便跪下朝天地拜了三拜，又朝着雷泽给华胥磕了三个头，相互又拜了一拜。这就是结婚拜天地、拜高堂和夫妻互拜的来历。

兄妹结合不免羞愧，因此他们决定晚上结合，所以称结婚，婚者昏也，即黄昏之后。那时的人住的是洞，因此结婚时称入洞房。伏羲、女娲兄妹结为夫妻，这个故事在中国的东南西北，都有不同的版本。有首民歌特别有趣味：

妹打主意难哥哥，哥妹爬上一高坡。
对山烧火火烟绞，两烟相绞把亲合。
两股火烟相绞了，妹妹还是不愿合。
妹想合亲急出火，出点主意逗哥哥。
哥哥下水就过河，哥上一坡妹一坡。
隔河梳头隔河拜，哥妹头发绞成坨。
头发成坨妹又变，看哥硬石几经磨。
隔河种竹隔河拜，竹墨相交把亲合。
哥也拜来妹也拜，两根竹尾绞成坨。
哥哥你莫欢喜早，我的主意有蛮多。
对门石岭对过坡，各把磨石滚下坡。
两扇磨石叠合起，磨石相合人也合。
兄妹对山滚石磨，果然磨石叠合了。
两扇磨石合拢了，看妹主意有好多？

女娲造人（梁启德/绘）

磨石合了我不合，围着大树绕圈捉。

若是哥哥追着我，妹拉哥哥把亲合。

伏羲、女娲结为夫妻，重建家园。女娲在正月初一这天造出鸡，初二造出狗，初三造出猪，初四造出羊，初五造出牛，初六造出马。到了初七这一天，女娲用黄土和着水，仿照伏羲和自己的样子捏出了一二十个小泥人，放到地下就活了，还围着女娲亲切地叫妈妈。后来，女娲走到哪儿捏到哪儿，用白土捏的变成了白人，用黑土捏的变成了黑人……再后来，她嫌捏泥人太慢，便用藤条往泥里一蘸，往地下一甩，泥点子着地后全变成了人。这样，人越来越多，转眼间又兴旺起来。因为最初用黄泥所捏的人就是后来的汉人，他们承担着长子的职责，始终不忘老祖母华胥，自称华人。也因为汉人诞生在大地的中心，所以汉人生活过的地方就叫中华、中土、中国。

伏羲、女娲创世的传说在许多古文献中都有记载。唐代李冗《独异志》载："昔宇宙初开之时，止女娲兄妹二人，在昆仑山，而天下未有人民。

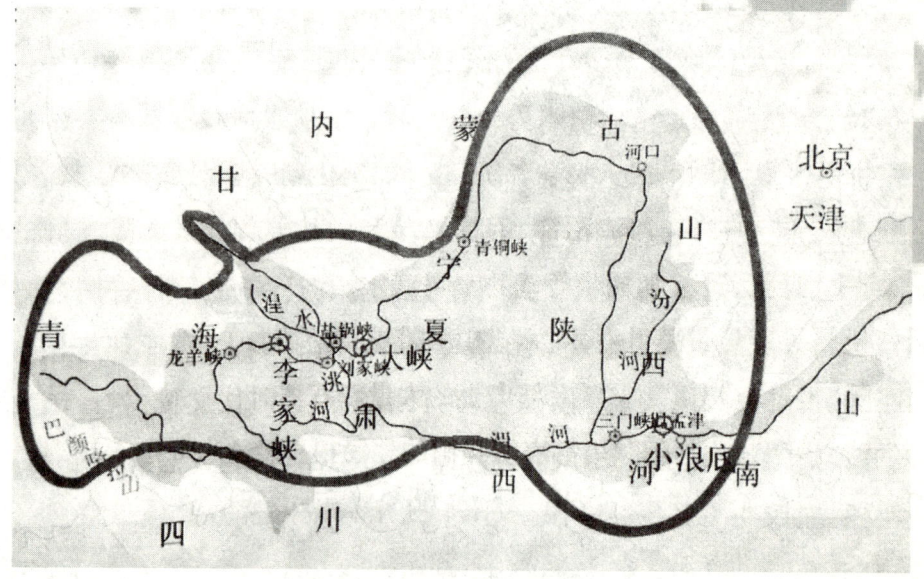

化育人类万物的大地——葫芦

议以为夫妇,又自羞耻。兄即与妹上昆仑山,咒曰:'天若遣我兄妹二人为夫妇,而烟悉合,若不,使烟散。'于烟即合,其妹来就。"敦煌写本中有题为《天地开辟以来帝王纪》残卷四件,记载着有关伏羲、女娲兄妹传说文字。《太平御览·风俗通》云:"俗说天地开辟,未有人民。女娲抟黄土作人,剧务,力不暇供,乃引绳于絚(gēng)泥中,举以为人。故富贵者,黄土人也,贫贱凡庸者,引絚人也。"中国最早的诗歌总集《诗经》里也有"绵绵瓜瓞(dié),民之初生"的诗句。瓜瓞就是葫芦。传说往往隐藏着许多不为人知的真实背景。

传说伏羲、女娲生了一百二十个子女。人们用天干和地支一一搭配,循环组合成六十个干支,俗称"六十花甲子",用来纪时纪年。其实,六十花甲子也是有阴有阳,因为十二地支分阴分阳,所以,天干与地支的单纯组合是六十个,分阴分阳则是一百二十个。六十个属性为阳者为男,六十个属性为阴者为女。

为什么创世的故事发生在葫芦河畔,而不是其他地方?葫芦到底隐

隆德页河子新石器遗址

旧石器

藏着哪些不为人知的秘密呢？看看黄河流域水系图，黄河、渭河流域不正像是一个葫芦吗？这个葫芦就象征天父天母的腹部，是创造人类、化育万物的圣地。女性的子宫，多么像一个葫芦。由此可知，孕育人类的圣阴圣宫同样也是葫芦，那么，葫芦不正代表着人类从何而来吗！

葫芦，看似非常普通，但在许多中国人的眼里，却是神奇无比的圣物。葫芦是两性和合的象征。中国古代婚礼上将葫芦剖作一对瓢，以红线相连，饮酒合婚，称为"合卺（jǐn）"，寓意婚姻美满。葫芦是多子多福的象征。葫芦藤蔓交缠，果实累累，且葫芦与福禄、蔓与万读音相谐，寓意多子多福，兴旺发达，万代昌盛。葫芦还是盛装灵丹妙药的器具，是无所不能的法宝。"葫芦虽小藏天地，伴我云游万里身。收起鬼神窥不见，用时能与物为春。"这是宋代诗人陆游对葫芦的赞誉。三国曹植有《伏羲赞》：

木德风姓，八卦创焉。
龙瑞名官，法地象天。

庖厨祭祀，网罟渔畋。

瑟以象时，神德通玄。

华胥生伏羲，伏羲兄妹结婚，女娲炼石补天、伏羲画八卦等神话在六盘山整个地域广泛流传，泾河、渭河流域是中国古代文明的源头之一。这些神话的流传不是空穴来风，它所反映的是原始社会母系向父系过渡的整个历史，宁夏隆德县页河子新石器时代遗址、甘肃秦安大地湾新石器时代遗址是最具典型的例子。

页河子大地湾遗址的发现，以其更加浑厚的文化内涵印证了神话传说中的中华民族远古历史，其作为黄河上游人类远古文明的源头，为越来越多的人所认同。

## 炼彩石女娲补天穹
## 画八卦伏羲定乾坤

女娲抟土造人、造物，人类万物生生不息，地球又恢复了勃勃生机。很多人身材非常高大，本领非常高强，无论多高的山都能上去，多深的海都能下去。伏羲、女娲就让这些有能耐的人管理各方，叮嘱他们要尽职尽责。如祝融负责管火，共工负责管水，人们尊称他们为火神、水神。很快，天下被治理得衣食无缺。但是，这些人能耐太大，难免你不服我，我不服你，甚至争强斗狠，水神共工就是这样。水神共工性情冷酷，暴戾乖张，一向嫉恨火神祝融。有一年，共工趁伏羲、女娲熟睡之际，偷偷向火神祝融发动攻击。谁知火神早有准备，奋力迎战。风神本来十分讨厌水神惹是生非，一看水神又挑起事端，不等火神来请，就主动前来助战。一时间，风助火势，火借风力，所到之处，云消雾散，巨浪顿息。共工见大势已去，羞愧难当，一头撞向天柱，轰隆隆一声巨响，天地剧烈地晃动起来。

伏羲、女娲赶到时，只见盘古所造的那个玄武的身躯都被撞裂，巨龟的左前肢（天柱）关节（柱顶石）被撞坏，左后肢被撞断，只连着一层皮和筋。大蛇虽然左避右闪，腰部还是遭到重重的一击，被撞成两截，也只是连着皮和筋。在巨大的冲力之下，天柱摇摇晃晃，随时都要倒下；

地基不断开裂,随时都要崩塌。苍穹开裂,暴雨铺天盖地,女娲用草木灰浸润暴洪,用剑砍断龟的四脚支撑天的四维,把蛇缠在天柱上变成螣守住天柱。

螣蛇又称腾蛇,传说中的一种能飞的蛇,为中国古代星宿中的六神之一,隶属北方七宿。六神为青龙、白虎、朱雀、玄武、螣蛇、勾陈。螣蛇有角而普通蛇无角。据说,蛇修千年成螣,螣过天劫成龙。

螣蛇获得新生,天也补好了。美中不足的是,撑天的柱子已经倾斜,没有当初那么周正了,从此,就叫作"不周山"。螣蛇也不辱使命,它用头牢牢顶着天(屋顶),两眼警惕地盯着前方。天上的裂缝,女娲炼了许多彩色石头用以填补。

女娲炼石补天的时候,伏羲修好了地基,正处理巨龟。这条断肢的巨龟身体,上面还带着很多物象。伏羲仔细打量着、琢磨着,这条断肢似龙非龙,似鱼非鱼,似马非马,似牛非牛,似乎什么都像,又什么都

女娲补天

不像，只好随方就圆，造了一个新物象，赋予其新的生命。这个物象就是勾陈，亦即麒麟。勾陈，中国古代星宿名，属六神之一。《易冒》曰："勾陈之象，实名麒麟。"关于勾陈的意象，古人有如此描述："其貌不扬，黑丑而诚实。"

这场大灾难，中国古代好多文献都有记载。《史记·补三皇本记》载："诸侯有共工氏，任智刑以强霸而不王；以水乘木，乃与祝融战。不胜而怒，乃头触不周山崩，天柱折，地维缺。"《淮南子·天文训》曰："昔者，共工与颛顼（zhuān xū）争为帝，怒而触不周之山，天柱折，地维绝。天倾西北，故日月星辰移焉；地不满东南，故水潦尘埃归焉。"《淮南子·览冥篇》曰："往古之时，四极废，九州裂，天不兼覆，地不周载；火爁焱而不灭，水浩洋而不息；猛兽食颛民，鸷鸟攫老弱。于是女娲炼五色石以补苍天，断鳌足以立四极，杀黑龙以济冀州，积芦灰以止淫水。苍天补，四极正；淫水涸，冀州平；狡虫死，颛民生。"

伏羲和女娲治理他们的部落，他们以龙为图腾。十一个氏族，为了彼此区别，把龙的形态和颜色加以改变，便有了飞龙、潜龙、居龙、降

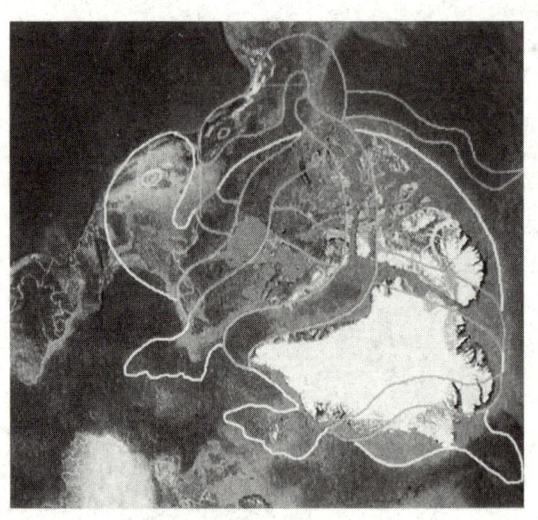

伏羲造的新玄武

龙、土龙、水龙、青龙、赤龙、白龙、黑龙、黄龙的区别。《竹书纪年·太昊·牲氏》："太昊伏羲氏，同姓之祖也，有龙瑞，故以龙命官。""命朱襄为飞龙氏，造书契；昊英为潜龙氏，造甲历；浑沌为降龙氏，驱民害；大庭为居龙氏，造屋庐；阴康为土龙氏，治田里；粟陆为水龙氏，繁滋木，疏导泉流。"伏羲还有五官，以春官为青龙氏，夏官为赤龙氏，秋官为白龙氏，冬官为黑龙氏，中官为黄龙氏，是为龙师而龙名。

起初，人们不懂得用火，只知茹毛饮血，疾病连连，痛苦不堪。伏羲便教人们钻木取火，保存火种；建造房屋，躲避猛兽；缝制皮衣，防止严寒。有了熟食，有了房屋，有了衣服，疾病减少了，身体强壮了。又教人们造弓箭、制网罟，打猎捕鱼，还教人们驯化动物，饲养家畜，丰富食物来源。这样，畜牧业诞生了。

那时。物质非常缺乏，难以样样都有。有时，你有多余弓箭他却没有；他有多余网罟你却没有；你的豹皮多，他的羊皮少，大家都想拥有这些东西，难免会产生争执。伏羲就规定，想要得到别人的东西，就要拿自己的东西去交换，这就是最早的以物换物。伏羲还教人们用两块木板相合，在当中刻上几道痕，然后双方各执一块，作为凭证，这就是"契"，为大灾难之后最早的契约合同。大灾难之后，人类群婚群居，子女只知

伏羲教民

女娲做媒

有母，不知有父。伏羲、女娲决心革除这种习俗。他们宣布："凡是同姓男女，一概禁止婚配。凡要得到女方的，一定得有人做媒，还要备点礼物送到女方家去。礼物不能奢侈，有两张鹿皮或别的什么就够了。"又教人们以父姓为姓，表示家族血缘关系。伏羲、女娲自称风姓，风姓成为天下第一大姓。自此，男女有别，一夫一妻，人类始知有父子、有人伦。

自从有了人伦，人类便明白了感恩天地、答谢祖宗的道理，敬天祭祖成为一项重要活动。伏羲发明用桐木削成琴瑟，安上蚕丝做弦，弹起来十分铿锵悦耳，又用泥土烧制成埙，吹起来非常的和缓悠长。女娲还发明了笙簧，形状跟后来葫芦笙差不多。这些都是最古老的乐器。每逢敬天祭祖时，人们就敲着瓦盆、石器，吹着埙，弹着琴，和着笙簧，载歌载舞，由衷地表达对天地神灵和祖宗的感激之情。伏羲、女娲还创作了《驾辩》《立基》等乐曲，常常抚琴弹奏。每当琴声响起，天上就现出祥云瑞彩,凤凰百灵都围着他飞舞和鸣。在伏羲、女娲的倡导下,人类不仅懂得用音乐来陶冶性情,也懂得许多做人的道理,激发出无穷无尽的创造活力。

大灾难之后,人们对自然非常敬畏,害怕刮风下雨、电闪雷鸣。伏羲教人们观天文,察地理,归纳自然界里各种对立的统一体,如天地、日月、阴晴、昼夜、寒暑、男女、上下等。他把这种对立体称作阴和阳,并用"—"代表阳,用"— —"代表阴,用两种符号组成八种图形,叫作八卦,表示各种自然界状态。中间太极图,表明当时人们对天体的认识。

在天体宇宙中,地球随太阳系运转,太阳系随银河系运转,以北极星为参照点,做顺时针旋转,即右转。那时,地轴的南极正好对着北极星,地球随星系左转一周后,会沿着一条"S"线向北极星的另一侧绕去。到北极星的另一侧后,以北极星为参照点,做逆时针旋转,即左转。这时,地轴的北极正好对着北极星。地球随星系右转一周后,还会沿着一条"S"线再回到北极星原来的那一侧,进行右转。这样,循环往复,无穷无尽。实质上,不管绕到北极星哪一侧,地球自转、公转方向并没有变。

有趣的是,不管是地球跟随星系绕到了北极天的另一侧,还是北极天绕到了地球另一侧,或者二者兼而有之,最终运行结果一定是个太极图,这就是道家的"循回"或轮回。佛家把S拉直把太极图变成"卍(万)"称作初转法轮。

伏羲八卦直接开启了中医药理论。《帝王世纪》曰:"伏羲画卦,所以六气、六腑、五藏、五行、阴阳、四时、水火升降,得以有象;百病之理,得以有类,乃尝百药而制九针,以拯夭枉焉。"伏羲远取诸物,近取诸身,发现人体有许多经络和穴位,人的五脏六腑与阴阳五行紧密关联,只有气血顺畅,阴阳平衡,才能维系正常生命。如果内伤七情,即喜、怒、忧、悲、思、恐、惊;外感六气,即风、暑、湿、燥、寒、火,则容易出现疾病,甚至死亡。所以,便想办法制作了各种砭(biān)石,也就是石针,对气滞血瘀患者,用石针去刺扎穴位或用艾蒿灸灸,疏通人体气血,以治疗或减轻病痛。伏羲、女娲家乡是六盘山,伏羲登高山,攀悬崖,尝百草,辨药性,发现药物四种性质,或寒、或热、或温、或凉;五种滋味,或辛、或甘、或酸、或苦、或咸。对阴阳失衡的病人,辨证施药,以达到均衡阴阳、治疗疾病的目的。这就是世界上最早的医药学之一——中医学。

伏羲在采药过程中,发现好多植物的籽粒可以食用,还可以种植栽培,便引导龙山的人们培育种植黍(shǔ,糜子)、稷(jì,谷子)、麻、油菜等农作物,六盘山地区成为农业最早发源地。随后,依各地气候、土壤特点,培育种植出大豆、蔬菜等作物。又依据阴阳相合之理,发明了杵臼、石磨、石犁等工具,伏羲用十天干与十二地支配合,以六十年为一元甲子,三元甲子一百八十年为一个周期。确定一天为十二个时辰,一年为四时。每当三元甲子结束和开始期间,离地球最近的"日、月、金、

十二地支位置图

木、水、火、土"七颗亮星就会成一直线排列,即后来《尧典》称之为"以齐七政",《汉书》称之为"七曜汇聚"的天文现象。伏羲以这一规律为基础,用置闰的办法,每十九年置七个闰月。这样,虽然每一年长短不一,但平均下来,一年实为三百六十五点一四一九九天,既与天象相合,又不误农时。这就是甲历,也称易元历,是世界上最早的历法。

伏羲是伟大的,六盘山是伏羲出生地,是龙飞升的地方,伏羲、女娲再造世界,中华民族正是龙的传人。很早以前,人们对伏羲作为人文始祖的认同,表明人们对于族群已经有了文化和血缘关系上的区分。这是一种使命感和归宿感共生信仰形态,在今天依然具有文化认同和族群确认的巨大凝聚力。从始祖到家族,从家族到家庭,中国人经过漫长的社会实践形成了中国人的民族意识、民族习惯和民族个性,这就是中华民族几千年延续不断的原因。西晋潘岳有诗云:

肇自初创,二仪氤氲。粤有生民,伏羲始君。
结绳阐化,八象成文。茫茫九有,区域以分。

## 轩辕帝问道广成子
## 周穆王谒见西王母

原始社会末期，农业生产的发展和剩余产品的增多，扩大了商品交换范围，促使氏族内部财富分配、占有出现明显差别，各个家庭之间开始发生贫富分化，社会财富逐渐集中到以部落头领为首的少数人手中。为了争夺权力和财产，头领们常常发动战争，当时六盘山地区部落酋长黄帝对此十分忧心。黄帝，本姓公孙（后改姓姬），又号有熊氏，因居轩辕之丘，故又称轩辕氏，是五六千年前原始社会末期氏族首领。传说他是炎帝的胞兄弟，与炎帝分管天下。后来，为对付九黎族首领蚩尤的

| 石斧 | 石斧 | 石耒 | 石锛 |

侵犯，与炎帝结成联盟，在涿鹿进行决战。战斗一开始，蚩尤便从鼻孔喷出漫天漫野的大雾来，持续了三天，使黄帝的士兵不辨东西，幸而黄帝发明了"指南车"，把士兵引出重围，终获大胜。

黄炎联盟在打败蚩尤后也走向破裂。起因据说是"炎帝欲侵凌诸侯"，想争夺盟主地位，而诸侯们都愿意归从轩辕。结果，炎帝与黄帝在阪泉摆开战场。经过三场大战，黄帝取得胜利，被四方首领公推做了"天子"。做了天子后，怎么治理这个国家，黄帝心里没底，他听说广成子是得道的神仙，便决定去广成子那里问道。

广成子住在崆峒山，崆峒山是六盘山支脉，东南走向，山体崛起于上三叠纪时一个干热或半干热环境下的沉积盆地，和主峰关山、隆德南凤山构成十字形状。其沟谷和丹崖赤壁与之相连的古夷平面，构成了奇特秀丽而雄伟浑厚的景观。峰林耸峙，危崖突兀，幽壑纵横，岩洞遍布，怪石嶙峋，而台坪较平缓。广成子就住在台坪的紫云洞里。紫云洞是广成子新修行之地，相传他先在隆德南凤山石窟寺修炼，每日静坐，看红日东起，缓缓与山顶相摩。一天，忽听洞后有风火声，回头见洞开一穴，循穴遂至崆峒。广成子临走时以掌断山，斩断山仙脉并题字壁上："此处吾修行，他人休打禅。若要成正果，拜师崆峒山。"

黄帝问道时，广成子自称已活了一千二百岁。他教给黄帝关于长生久视的道妙，并让黄帝入山时佩戴雄黄以避毒蛇。《古今图书集成》载黄帝问道的详细情节，其中说到黄帝立为天子的第十九年，天下承平，他便往崆峒山向广成子问如何取天地之精以培养五谷，如何把握阴阳以教化人民。广成子听了黄帝的提问后，认为他心怀贪欲，会使天地失序，怎能来谈论至道。于是黄帝退居静室，避开俗务，反省三月，再次到崆峒山向广成子求教。广成子见黄帝虔诚恭敬，便将"至道"尽数教给黄帝。黄帝听后赞叹说："广成子就像天一样伟大！"广成子说："是这样，许多人都没有看到万物皆是无穷的，只在那里执寻着一个结果，许多人都想人为地改变万物本性，却不知道万物原本不需要人的规定而自然存

黄帝问道

在。所以得了我所教的道，上可以为皇，下可以为王。失去我所教的道，只能与泥土和空气同化。今天的世界，所有昌盛的东西都生于泥土，最终还要返回到泥土。因此，我要和你离别，进入无可穷尽的大道之门，与日月共光辉，与天地同长久。你不要当着我明白大道的玄奥，离开我又不明道为何物，独自长生而看着众人皆短命。"

问道后的黄帝处事公正，执法严明，能为民除害。传说有一回，钟山的山神烛龙，有个叫"鼓"的儿子，伙同另一个叫"钦䴖（pei）"的天神在昆仑山上把另一个天神杀死了。黄帝很生气，立即派人前去杀掉他们。

作为"天子"的黄帝，他发明许多东西，如裁缝衣裳、制造舟车、营建宫室等，还命臣子伶伦制乐器，大挠作干支，仓颉造文字，他的妻子嫘祖还教人们养蚕。从此，天下大治，人民安乐。黄帝时期虽然进行过不少战争，但战争打破了氏族的狭窄界限，推动各氏族的融合，这样便逐渐形成了古老的华夏族——汉族的前身。相传历史上唐尧虞舜以及夏商周三代君主，都是黄帝的后裔。因而，后人称黄帝为华夏族的始祖，把一切文化制度的创立都归功于黄帝，称之为我国的"人文初祖"。

黄帝问道的地方，人们称作"问道宫"。问道宫、问道宫，进门听不到水吼声。

问道宫在崆峒山南台之下，望驾山对面，泾河岸边。那里河道窄，水流急，真是激浪含烟，涛声如雷！问道宫恰巧就建在这里。但奇怪的是，当人们一跨进问道宫的大门，外边的涛声，一下子被隔绝了，连一丝细微的声音也别想闯入问道宫内。

这是怎么回事呢？传说，黄帝问道于广成子时，最初就是在这里的一个石洞中。这事被泾河龙君知晓，他便赶忙前来参拜，并想听听广成子传道。谁知他进了石洞之后，喘息之声犹如泾河的涛声，黄帝无论怎样用心听也无法听清广成子所讲的字句。于是他便请准仙师法旨，命泾河龙君退出门去，永远不许他和他的声音进入这里。泾河龙君只好乖乖退了出去。后来，人们在黄帝最初问道的地方修了宫观，这里便被命名为问道宫。

说也奇怪，从那次黄帝让龙君退出之后，哪怕是惊涛震耳欲聋，只要进了问道宫，里边立即肃静安宁，没有一丝声浪。

传说，黄帝上了崆峒之后，他手下的那些臣子百姓，有上百人赶到崆峒山下，想让黄帝回到自己的身边。可黄帝上山以后，任山下的人们千呼万唤，始终未曾露面。守在山下的人们着急了，他们无法登上仙山，便在山前搬石运土，要垒起一座高台，站在台上望一望自己的亲人。"人心齐，泰山移"。大家日复一日、年复一年的在崆峒山前加高土台，土台越来越高，人们的信心也越来越足。只是好景不长，在时光飞逝中，这百十人也都相继谢世，土台并未达到崆峒山的高度。但这百十人都有一个共同的遗愿，死后都愿葬在土台旁边，做鬼也要加高土台，使后人能站在土台上望见崆峒仙境，望见黄帝的身影。

说也奇怪，自从这些人葬在土台下边以后，土台忽然自动升高了。

土台日日增高，眼看就要高过崆峒山。不知是哪朝哪代的帝王，听了风水先生的话，说是崆峒山前的土台如果高过崆峒山，天下就要大乱。于是他便派人来挖断了土台前边与聚仙桥相通的仙脉，掘掉了土台下边的坟墓，土台果然不再升高了。

后来的人们把这土台叫作望驾山。至今在民间还流传着"挖断聚仙桥，气死望驾山"。

黄帝问道广成子的事情历史有记载。《史记·五帝本纪》第一："皇帝西至于崆峒，登鸡头。"《抱朴子·内篇》："从广成子受自然之经。"

广成子死后葬于崆峒，沿崆峒天梯向上，路右即是，悬于崖壁，有祠彩塑黄帝与广成子像。唐李白有广成子诗：

世道日交丧，浇风散淳源。不采芳桂枝，反栖恶木根。
所以桃李树，吐华竟不言。大运有兴没，群动争飞奔。
归来广成子，去入无穷门。

如果说伏羲、女娲的故事是以山为德，黄帝问道是以水为性，那么

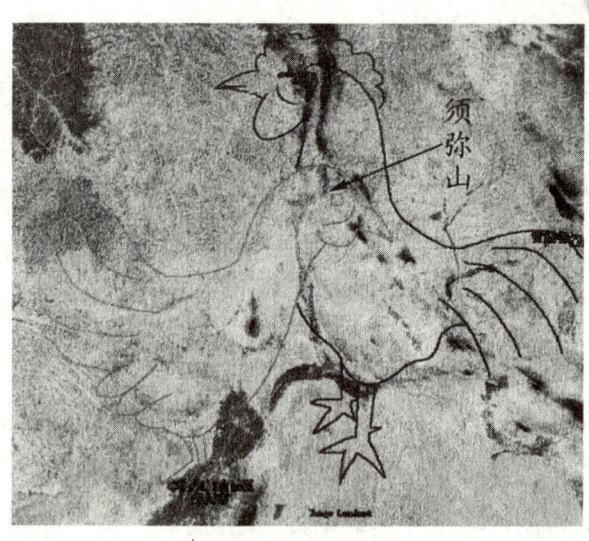

鸡头山示意图

西王母的传奇则以六盘山左的泾水为背景。传说中的西王母住在泾河上游香水峡回中宫。"以紫云为盖，青云为城，仙童侍立，玉女散香。"峡中声浪卷来，音律起伏，管弦共鸣，又称弹筝峡（此所说的弹筝峡不是香水峡）。在峡中可以听到花的绽放，叶的吐芽，群鸟的和鸣，风雨的协奏，雷电的轰鸣，看到云的轻盈，风的潇洒，日出日落，月降月升的恢宏和壮阔。回中宫泾源人说在泾源果家山，而泾川人说在泾川县城西"回山"上。回中宫在文人的笔下是："琼香缭绕，瑞霭缤纷，瑶台铺彩结，宝阁散氤氲。风翥鸾翔形缥缈，金花玉萼默沉浮，上排九凤丹霞，八宝紫霓墩。五彩描金桌，千花碧玉盆。桌上有龙肝凤髓，熊掌与猩唇。珍馐百味般般美，异果佳肴色色新。"住瑶池，食美味，饮琼浆，是西王母。

西王母传说中和东王公分管西半天和东半天的神灵。后来，东王公在传说中变成了玉皇大帝，西王母成了玉皇大帝的夫人。传说西王母住在昆仑山附近的玉山上，她是主管天下的神。她的身旁有三青鸟专门侍奉她吃喝。玉山在香水峡左首，即果家山。西王母和她的侍女每天涂脂抹粉，故这段泾水称脂胭河，亦称香水河，其峡自然称香水峡。西周时，周穆王西巡狩猎来到泾水。到王母宫山南的瑶池里会见了西王母。美丽动人的西王母使周穆王震惊，人间的人再好，也没有天上的神好。西王母拿出天宫的美酒设宴款待周穆王，一个是天上的女神，一个是人间的皇上，一时之间离不开了。王母与穆王对歌，王母唱道："道里悠远，山川间之，将予无死，尚能复来。"意思是你见到我以后是不会死去的了，你回去后离这里有这么远的路，又隔着这么多的山，你什么时候再到我这里来呢？穆王唱道："比及三年，将复而野。"说他三年之后，一定来这里。结果，穆王一去不返，王母天天在瑶池里倚在窗边看着泾河水，等啊等啊，终究未能等来周穆王，听到的只是穆王悲哀的歌声。穆王用歌声表达他的遭遇：他的人马走到一个叫黄竹的地方，遇到了大风雪，人马死伤惨重，前进起来艰难极了。本来，穆王的八骏马一天能跑三万

里呢！

　　到了汉朝，汉武帝西巡，恰巧是七月初七之夜，汉武帝在泾川瑶池与王母相会，汉武帝不仅见到了天上的女神，还品尝了王母的仙桃，又欣赏天宫里的音乐。

　　泾水瑶池很美，这个传说更美，从古至今，广为流传，一代一代的人都要千里万里的赶到泾水瑶池拜谒王母。泾川是陇东繁华之地，物产丰富，气候宜人，比泾源果家山沟深密林好出多少倍，因此，人们宁肯去泾川祭祀王母，不去果家山追寻仙迹。西王母在何处？这和其他历史史实一样，是由后人说了算的。那是由许多复杂因素所决定的。我暂且从《太平寰宇记》去读关于西王母的记载，从古诗中抄录关于"回中宫"的佳作。李商隐《瑶池诗》曰：

　　　　瑶池阿母绮窗开，黄竹歌声动地哀。
　　　　八骏日行三万里，穆王何事不重来？

## 商高宗山外击鬼方
## 周天子荒服伐西戎

大约在新石器时代末期，即传说中的夏代初年，商由山东沿黄河而西上，所谓"太康失德，夷人始畔"。到传说中的夏的末叶，便积极西进，所谓"桀为是虐，诸夷内侵"，商进入黄河腹地，击溃诸夏之族，代替"夏族"而成为中原的主人。夏族本是伏羲后代，生活在六盘山地区，被迫又退回六盘山一带，是为后来的鬼方。固原地区正是原来鬼方活动的范围。为了彻底征服"诸夏"之族，商西伐鬼方，远征西夏，使氐、

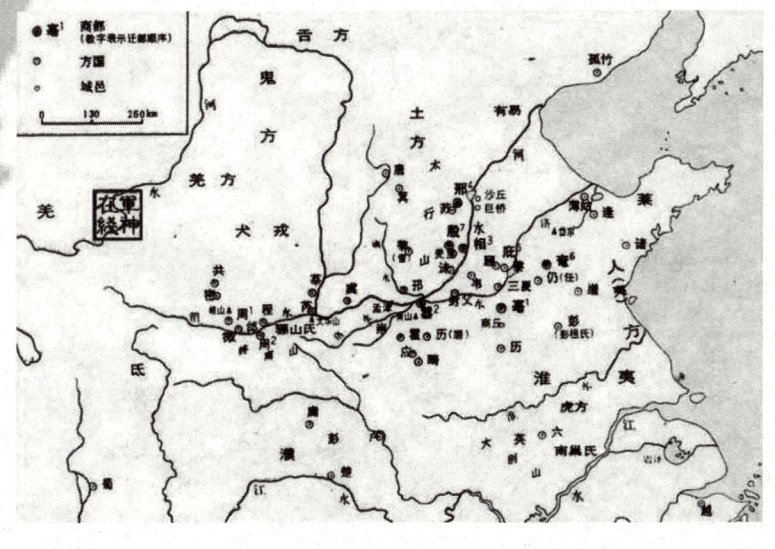

新石器时代末期部族分布图

羌之族来享来王,商便"设都于禹之绩"。在这种情况下,诸夏变成了商的臣属,这在中国历史上是用夷变夏的时代。除了东南及西南诸氏族、新疆诸氏族,或因中间相隔诸羌,或因地理关系未被征服外,整个中原、西北陕甘一带及商的故乡、渤海沿岸都在商的统治之下,把这么多不同氏族放在一个权力之下,国家便在客观要求之下产生了,然而,这不是说氏族社会转向古代社会。散布在西北的诸氏族仍然保持其以血缘关系结合的氏族社会经济结构和社会组织。

殷商时期,中国的奴隶制处于上升和发展阶段,随着奴隶主政权的巩固,生活在六盘山地区的鬼方和其他民族"莫敢不来享,莫敢不来王!"陕西、甘肃和宁夏境内的少数民族宾服商朝,纳贡称臣以后,民族关系趋于和好。经过商初的稳定发展,生活在六盘山境内的鬼方氏族部落,逐渐统一戎族各部,形成一个足以与商王朝对抗的少数民族联盟——鬼方。

鬼方强盛以后,开始不断向商和臣属于商的周人统治的农耕区渗透,从农业区掠夺财物、粮食及其他产品,并且俘获大批农业劳动力作为奴隶。商朝统治者为了遏制鬼方南下,多次兴兵征讨。殷商中期,"高宗伐鬼方,三年克之"。殷商后期,"震用伐鬼方,三年有赏于大国"。

高宗伐鬼方,三年克之

在这两次大规模的战争中，势力强大的商王朝联合周人，各用三年的时间，打败鬼方，赢得战争的胜利。

殷商后期，戎族开始形成，"诸戎饮食衣服不与华同，贽币不通，言语不达"。与鬼方杂居相处，以游牧为生。直至西周初年，周康王伐灭鬼方，俘虏酋长2人，斩首4812级，俘获13081人，其余众融合于戎族之中，戎族部落势力渐强。六盘山周围是戎族活动的主要地区之一。"安定山谷之间，昆戎旧壤"，史称西戎八国，即䤛诸、绲戎、翟、獂、义渠、大荔、乌氏、朐衍。

西周建立，畜牧业经济的迅速发展，不但为诸戎提供了必要的生产资料和生活资料，而且为社会进步奠定了坚实的基础。然而，古代以游牧为主的畜牧业经济取决于自然条件的好坏，突发的旱、蝗、霜、雪等自然灾害，都可以酿成毁灭性的灾难。因此，游牧民族希望占据更多自然条件较好的土地作为轮流放牧的草场，避免或减轻区域性的自然灾害对畜牧业的威胁，同时便于与农耕民族就近交换，取得农业经济的支持，依靠一定的农产品作为日常生活的必要补充。而农耕民族为了扩大耕地，尽力将耕种界线向北推移，从而导致农耕集团和游牧集团为争夺土地经常发生摩擦。贪得无厌的奴隶主贵族为了掠夺奴隶和财富，更加剧了农业民族与游牧民族之间的争斗，最终酿成大规模的民族间的战争。农业经济集团与游牧经济集团之间的战争，是围绕农牧业界线的划分和推进而进行的，这种战争贯穿于奴隶社会的始终，从未间断。

西周初，六盘山被称为高山，高山方圆称大原，周定职方，高山外称作荒服，周伐大原荒服之戎多次：

周穆王十七年（前960年），周以六师西征犬戎，将犬戎部落驱赶至"泾、洛之北"。公元前950年，周穆王因"荒服不享"，征讨高山犬戎，大败犬戎，获其首领5人。

周穆王三十七年（前940年），周六师西征犬戎，遂迁戎于大原（今固原、平凉一带）。

周穆王四十七年（前930年），周穆王亲征犬戎，到陇之关蹬。

周夷王十七年（前869年），周夷王命虢公率六师伐大原戎于俞泉，缴获马千余匹。

周历王十六年（前862年），西周末期，今固原一带仍为猃狁所占，周历王派兵征伐。

周宣王三年（前825年），周宣王命大夫秦仲进攻西戎，周军兵败，秦仲被西戎部众所杀。

周宣王五年（前823年）夏六月，周军大将尹吉甫率周师伐猃狁至大原地区。

周宣王四十年（前788年），宣王南征失败，料民（调查统计户口）于大原。

周宣王大原料民，看见六盘山有帝王之相，传说"三斩龙脉"，说明他对西戎的发展采取了一定遏制措施。当他回到镐京时，听到孩童们唱的民谣："日将落，月将升，压弧箕箙，几亡周国"，说明因周朝的不断用兵，国力如日落西山，西戎的力量像初升的月亮，周朝的衰败正因戎而起。周对戎的战争害得农奴背井离乡。他们在战场上渴望得到家人的消息，怀念衰老的父亲、体弱的母亲、年幼的弟妹，不知不觉，泪如雨下。农奴的父母妻子则守着破烂的土屋，过着无衣无食的日子，每当"日子夕矣，牛羊下来"便盼望亲人归来，战争一年年的继续，农奴大半死于战场，其数目之大，使领主们发出了"人之云亡，邦国殄瘁"的呼号，其中有幸生还者看到的是破败的家园，荒芜的田野。周朝的衰败东迁，确与发动战争有直接关系。而绝不仅仅因"烽火戏诸侯之故"。

## 建基业秦人固陇右
## 巡北地始皇建萧关

秦人的发家史可以说是陇右史。

秦人出自我国上古的东夷,以少昊苗裔、伯益之后自居,其始祖是传说中的女脩。据《史记·秦本纪》等古文献记载,女脩是东夷少昊族支系颛顼的后裔。传说她织布时,有玄鸟即燕子从头顶飞过,掉下一枚蛋来,她吞而食之,不觉有孕,并生下一个儿子取名大业。大业娶中原

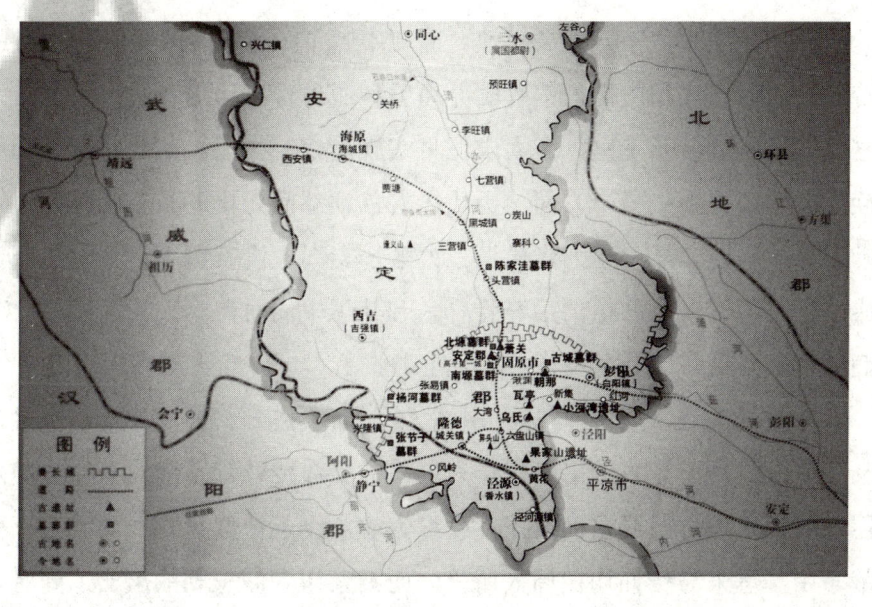

秦汉时期沿革图

黄帝部族的后裔女华为妻，生子大费。大业又称皋陶，大费又名伯益，父子二人都曾辅佐帝舜与大禹。伯益协助大禹治水有功，与大禹一同受到舜的封赏，舜将宗族的姚姓女许配之。后来，伯益担任执掌山林湖泽的"虞官"，并主司畜牧业，"鸟兽多驯服"，被赐姓嬴氏。在舜禹时代，皋陶与伯益地位显赫，秦人远祖得以较快发展。

大禹建立王权后，曾指定皋陶为继承人，皋陶死后，又指定其子伯益继承王位。大禹死后，其子启与伯益争夺王位，伯益失败被杀。即史载"益干启位，启杀之"。从此，王位世袭制取代了禅让制。

伯益被杀，对秦人先祖及部族打击沉重，秦人失去了舜禹时代显赫的地位，从原居地向西迁移。伯益生有大廉、若木二子。夏启为了安抚伯益族，封大廉于路邑，封若木为费侯。这两支秦人的子孙在中原各地不断繁衍发展。至夏末，若木一支秦人的首领为费昌，商汤灭夏时，费昌及族人叛夏归顺，并成为灭商的一支生力军，费昌曾为商汤驾车，协助商汤取得鸣条之战的胜利。大廉一支秦人经过几百年的发展也重新强大起来。

商朝建立后，秦人发展迅速。商朝中叶帝太戊时，大廉一支秦人的首领先后为孟戏和中衍，都有驯养鸟兽和通鸟言兽语的特长，被征召为宫廷驭手，效命商王室，帝太戊还将宗族女嫁给二人。从此，秦人和商族建立姻亲关系；另一方面，历代秦人首领都鼎力协助商王朝并屡建功勋，"故嬴姓多显，遂为诸侯"。大廉一支秦人没有留下世系。与商王康丁同时的秦人是仲衍的后裔胥轩。到其子中潏时，秦人定居陇右，为商朝守卫西土。这是秦人第二次西迁。

中潏约与商王武乙同时，中潏之子蜚廉生长子恶来、次子季胜，父子三人与居于东方的另一支秦人费昌的后裔费仲都是商纣王的心腹之臣，他们百般讨好暴君商纣王，助纣为虐，终于自取灭亡。周武王灭商战争中，恶来与费仲均被周人所杀。而秦人作为商王朝的忠实追随者，遭到周人的镇压和排挤，不仅首领被杀，而且各地秦人普遍被镇压。秦由商代显赫的诸侯继夏代之后又一次受到沉重的打击,既失去了原有的封地,又被取消了自伯益以来的嬴姓族号和主持祭祀少昊的权利。周公东征,嬴姓十七国先后被灭,嬴姓部分族民西迁陇右,与前两次西迁的秦人会合,成为当时最大的一股嬴秦力量,陇右也就成了秦人最主要的活动地域。

蜚廉次子季胜在周灭商后归顺周人,以养马畜牧为业,子孟增时,周成王特许其定居"皋狼",因此,孟增又被称为"宅皋狼"。孟增生衡父,衡父生造父,造父以善御被周穆王征召为宫廷驭手,因功受封于赵城。从此,造父族以赵为姓氏,其后代建立了战国七雄之一的赵国。

蜚廉长子恶来被杀,其子女防与族人在西垂患难与共、休养生息,谋求新的发展机遇。女防生旁皋,旁皋生太凡,太凡生大骆,大骆生非子。这几代秦人在西垂经历了失姓灭国之后最艰难的岁月,一方面,被周人视为商朝顽民和与西方戎狄等同的野蛮之人,极力被压制和排挤;另一方面,当时的西垂,又是边族西戎的居地,秦人身处戎狄包围的环境中,时刻都有被吞并的危险。造父一支秦人受封赵城,地位上升,西垂女防一支秦人也就冒称赵氏。尽管这是一个冒称的姓氏,但毕竟使西垂一支秦人由此走出了"失姓"的阴影。

非子在犬丘(即西垂)以善养马而著称,被族人告知周孝王。当时正为"戎狄交侵,暴虐中国",战马不足,国防空虚而苦恼的周孝王,立即召见非子,命非子在"汧渭之间"建立牧场畜养战马,"马大蕃息",获得巨大成功。为奖赏非子养马功绩,周孝王欲以非子为大骆继承人,但非子只是大骆的庶子,嫡长子乃是大骆与戎人申侯之女所生的成,此举遭到申绥的坚决反对,并以周戎关系破裂相要挟。周孝王时(前891—前886年),大骆长子成为合法继承人,另外,特赐封非子为附庸,准非子在"秦"建立城邑作为封地,并恢复被剥夺的嬴姓,同时秦人又以封地"秦"为族姓,秦人、秦族、秦国的称谓都渊源于此。非子受封是秦人发展史上的转折点,标志着秦人开始摆脱周人部族奴隶的卑贱地

位而受到周王室的重视。

从中潏到非子,已有前后八代秦人生息于陇右西垂,这是秦人创业发展中最为艰辛的阶段。当时的陇右地区,属于中原的西部边陲。当地的早期居民是古籍所称的戎、羌部族,由于地处中原西部,所以被统称为西戎。从商周至春秋,羌戎部族广泛活动于西北地区,过着游牧射猎的畜牧生活,造就了有别中原华夏文明的羌戎文化。在中原农牧兼长的秦人入居陇右后,主动接近羌戎,学习、吸收羌戎文化,渐渐与中原华夏文化有了差异。秦人在人伦关系、婚姻和丧葬习俗、礼义制度等方面,都与戎族文化更为接近。正因为如此,从西周初年以来,秦人就一直被周人及中原诸侯视为戎狄。所以在文献中留下不少称秦人为"狄秦""秦夷"的记载。

非子被封为附庸后,便带领一部分秦人来到今清水至隆德一带开辟新根据地,修筑城池并定居下来。从此,秦人拥有犬丘和秦两块根据地,大骆长子成作为大骆继承人仍在犬丘,次子非子则来到封地秦开拓发展。周孝王的两全之策既重新协调了周与西戎部族的关系,也使封赏非子的愿望付诸实际。周孝王对非子的封赏,也包含着借助秦人力量固守西土,借以抵御来自西戎威胁的成分。于是,秦人与西戎、西周的关系发生了大转换,即秦人由原来受周人压制排挤转而与周人亲近,而秦与西戎之间则由此前的和睦相处转而兵戎相见。西周要倚重秦人抵抗西戎,而秦人则既要从西戎手中争夺土地、牧场,又要以反击西戎换取在周室政治地位的提高,双方在反击西戎上利益共同,目标一致。

经过八代秦人的努力,秦人在经济实力和文化发展上均具备了同西戎抗衡的基础。非子死后,先后继位的是秦侯和公伯,公伯子秦仲是继非子之后又一位杰出的首领。

庄公在位四十四年(前821—前778年),生有三子,长子世父立志专击西戎,并发誓:"我非杀戎王不敢入邑"。遂让位于弟弟襄公。周幽王五年(前777年),襄公继位,即位当年便将妹妹缪嬴嫁给西戎丰王，以怀柔分化西戎，在秦戎对峙中采取攻伐与怀柔两手并用的策略。次年，西戎突发大兵，又一次包围了犬丘，世父反击，为西戎所俘，一年后才被放回。

周幽王十一年（前771年），幽王"烽火戏诸侯"，犬戎乘机杀幽王于骊山下，并攻破西周都城镐京，西周灭亡，在这次事件中，秦襄公率秦人前往关中救周，奋勇作战，接着又护送周平王迁都洛邑（今河南洛阳），因功被周平王封为诸侯，并赐予"岐以西之地"，并说："戎无道，侵夺我岐、丰之地，秦能攻逐戎，即有其地"。至此，经过十三代秦人三百余年不懈的奋斗和努力，终于跻身诸侯行列。秦的立国也标志着秦人自周初以来被周王室和中原诸侯视为戎狄，排斥于华夏文化之外历史的终结和重归华夏文化的开始。

秦襄公受封诸侯后，健全和完善各种政权机构；建立起同中原各诸侯国的联系和通使关系；扩建都城，创设西畤，不断加强军备，完善车战技术，"备其甲兵，以讨西戎"，发起收复岐丰之战。秦襄公十二年（前766年），秦襄公"伐戎而至岐"，战死疆场。

前765年，襄公之子文公继位于西垂宫。两年后，秦文公带兵七百长途"东猎"了解西戎虚实，勘察关中形势，为秦人东入关中做准备。

当文公行至"汧渭之会"（今陕西宝鸡水莲寨附近）时，占卜并决定建立新都，并且"即营邑之"。秦文公四年（前762年），文公举族迁都"汧渭之会"，秦人全体离开世代相守的发祥地西垂，秦国历史翻开关中时代的新篇章。

秦文公之后，秦宪公和秦武公都先后西击诸戎，扫荡西垂故地戎族部落。秦武公十年（前688年），武公率军西越陇山，一举攻灭邽戎、冀戎，建立邽县（今甘肃天水）和冀县（今甘肃甘谷东南）。

秦武公之后的秦德公、宣公、成公时期，秦人开始向东方发展，秦穆公时曾取得伐晋的胜利。随后，秦穆公在伐郑和殽之战中均遭失败，转而向西拓展霸业。秦穆公三十七年（前623年），用由余计谋，大举

建基业秦人固陇右
巡北地始皇建萧关

进攻西戎,取得"益国十二,开地千里,遂霸西戎"的辉煌战果。秦国土地从关中扩展到甘肃中部的洮河流域,使陇右逐步成为秦人逐鹿中原稳固的后方和战马供应地。

秦献公元年(前384年),秦国兵临渭首,灭狄戎。秦孝公元年(前361年),秦兵"西斩戎之獂王",攻灭了獂戎。秦国在狄、獂戎故地分别设立了狄道(今甘肃临洮)和獂道(今甘肃武山西北)。

秦惠文王十一年(前327年),秦惠文王派兵攻取乌氏戎地,置乌氏县(今宁夏固原原州区南)。

秦昭襄王三十五年(前272年),秦诱杀义渠戎王,灭义渠戎国,于是秦有陇西、北地、上郡,遂"筑长城以拒胡",此后又设朝那县(今

朝那古城遗址

固原市东南)。乌氏,朝那均属北地郡。秦嬴政于公元前246年继位后,经过二十七年战争,统一了中国。第二年(始皇帝二十七年,公元前220年),秦始皇翻越鸡头山,巡幸陇西郡和北地郡。秦始皇为什么要巡视这两个郡呢?陇西郡是秦人发迹的地方,自不必说起,巡幸北地郡

秦始皇命令在乌氏焉支建萧关（2009年新修萧关遗址）

和军事、马政、祭祀有很大关系。

巡视乌氏县后，秦始皇命令在乌氏境内一个叫焉支的地方建萧关。此地处泾水源头，东西两山相峙，地势十分险要，是通往关中的必由之路。它"据陇东垂，为九塞咽喉，七关襟带，北控朔方，西通金城，东接渭州，南连秦巩，减冲衡山"。秦设萧关在历史上发挥了十分重要的作用。

秦始皇视察北地郡，和马政有很大关系。

骑兵是古代战场所向披靡的兵种，然而，饲养战马却不是农耕民族之长技。"马政"，是牵系着国力兴盛的脉搏，绝非养马那么简单。

马对于国家的重要性，自西周就开始显露。在《周礼》中，马政就已是"甲兵之本，国之大用"。所谓马政，即关于马的牧放、征调、采办、使用和管理等等的政策与制度。三千年的漫长冷兵器时代，马政的兴衰，也是国家的兴衰。

《周礼》规定，凡拥有十六井土地者，可有战马四千匹，战车一千乘。周天子被尊为"万乘之王""万乘"的背后，是沃野千里，也是战马数万。

"万乘"一如今日的核武器，具有战略威慑作用，能达到不战而屈人之兵的目的。因此,《周礼》说用马、养马乃"甲兵之本,国之大用",必须限制。《周礼》可以说为中国的千万马政奠定了制度基础。

秦人擅养马,是有历史渊源的,秦人祖先伯益曾为舜养马,马群繁衍兴旺,功劳卓著,得到舜的封土并赐"嬴"姓。伯益的后裔又替周孝王养马有功,赐封秦地,这是历史上秦国的开端。

秦人封地所在的陇右六盘山地,从土壤性质、地形地势、气候、草生状况、水源、森林诸条件看,都是比较理想的群牧养马场。秦国把发展畜牧业作为一项重要的国策,设立了养马养牛的法律法规。

按照法律法规,秦代中央政府每年对各地养马的情况都要进行一次大规模评比。如果在评比中,谁负责饲养的马体型消瘦、行动迟缓或者不按期参加评比,都要受到相应的处罚。对于驾车过程中与策伤马的不同深度,也制定了相应处罚标准。

秦国自从商鞅变法之后,农业经济飞速发展,粮食产量大幅提升,一人耕种不仅可供十人食用,还有余粮来饲养六畜。这为秦国大力发展养马业提供了坚实的物质基础。依傍如此严格的法令和殷实的物质基础,战国中期,秦国的畜牧业,尤其是养马业得到了异常迅猛的发展,秦马在数量和品质上都远在六国之上。

秦在春秋时及战国初年,良马主要来自西部诸戎,引进的方式有两种:战争夺取和贸易交换。

秦人早期游牧于西方,立国之处只不过是个小小的附庸国,四方被狄戎包围,民族关系复杂,战事不断。从周宣王时开始,秦与西戎的战争历时数百年,各有胜负,直到秦穆公任用来自西戎的谋士由余,才"开地千里,遂霸西戎"。战争胜利的同时,西戎马匹也源源不断进入秦国。战国后期,西戎被秦国吞并,西戎马成为秦国国马,但要想进一步扩张壮大,还不能满足于此,秦国开始引进北方少数民族的良马。

与西戎马相比,北方马更为灵活高大,适合骑兵使用,秦国在秦穆公时已有少量骑兵,当时还不成气候,到了战国后期,秦已经发展为"带

秦穆公灭西戎

甲百余万,车千乘,骑万匹"的军事力量。张仪曾说秦马品种之优良,马蹄一跃可达三寻,三寻相当于现在的六米多,而秦军中这样的宝驹不可胜数。

与对抗吞并西戎部落不同,秦对北方民族的马主要是通过贸易引进。秦国位处北部的商业要道,商贾引进良马必先经过秦国,他们可以直接同北方进行贸易往来。到了秦始皇时期,贩卖北方蒙古马已成了最赚钱的生意,以此致富者不胜枚举。

史载秦始皇有七名马:追风、白兔、蹑景、奔电、飞翩、铜爵、神凫,其中五匹是来自六盘山谷地。秦始皇对六盘山谷地养畜能手乌氏倮进行奖励。

《史记》称乌氏倮,一作嬴。女(也有研究者认为,倮是男性),秦朝北地郡乌氏县(今固原南部瓦亭一带)人。

古代的六盘山地区,水草丰美,气候宜人,适宜发展畜牧经济,乌氏倮利用得天独厚的自然优势,养牛牧马,发展畜牧。到秦始皇时期,倮已成为当地一个大牧主。

秦始皇统一中国后,统一了货币,给商品交易提供了方便。聪明的倮看到周围的戎人只会放牧,而不懂养蚕、织丝。她就把马、牛、羊卖

乌氏倮

给关中农耕地区的农民,然后收购珍异物品、丝绸和日常生活、生产用品,带回来销往牧区,再换成牲畜销到内地农区,来来回回,做着利润十分丰厚的丝绸生意。她还常向戎王进献丝织品。戎王也高兴以价值相当于丝织品十倍的牲畜酬报,使她的财富不断增值。绢马交易,使倮成为出名的大牧主兼大商人,成为宁夏历史上最早的首富而名闻朝廷。

秦始皇时期,专门设置有管理牛马的机构太仆寺。以立法形式保障畜牧业的发展,颁布了《厩苑律》《牛羊律》等畜牧专款条例,乌氏倮既传承了戎族传统的饲养方式,又积极执行了秦朝有关畜牧政策。史籍记载说她的牲畜多至用沟谷计数的程度,单纯的统计牲畜很难准确,只能以一条山谷里所有的牲畜为一个计量单位,进行统计。

秦始皇巡视陇西,耳闻目睹了乌氏倮经商发展畜牧的业绩,当即给倮以"比封君"的优待,也就是说,对她的礼遇等同王侯,她可以和秦国的大臣们一样,随时进宫朝见,参与议事。享有相当高的政治待遇和荣誉。作为一个牧主与商人,乌氏倮能取得这样高的政治地位是很不容易的。可以联想到的是,倮也为朝廷提供了大批军马,对秦国的政治、经济有很大的贡献,理所当然地受到秦始皇的恩宠,才会受到这种政治待遇。

秦始皇巡视北地，还和祭祀有关，早在秦穆公时，因崤山之战，秦败于晋国，转而和楚国结盟，在朝那湫以水神为证。盟誓永不侵犯，因此，朝那湫成了秦人归入华夏的盟誓之地，秦始皇当然要祭祀。

秦惠文王后元五年（前320年），惠文王亲率大军北巡，祭祀朝那湫后北游戎地，直到河套地区。惠文王更元十二年（前313年），秦先后战胜三晋（赵、韩、魏），灭巴蜀（今四川），又攻义渠戎，广拓西北之地。此时秦国欲东伐齐国，怕齐、楚联合，派张仪赴楚，劝楚怀王亲秦绝齐，以割地六百里的空言为诱饵，诳骗怀王。当楚国与齐国绝交后，秦只给楚六里之地，楚怀王大怒，派大将屈匄率师伐秦。这场战争本来是由秦国挑起的，而秦为找借口把战争的起因说成是楚国背盟，于是刻《诅楚文》投入朝那湫，以惑视听。《诅楚文》的大意是，五年前（即楚怀王十一年，前318年），魏公孙衍发动魏、赵、韩、燕、楚五国合纵攻秦，推楚怀王为纵长，今又悉兴其众，以逼我边境，秦人尝与楚同好，然楚人背盟，秦人疾之。幸于一胜，遍告神明，著诸金石以垂后世。然而，战争的结局恰恰是楚国大败，就连楚怀王也再次遭骗成为秦的阶下囚。

朝那湫旧址

秦始皇祭祀朝那湫渊，宣扬神的灵验，祭祀是必然的。

  战国时期，随着战争的目的由"称霸"转向"统一"，秦国不仅在生产技术方面勇于革新，而且在意识形态等方面也有着跳跃式的发展。面对各国模糊的先祖意识和混乱的文化意识，秦人敏锐地发现，只有高举"炎黄苗裔"和"华夏正宗"的大旗，才能在当时中国的思想文化领域产生广泛的号召力。于是，秦灵公三年（前432年），秦立上下畤，也就是两个祭坛，上畤祭黄帝，下畤祭炎帝，明确把自己列为炎、黄的后代，将自己的文化归入华夏文化的体系。这不仅是有重大意义的政治行动，更重要的是将秦文化进行了文化归宗与认同。通过此举，秦人将自己的文化同"夷翟"彻底划清界限，从而扛起华夏文化正宗的大旗，成为引领思想文化潮流的先驱者，为最后统一中国奠定了思想文化的基础，也是统一变成回归"华夏正统"的正义行动，极大地增加了统一进程的合理性和正义性，秦始皇祭祀湫渊，正是用以说明秦统一六国的合法性。

## 战匈奴孙卬殉萧关
## 巡安定武帝越陇山

秦朝末年,楚汉相争,边防松弛,匈奴冒顿单于指挥十三万骑兵乘机进攻汉边地。前200年,刘邦亲率大军北伐匈奴,为匈奴所败。公元前166年冬,匈奴冒顿的儿子老上单于带领十四万骑兵,侵入朝那萧关(今宁夏固原境内),杀汉北地郡都尉官孙卬,掳掠人畜甚多,直至今彭阳,并烧了汉朝的回中宫。匈奴的斥堠,已到雍州甘泉。汉文帝为保都城的

萧关

泾源果家山西汉遗址（疑为回中宫）

安全，调配中尉周舍和郎中令张武，配备兵车千辆，骑兵十万，在长安城旁戒调。调昌侯卢卿到上郡（今陕西延安一带）、宁侯魏𫟅到北地（平、固、庆灵等地区）、隆虑侯周灶到陇西，分别部署防御；又调张相如、董赤、栾布统率大军进击匈奴。匈奴老上单于在汉朝内地留驻一个多月，见汉朝有了准备，撤兵返回，汉军仅只尾随敌兵出塞，不敢追击。自此以后数年，匈奴每年扰掠汉东至辽东，西迄陇西的大片土地。为确保陇右，汉在六盘山上建六盘关寨。六盘关寨在今宁夏隆德城东二十里小水沟。按《成经总要》载："北至木波寨二十里，西至神林堡四十里，南至杜堡三十里，东至瓦亭二十里"。

为了边境安全，汉朝廷将移民实边作为巩固国防、加快边疆开发的重要措施。晁错在《徙民实边议》中指出：与其遣将发卒以治塞，不如选常居者。这样的百姓，他们的田产家业、亲戚、朋友都在当地，利害相关，把他们组织起来，设寨立堡，是一支了不起的力量。朝廷将强行迁徙改为招募移民，用免罪和封爵的方法，鼓励到边地定居，并把发展畜牧业作为重点。"益造苑马以广用"，在陇西、天水、安定、北地、上郡、西河六郡建立饲养基地,"太仆牧师诸苑三十六所"分养马三十万匹。

汉文帝还在今宁夏隆德境内设立了月氏道,并建立月氏城。月氏是秦汉时期居住在河西一带的少数民族。汉文帝时,月氏被匈奴冒顿单于打败,一部分进入祁连山,一部分内附于汉朝。汉文帝把他们安置在长城以内水草丰茂、地广人稀的略畔山(六盘山)一带。《古今图书集成·职方典》中曾有记载:"月氏道,在今隆德县境,是为处置月氏降者而设。"《中国历史地图册》中,凉州刺史部安定郡领县21个,其中有月氏道。《甘肃新通志》:"月氏道,居月氏降胡,今隆德、静宁境地。"

月氏城在今大庄石庙西凡岔(今更蕃为凡),现叫红土城。城的轮廓依稀可辨,有汉砖瓦残片。月氏城为什么设在这里呢?其一,这里是北通原州(今宁夏固原),南通秦州(今甘肃天水)的重要通道;其二,汉所建六盘关寨在东,控制着长安经泾州、环县,沿茹河至青石,从小水沟翻六盘山沿什字河至兴隆到兰会通西域的大道;其三,葫芦河流域是人类最早的发祥地,其上游兴隆、什字当时就很繁华,即使现在,沿沙塘一带的人还有去高窑寺(兴隆)和什字赶集的习惯,而什字稍东则水草丰茂,地广人稀,是安置月氏最理想的地方。

汉文帝时冶铁技有很大发展。早在春秋战国年间,就首创了生铁铸造技术,发展到汉代更是红红火火。到汉文帝时,"产量有限"的难题仍未克服。就连最需要铁器的军队,当时也是青铜武器和铁器混搭,铁器产出不多。

而此时的汉朝,却急等着冶铁业的技术突破——因为要打匈奴。为此,谋士晁错向汉文帝建言:要收拾匈奴,须发挥自家优势,即"坚甲利刃"。面对这个难题,汉文帝只是下了一道简单的命令:"纵民冶铁"。也就是取消之前国家冶铁业禁令,让老百姓敞开制造。仅此一句话,各地冶铁场如雨后春笋,铁器产量直线飙升,质量更是毫不含糊——不但能造大家伙的兵器农具,小巧的钢针也都能造。

尤其关键的技术突破，是炒钢！何为炒钢？以前炼钢，要把生铁加热到一千摄氏度反复锻打，又累产量又低。有了炒钢技术，直接把生铁加热到一千八百摄氏度，撒入矿石粉搅拌，就可以迅速炼出好钢。这项领先了欧洲一千八百年的新技术，终于让大汉朝的强悍铁兵器从此开始批量生产。

到汉景帝时，汉朝中央军就清一色铁器武装，完全淘汰了青铜器，铁矛长刀迅速普及，重十一公斤的铁铠，更是汉朝精锐骑兵的招牌。这是中国军事史上一次重大革命！

汉武帝继位，加紧移民步伐，扩大移民规模，元朔二年（前127年）募民徙朔方十万口，元狩四年（前119年）又将关中贫民徙陇西、北地、西河、上郡、会稽七十二万五千口。

汉武帝还重申马复令，颁布新诏，百姓在边境养马，官司府贷给母马款，三年后归还，收取十分之一的利息。出现了"布帛充用，牛马成群，耕种有畜"，出行以骑代步的兴旺局面。

六鼎三年（前114年），汉从北地郡分设安定郡，郡治高平（今宁夏固原），辖二十一县，其中高平、乌氏、朝那、月支都在今宁夏固原境内。这些基层政权，统管移民和经济开发，农业劳动工具发放，生产技术的指导。

汉武帝元朔二年（前127年），汉武帝命将军卫青、李息出兵陇西，击败楼烦、白羊，收复河南地（河套），重筑朔方城郭，修复故秦蒙恬所筑堡塞。元狩二年（前121年），汉兵复出北地（平、固、庆地区），过居延（今甘肃张掖境）、小月氏，西到祁连山（天山），匈奴浑邪王投降。从此金城（今甘肃兰州）、河西、南山到盐泽，空无匈奴。北地、上郡、陇西就成了次边。汉武帝取得抗击匈奴的胜利之后，不仅实现了边疆和平，而且占据了水草丰茂的西北草场，夺得良马种畜，促进了养畜业的发展。"长城以南，滨塞之郡，马牛放纵。天水、陇西、北地、上郡、畜牧为天下饶"。

元鼎五年（前112年）十月，汉武帝第一次出巡。这次出巡主要是对新建的郡县进行视察，检查防务。因此他越陇山（小关山），北出萧关，到达安定郡，又北上进入河套，视察新秦中。他看到这一带"千里无亭徼"，防务松弛，怒不可遏，杀了北地郡太守及属下官员。于是分调十将佐，划分防区，建立亭邮驿站，"昼徼夜至"。

元封四年（前107年）十月，汉武帝下令修回中道，沿着回中道，经瓦亭水至安定，到北地，又向东北巡视到乃县返回。这次巡视主要是寻求良马、安排饲养繁殖之地，并对饲养量进行统计。《汉书》载："之北地视畜数年，还至府，上畜簿。"这次出巡除统计畜牧数量外，武帝重申"马复令"，并"令民得畜牧边县，官假马母，三岁而归，及息什一"，即用租赁母马的办法，扶植民间养马。

太初元年（前109年）八月，汉武帝第三次出陇山，视察安定、北地郡。这次的目标主要是"属国都尉"治所。汉武帝元狩二年（前121年）匈奴昆邪王降汉，西汉王朝"乃分徙降者边五郡故塞外，而皆在河南，因其故俗为属国"。而安定郡、北地郡皆有属国都尉治所。汉武帝允许其保存他们原来官号和部落组织，从事游牧生活。

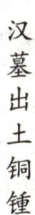

汉墓出土铜锺

太始四年（前93年）十二月，汉武帝第四次北出萧关，巡视安定，北地，驻跸高平。史书对此次出巡目的没有记载，野史则说是领嫔妃采集胭脂。

《战国策》有这样的记录，说纵横家张仪曾向楚王介绍晋国的美女："粉白黛黑立于衡闾，非知而见之者以为神"。意思就是用白粉敷面，用青黛画眉，素妆的女子也可以美得令人以为是神仙下凡。可见，先秦时人们对女子面容审美的标准，以"粉白黛黑"为常态，还不流行在脸上着红妆。所以，这个时代在化妆史上被称为"素装时代"。

不过，当历史推进到两汉时期，事情发生了变化。史载汉武帝时，出使西域的张骞将一种美丽的花带回国内，它叫红蓝花。西晋的《博物志》描述，它的颜色为鲜红。这种红蓝花来自西域的焉支山，所以汉人把用它制成的化妆用品叫作"焉支"，慢慢的，"焉支"演变成了"燕脂"、"胭脂"。这小小的一抹"焉支"可不简单。由于其能令使用者面显桃红润泽之色，因此深受匈奴妇女喜爱，久之，竟衍为匈奴单于皇后的专称。出于对胭脂的重视，匈奴更因山而名，将其河西胭脂产地命名为焉支山。

当年霍去病攻打西域，先后攻克焉支、祁连二山后，匈奴人无奈远遁他乡，留下了惊天动地的悲歌："亡我祁连山，使我兴畜不蕃息，失我焉支山，使我妇女无颜色。"悲怆哀伤之情溢于言表，可见，女人脸上的胭脂和肥沃富饶的家园，在匈奴男人的心中分明是同等的重要。或许是受其感染，胭脂不仅成为汉族男人在战争中获取的重要战利品，也成了他们远征归来送给女人最贴心的礼物。而在这种复杂的背景下，"胭脂"的制作、使用与推广，也渐渐由匈奴传入中原，最终对汉代女性美的转变产生了重要影响。汉族女子终于结束了以粉白黛黑为主流的素妆时代，进入了"红妆"时代。

武汉帝逐匈奴后，天下承平日久，皇帝逐渐享乐，远出采集胭脂，顺便游玩，似乎情通理顺。

征和三年（前90年）正月和后元元年（前88年）正月武帝两次过陇山，之安定，是祭祀朝那湫，很可能是祈求长命吧。可惜他最后一次出巡安定回去后第二年即"龙归正位"了。

# 汉宫女请缨出塞外
# 王昭君和蕃过萧关

萧关，关内通向西域和塞北卡在六盘山深处的铁门槛，军事家眼里是一夫当关万夫莫开的要塞，诗人笔下是"北风吹断天山草"的荒寂，历史学家看到的是"北虏三十万，此中常拉弦"的战乱，司马迁在《史记》《教帝本纪》《平淮书》《吴王濞列传》《匈奴列传》《孝武本纪》五处记载萧关，但都忘记写一个丝绸之路上最美的大使王昭君。

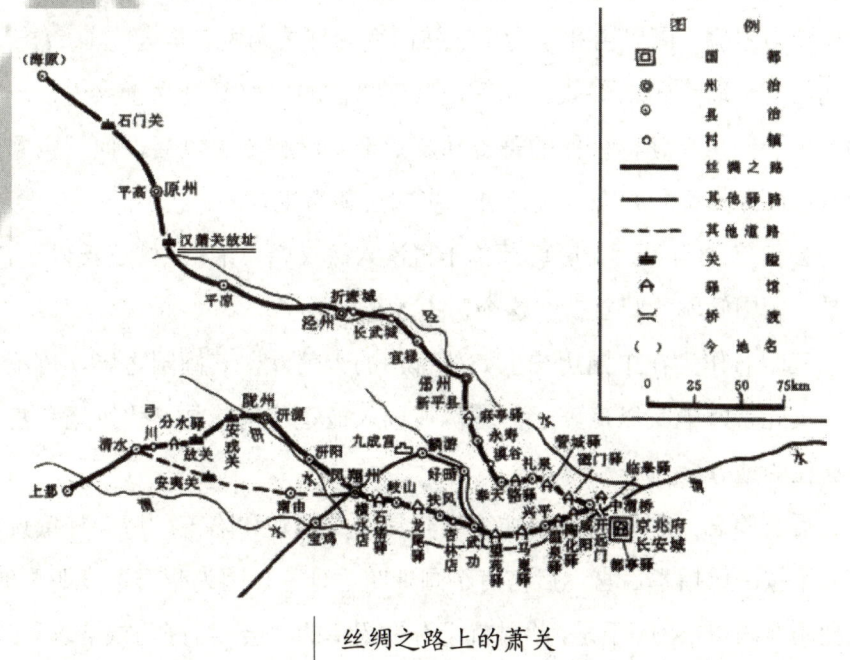

丝绸之路上的萧关

王昭君，字嫱，南郡秭归（今湖北秭归）人，中国古代四大美女之一（另三人是西施、貂蝉、杨玉环），汉元帝时期宫女，后和亲嫁于匈奴呼韩邪单于，成就了历史上"昭君出塞"的典故。昭君为什么要出塞呢？这还得从西汉的大形势说起。

秦汉时期，对中原政权威胁最大的，就是北边的匈奴。公元前200年，刘邦被匈奴首领冒顿单于围困于白登山（今山西大同东北马铺山），虽然之后侥幸逃脱，但这让汉朝在与匈奴的交锋上处在了下风。

这时谋士刘敬出主意，认为要用和亲的办法来解决这个问题，他说"陛下如果把皇后生的长公主嫁给冒顿单于做妻子，并给他送很多丰厚的礼物，那么，冒顿单于就是您的女婿了，如果他死后，您的外孙就是首领，您听说过外孙有跟外祖父分庭抗礼的吗？"

刘邦一听这个策略很好，就派刘敬护送公主去匈奴和亲，同时伴随着和亲，汉朝还开放"关市"，即在边关的交易场所，促进双方人民的商业贸易和文化交流。

一直到汉武帝初年，汉朝统治者都在谨慎地执行这一策略。汉武帝时期国力强盛，国策由和亲为主一转而变为打击为主。至公元前71年，汉朝与乌孙联合击败匈奴。此后，风雨飘摇的匈奴又发生了大内讧，呼韩邪单于归附汉朝，待他的哥哥郅友单于被汉朝剿灭以后，他考虑到自身唇亡齿寒的不利处境，决定进一步向汉朝靠拢。

公元前33年正月，呼韩邪单于再次入觐汉朝，并"愿婿汉氏以自亲"于是，倾国倾城的昭君就在这个历史场合出场了。

王昭君作为在中国历史上妇孺皆知的大美女，其倾国之姿，自不必说，汉元帝时他就以良家子的身份被选入掖庭。也就是汉代嫔妃和宫女所居住的地方。

后宫险恶，越美的女子往往越容易遭受嫉妒和陷害。后人杜撰说，汉元帝按画像招幸后宫，后宫有个画师叫毛延寿，因为昭君不肯贿赂他，就把昭君画得很丑，于是，昭君就没有被招幸的机会。恰好匈奴请求和亲，

——昭君出塞

于是汉元帝就按照画像让王昭君去了。这虽是后人杜撰，但也反映了后宫斗争的一面。总之，昭君在后宫的几年是很不快乐的，但聪慧的她，每天关注时局。

公元前35年，汉朝因为诛杀郅支单于，而告祠郊庙，大赦天下，并把从匈奴缴获来的图书给后宫贵人们看。这让昭君对匈奴也有了一定的了解，当她听说呼韩邪单于要与汉朝和亲，毅然请求掖庭令让她去。

这种主动申请和亲的举动与汉朝其他被动、被迫的和亲非常不同，最明显的对比就是，汉武帝时期，细君公主的和亲：江都王刘建的女儿细君，因为嫁给乌孙昆莫，不习惯当地的生活，整日愁眉苦脸，曾经作歌曰："吾家嫁我兮天一方，远托异国兮乌孙王；穹庐为室兮毡为墙，以肉为食兮酪为浆；居常土思兮心内伤，愿为黄鹄兮归故乡。"

与细君比起来，昭君心系国家、主动担责的意识显得尤为可贵。昭君不是不知道这意味着将要远离家乡，边关塞外，大漠苦寒，但她仍然选择了这条路，说明她心中有民族大义，或许昭君心中也有像张骞一样建功立业的志向，促使她做出了远赴塞外的决定。

作为汉朝宫廷中唯一的和亲"申请人"，昭君出塞很快就被提上了日程，待到呼韩邪单于要把人带走的那一天，昭君精心打扮一番，"丰容靓饰，光明汉宫"，把汉元帝惊呆了。汉元帝追悔莫及，想留下昭君，又怕失信于天下，只好忍痛割爱，让昭君跟了呼韩邪单于去了。

而呼韩邪单于看到昭君如此美丽聪慧，如获至宝，亲自护送昭君回匈奴，号昭君为"宁胡阏氏"（注：宁胡为胡地安宁之意，阏氏则是匈奴称呼单于妻的名称，音同烟支）。

离开汉宫，昭君便踏上了出塞的路——丝绸之路。这条路在秦汉之前就已开拓，是连接中原与草原、农耕经济与游牧经济的主要通道。通过这条路，西可以连接至黑海、地中海沿岸地区，北可至内蒙古高原和黑龙江沿岸地区。昭君和亲所走的道路，就是草原丝绸之路的主干道路，秦始皇时期开辟的"秦直道"。

一路上昭君风餐露宿，有后人把她的出塞形容为"明妃初嫁与胡儿，

昭君沐浴胭脂峡，胭脂峡位于泾源县城东八公里处

毡车百辆皆胡姬",说她是乘车去的;也有人记载说她是头戴"昭君套"(即红暖兜),身披红斗篷,抱琵琶,骑着白马过草原,还有人说她是骑着骆驼去的。

实际上这些推测都有道理,毕竟要走完这条草原丝绸之路,经过的自然地貌,可不止一种:从长安到洛河、渭河、黄河三河交汇之地,素有"三秦通衢"之称的商业重镇——冯翊(今陕西大荔),一路上是中原的山河美景;从冯翊折而往西北方向,经过北地(今甘肃庆阳)过萧关至安定,在安定驻跸两天,越过长城,到达农耕与游牧的交汇处——西河;而西河再向西北,经过朔方郡,最终到达汉朝与匈奴的交界地带——五原(今内蒙古包头),就要开始面对漫天的黄沙和荒漠了。

因此,在古代有限的交通条件下,昭君应该尝试了各种交通工具,在平原地区乘车,在高山地区乘马,在大漠地区乘骆驼,这些也是草原丝绸之路上来往商旅主要使用的几种交通工具。

昭君历经千辛万苦,终于到达了呼韩邪单于的单于庭。怎奈天不假年,她与呼韩邪单于生活仅仅两年,生下一子,单于就去世了。

这时候,昭君面临一个两难的选择,按照匈奴"父死妻其后母"的风俗,她必须嫁给继单于位的呼韩邪单于之子复株累单于,但这不符合昭君从小接受的伦理纲常教育,她很痛苦,于是给汉朝皇帝上书请求回来,但汉成帝敕令她"从胡俗"(即尊重匈奴的风俗习惯),嫁给复株累单于。

此时,还很年轻、带着幼子的昭君已无退路,为了自己和孩子的未来,也为了汉朝与匈奴的和平,她又嫁给了复株累单于。

昭君出塞和亲,之后又随胡俗改嫁,这让汉匈双方迎来了和平友好的局面,双方在竞争中逐渐衍生出合作,经贸往来也得到了长足的发展。

不仅昭君本人是出塞和亲的和平大使,她的后代也是维护了汉匈双方和平的重要贡献者。昭君在匈奴一共生了一男二女,与呼韩邪单于所生之子后为右日逐王(匈奴贵族封号,分左、右。位次于左右贤王、左

右谷蠡王);与复株累单于所生二女,长女嫁给了右骨都侯,须卜当,称为须卜居次(居次在匈奴语中为"公主"的意思);次女嫁给了当于氏,故称当于居次。

在王莽时期,昭君家族做出了巨大贡献。因为王莽对匈奴的错误政策,致使双方的关系非常紧张。为了缓和双方的关系,昭君的女儿须卜居次和女婿须卜当做出了巨大努力。

公元14年,昭君的女儿和女婿派人到西河塞(今内蒙古准格尔旗)求见和亲侯王歙(xī)。王歙是王昭君的侄子,与须卜居次是姑表兄妹关系。王莽顺势而为,派遣王歙与其弟王飒出使匈奴。公元15年,王莽又派王歙等送还匈奴侍子,单于派遣昭君的外孙、须卜居次之子来迎接。公元18年,为了双方的和平关系,新即位的单于派遣昭君的两个外孙、须卜居次之子和当于居次之子到长安朝贡。

由此可见,在此后的几十年中,汉朝与匈奴之间的关系,都是昭君的亲属在作为桥梁维持,而无论是王莽还是单于,都重视这层亲缘关系,

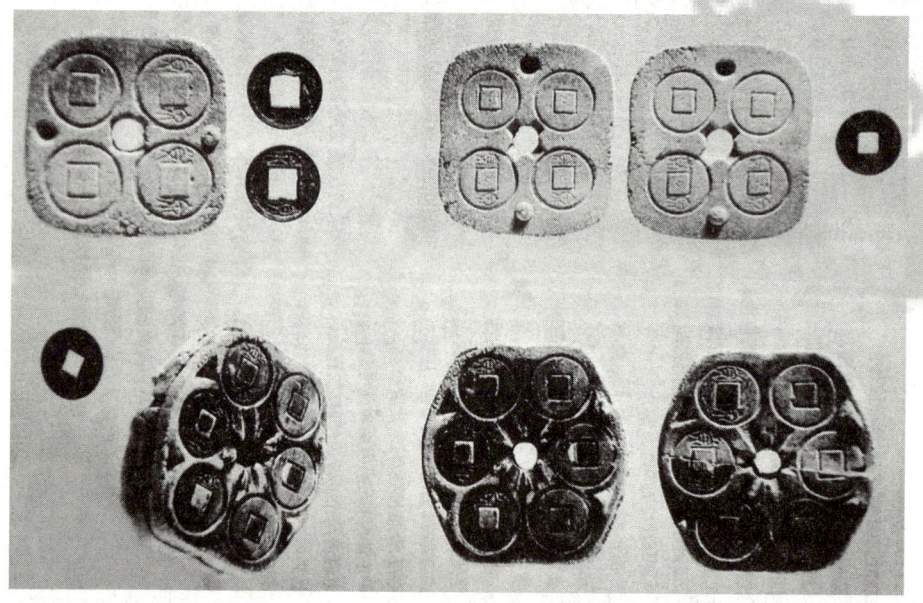

王莽时期货泉钱范(三套)

试图以亲缘关系来解决外交问题。

　　除了开启汉匈双方的"和平外交",昭君出塞还给文化的传播共融做出了贡献。和亲使各族群的互动性增强,形成了你中有我、我中有你的嵌入式格局。正是通过这种交往,使匈奴人学会了计算的方法,学会了筑城和凿井的技术、农耕技术,甚至制造玉玺的技术。而昭君的丈夫——呼韩邪单于的归附,是三代(夏、商、周)以来,周边部族尤其是像匈奴这样有雄厚实力的族群第一次奉正统,由此从政治上促进了塞北与中原的统一。

## 光武帝二番伐隗嚣
## 羌族人三次举义旗

六盘山南北走向，高两千四百多米，为关中西面天然屏障。但其纵长有余，窄处不足十公里，由陇右到关中或沿渭水上游（南路），或越陇山山脉（中路），或绕道陇山之北（北路），故在陕甘地理上，并不能完全起隔绝阻塞作用。且历代帝王多立都关中，因此关中安危不能单凭陇山之险，必须具有全部陇右以为保障；豪强争天下，也必争陇右。刘秀二伐隗嚣，羌族三次起义，都发生在六盘山及其右。

——刘秀

西汉王朝后期，农民和小工商业者破产，成为当时最危险的社会隐患。王莽改制，但因之而产生的流弊，却无法克服。尤其是货币的改革，使经济秩序大乱。

朝廷连年用兵，骚扰更甚，加之连年荒旱蝗灾，民不得食，法令繁急，狱诉不决，官吏暴苛。"民摇手触禁，不得耕桑"。"富者不能自保，贫者无以自存，于是并起为盗"。王匡、王凤、马武、成丹，屯聚湖北当阳县的绿林，号称绿林兵。天凤元年（18年），临沂樊沂起兵，转战泰山，号称赤眉。河北、山东揭竿而起的起义军，大小数十部。地皇三年（22年），湖北枣阳大豪强刘縯、刘秀兄弟俩也揭竿而起，同新市、平林、下江的义军相合，于更始元年（23年），拥刘玄为帝，号称更始，在南阳（今河南南阳）建立政权，同年占领洛阳，并在洛阳建都。

这时，陇右豪强隗崔、隗义兄弟俩，同上邽的杨广、冀城周宗起兵攻占平襄（今甘肃天水），杀死王莽镇戎大尹李育，推举隗崔、隗义的侄子隗嚣为上将军，宣誓辅佐刘氏，散发文书，历述王莽罪恶，并勒兵十万，击杀雍州牧陈庆。安定郡的大尹王向，是王莽从弟王谭的儿子，

隗嚣

威令独行。隗嚣劝告王向起义，因为不从，发兵攻击安定（郡治高平），杀了王向。于是安定郡的各属县都归属隗嚣。隗嚣等又派兵分别攻占了陇西、武都、金城、武威、张掖、酒泉、敦煌各郡县。

更始二年（24年），更始帝迁都长安，招抚了陇上的隗嚣。隗嚣便与隗崔、隗义等应征前往，都成为更始的将军。于是安定、天水及河西走廊一带，都归属于更始。

更始三年（25年），刘秀在河北称帝。隗嚣与诸将劝说更始帝刘玄归政于光武帝刘秀，刘玄不肯。诸将欲挟持刘玄东归，投降刘秀，隗嚣也参与其谋。事发后，隗嚣带着几十名骑兵，逃回平襄，复招旧部，自称西州上将军，割据陇右。

建武二年（26年），东汉大司徒邓禹奉刘秀之命西击赤眉时，邓禹部将冯愔背叛，引兵西向平襄，隗嚣派兵迎击，并在高平打败了冯愔。隗嚣借此表面依附了刘秀，被任命为西州大将军，掌管凉州、朔方等事务。

为了巩固自己的地盘，隗嚣又派部将高峻率兵万余人，据守高平第一城（即高平城），另派部将牛邯驻守瓦亭（今宁夏固原南）。

后来，光武帝刘秀让隗嚣率其部众讨伐割据巴蜀并先于自己称帝的公孙述，借此来观察隗嚣的态度。隗嚣则以三辅地区势孤力单，刘文伯（即卢芳）又在北边为由，认为不宜攻蜀。光武帝心里明白这股势力终不能为自己所用，便决定讨伐。隗嚣也清楚地知道刘秀是不会放过他的，他担心自己斗不过刘秀，便向公孙述称臣，公孙述封隗嚣为宁朔王。隗嚣叛汉后，光武帝即着手筹划消灭隗嚣割据势力，一方面派隗嚣降将马援游说据守高平第一城的高峻和依附于他的羌人豪强，以离间其内部，另一方面与归顺东汉王朝的凉州牧窦融联络，共相约定起兵攻打隗嚣。

建武八年（32年）春，光武帝从洛阳出发到长安，派大将来歙率精兵两千人，伐山开道，由山道袭取了略阳城。略阳城在今甘肃秦安东北，是隗嚣的战略要地，平襄的门户。隗嚣虽竭力反攻，公孙述也派兵相助，但数月未能攻克。同年闰四月，光武帝亲率大军从长安出发，经咸阳沿泾水北上，越过陇山（今六盘山），抵达高平第一城。光武帝招降了高峻，封高峻为"通路将军"。当时，为配合光武帝西征，凉州牧窦融率河西五郡太守及羌人、小月氏等数万骑、辎重车五千辆，也到达高平，与汉军会师，一时汉军声势大振。在高平，君臣举行了朝会仪式。光武帝宣告百僚：今军旅草创，诸将朝会一切从简。大设宴席，"置酒高会"，并以"殊礼"相待窦融一行，加官晋爵。窦融及太守们极为荣耀。

高平大会师之后，汉军分数道进攻隗嚣割据势力，并招降了驻守瓦亭的牛邯。汉军所向披靡，隗嚣大将十三员、部众十余万及所属十六县都投降了汉朝。围攻略阳的隗嚣逃奔西城（在今甘肃天水西南）。汉征南大将军岑彭与大司马吴汉合兵包围了西城。公孙述派大将李育率兵前来援救，隗嚣军队又重新振作起来，高峻复又叛汉，重占高平。安定、北地、平襄等地复为隗嚣所占。建武九年（33年）春，隗嚣死。隗嚣部将王元、周宗立隗嚣子隗纯为王，屯兵冀县、清水、略阳等地。此时，高峻自立山头，聚兵万余人于高平。八月，刘秀再次西攻，汉将耿弇和来歙分兵攻取安定、北地诸营堡。高峻坚守高平。武威太守梁统围攻，一年未攻克。不久，来歙等大破隗纯于洛门（今甘肃冀县境内）。隗纯部将王元奔蜀，隗纯与周宗同时投降汉军。寇恂奉汉光武帝命令，到高平招降高峻。高峻派军师皇甫文出见，寇恂杀皇甫文，高峻惊恐，投降汉朝。隗纯平定陇右割据局面暂告结束。

安定郡是大关山和小关山中间河谷冲击平川所设的重要郡镇，名安定，实不安定。东汉中期，羌人三次起义，延续六十年，安定数迁郡治，最后不得不迁往六盘山之东较为安全之地。

羌人，为古代西部地区历史悠久、分布广泛，且影响深远的一个部族。先秦时羌人主要分布在河西走廊和青海东部，西汉永平年间迁徙至今固原一带。当地的豪强官吏，在经济上盘剥，政治上压迫，引起羌人的极大不满和怨恨。西汉太初三年（前102年），居住在安定郡（郡治高平，即今宁夏固原）的羌人数百人聚集起事，被安定郡兵残酷地镇压，羌人

中的老弱没为奴隶。此后，羌人连续发动三次大起义。

汉永初元年（107年）夏，邓太后亲政。汉安帝派骑都尉王弘等征发金城、陇西、汉阳等地，羌人骑兵随汉军出征西域，由于各郡官吏在征发时急促强迫，又加之羌人疑惧远征难还故乡，行经酒泉时，多有逃散，诸郡合兵搜捕逃散者，羌人大惊，麻奴兄弟与其部族逃出安定（今宁夏固原），西出塞。于是羌人诸部互相联络，用竹竿、木棍、菜刀为武器，掀起了东汉第一次大规模的羌人起义。次年冬，汉中郎将任尚及从中郎司马钧等率诸郡兵与起义的滇零羌数万人战于汉阳的平襄，任尚大败，死八千余人，羌人声势大振，于是滇零羌乘胜率众北上，攻占北地郡（今宁夏吴忠市境）。起义军首领滇零在北地称帝。

东汉朝廷在永初五年（111年）下令将安定群徙美阳（今陕西扶风东）。安定郡的百姓留恋故土，不愿迁徙，大小官吏以毁坏庄稼、拆毁房屋等强制手段搬迁，以致"驱蹙劫略，游离分散，随道死亡，或弃捐老弱，或为人仆妾，丧其大半"。在迁徙过程中激起民愤，汉阳人杜琦、杜季贡兄弟与同郡人王信等率众起义，并与羌人联合，攻下上邦城（今甘肃天水西）。

东汉朝廷采用收买、暗杀等手段镇压起义军，杜琦被暗杀，王信战死，杜季贡投奔富平（今宁夏吴忠市境）滇零。永初六年（112年），滇零病死，其子零昌袭"天子"称号，年尚幼，以同部人狼莫为军师，以杜季贡为将军，教羌汉人民在丁奚城附近垦殖边荒，从事耕稼。永初七年（113年）夏，汉骑都尉马贤与护羌校尉侯霸掩击在安定郡的零昌别部牢羌，牢羌失利，死千余人，失牲畜两万余头。元初三年（116年），东汉统治阶级开始集中主要兵力围攻北地郡。至次年，羌人接连失利，滇零政权的首领只剩狼莫一人，狼莫率领部众徙往北地郡之富平及安定郡界内（今宁夏吴忠至宁夏固原一带）。冬十二月，任尚和马贤共击狼莫于北地、安定二郡。任尚的军队开到高平，向南进攻，与马贤合兵，狼莫北撤到北地。元初五年（118年），狼莫被刺，滇零政权宣告瓦解。

汉顺帝永建四年（129年），尚书仆射虞诩上书汉顺帝，认为北地、安定、上郡一带不可久弃，建议将这三郡迁回原地。汉顺帝还派郭璜将散居在外的原三郡居民同时迁回，修复城郭，设置堠亭驿站，大量屯垦，以备荒年。顺帝永和四年（139年），因东汉地方官吏对羌人的奴役、掠夺与残酷压迫，且冻羌、傅难种羌联合塞外羌人举兵起事，反抗官府的苛政，塞内羌人纷纷响应，西北纷乱，京都为之震惊。东汉派马贤为征西将军，率左右羽林军及五校劲卒入陇，联合西部诸郡郡兵共十万大军，分屯要点，伺机攻羌。永和六年（141年）五月，羌人起义军进围安定，安定太守郭璜兵败又进攻北地郡，与马贤战于射姑山（今甘肃庆阳北），杀死马贤及其二子。于是，北地、安定的东羌与金城、陇西的西羌在北地郡会师，然后又分兵三路，使整个凉州和三辅都受到了极大威胁。汉朝统治者惶恐万分，再度将安定、北地两郡内迁。东汉朝廷一面增加军队据守三辅，一面加紧对起义军进行分化、招降。顺帝汉安元年（142年），以赵充为护羌校尉镇压起义羌人，由于羌人缺乏统一指挥，未能协同作战，加之朝廷的分化，致使第二次羌人起义失败。

宁夏固原原州区南郊乡出土的汉铭文弩机

汉桓帝延熹二年（159年），烧当、烧何、勒姐等部羌人联合起来，进攻陇西、金城等郡，波及安定、北地郡，声势浩大，堡寨多被羌人攻破，凉州路断，汉廷震动。东汉王朝起用段颎领兵镇压。护羌校尉段颎受命后，即率兵追剿，伤亡较大。朝廷去段颎，改派主张"剿抚兼施"的皇甫规为中郎将，持节统领关西诸郡兵马，统管治理羌务。皇甫规击败零吾羌后，惩办了欺压羌人的安定太守孙儁、属国都尉李翕、督军御使张禀等地方官员，招降了先零诸羌部众十余万人，部分羌酋多年专事征战，拒不听从皇甫规劝戒，先后攻占张掖、酒泉，几乎占领整个河西走廊，加之皇甫规为人正直，"恶绝宦官，不与交通"，汉桓帝于次年将皇甫规调职，重新任命段颎为护羌校尉。汉灵帝建宁元年（168年），汉护羌校尉段颎领兵万余人征伐安定郡起义的先零羌。先零羌迎击于逢义山口（今固原须弥山）。段颎集中兵力，配备强弓劲弩，羌人不支，向东北退却。段颖遣司马田晏、司马夏育分别统兵由东西夹击羌人，追至汉阳山谷中。建宁二年（169年）七月，遣部将田晏、夏育领兵五千人进驻羌民屯据地瓦亭山（今宁夏固原南）扎营，诱羌人进攻，羌人大败，死一万九千人。招降散羌四千人分别安置到安定、汉阳、陇西三郡。至此，东汉王朝算是获得暂时的安宁。

## 出祁山上演三国戏
## 守月支张郃杀杨条

蜀汉建兴五年（227年），蜀汉丞相诸葛亮向后主刘禅上《出师表》，矢志北伐。"六出祁山"，是文学作品《三国演义》的说法。正史《三国志》里，诸葛亮一共进行了五次北伐，之所以被称为"六出祁山"，是因为罗贯中把曹真伐蜀一战也计算在内了，实际上，那一次蜀魏双方并未真正接触。

五次北伐中，诸葛亮有三次选择了祁山所在的陇右地区（古人以西

诸葛亮

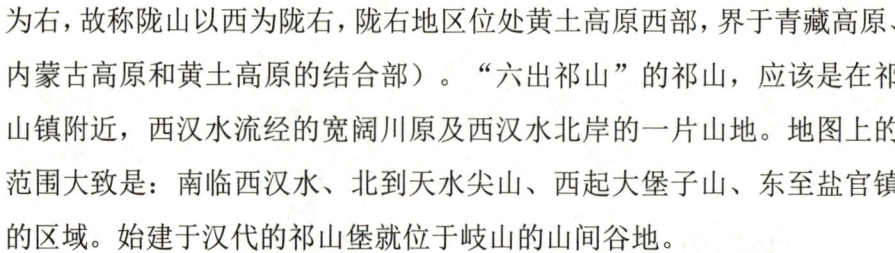

为右,故称陇山以西为陇右,陇右地区位处黄土高原西部,界于青藏高原、内蒙古高原和黄土高原的结合部)。"六出祁山"的祁山,应该是在祁山镇附近,西汉水流经的宽阔川原及西汉水北岸的一片山地。地图上的范围大致是:南临西汉水、北到天水尖山、西起大堡子山、东至盐官镇的区域。始建于汉代的祁山堡就位于岐山的山间谷地。

在数次北伐中,陇西道上的祁山堡被诸葛亮选择作为调兵遣将的大本营之一。祁山堡其实是一座不大的丘——因为孤立突起于开阔的平地上而显得十分险峻。小山不是常见的锥形山体,而是四面陡峭,顶端平坦,远望像一艘倒扣的舰艇。

关于蜀魏两国拉锯战的描述中,"祁山"曾不厌其烦地出现在史料和文学作品中。但是,现实中这座"丘",有些其貌不扬。不过,登上祁山堡俯瞰周围,所有的疑虑就消失了。向南望去,是西和县境内的重要山岭,蜀汉军从那里离开了崇山峻岭,来到祁山镇,进入一片开阔地。那个出口至今还有一个地名叫"川口"。祁山堡正好扼守着这个出口的前方。祁山堡正对面还有一个凸起的山头,为诸葛亮的点将台,二者互为犄角。西汉水从祁山堡南侧流经,北通天水,南通西和,可以漕运粮草。

祁山堡的西南方向通往礼县,那里可以直入羌中(秦汉时羌人居住的地区,今青海、西藏及四川西北部、甘肃西南部),进入可威胁曹魏的南安郡。蜀国向西北地区用兵,祁山必然是最重要的桥头堡。

祁山堡周边的区域,地形比较平缓,显然不是一个防守型阵地,但绝对是一个最好的进攻型要塞和指挥中心。对于诸葛亮和蜀汉军来说,它就是一把打开陇右大门的钥匙。

蜀汉建兴六年(228年)春,诸葛亮坐镇蜀汉陪都汉中,扬言由褒斜道(古代穿越秦岭的山间大道,南起汉中市大钟寺附近,北至眉县斜峪关口)取郿(今陕西眉县),揭开了第一次北伐的序幕。当时,赵云、邓芝作为疑兵,出击箕谷(今陕西太白境内),诸葛亮的主力军队却一路浩浩荡荡向西北进发,势如破竹般攻占了祁山地区,并在祁山堡安营扎寨，由于诸葛亮出其不意，再加上军队的戎阵整齐、号令严明，所以，蜀军一路攻城拔寨十分顺利，南安（今甘肃陇西东北）、天水（今甘肃甘谷东）、安定（今宁夏固原）三郡纷纷叛魏归蜀。其间，诸葛亮在天水收了大将姜维，如虎添翼，位于六盘山右的月支城民杨条也据城反魏，等待蜀军的到来。

这时候，魏明帝曹叡（ruì）才慌忙从洛阳赶到长安坐镇，命大将张郃率兵抵挡蜀军。当时，张郃军越陇山进入天水、祁山一带。两军对垒，在一个叫街亭的地方短兵相接了！

根据当时的局势判断，真实的街亭，应该十分接近陈仓狭道的西出口，位于今天连（云港）霍（尔果斯）高速经过的天水市麦积区街亭镇附近。诸葛亮要想封锁曹魏增援的通道，最可能选择的地方就是这里。

诸葛亮的这个想法，敌军中也有人料到了。此人是陇西太守游楚。蜀汉军连克三郡后，陇西郡还在坚守，太守游楚在城头对城下蜀军喊话："你们要是能切断关中到陇西的通道，让东边的援军进不来，一个月内我们就会不战而降服。如果不能，那你们就别在这浪费时间了。"

经过游楚的"提醒"，诸葛亮的目光转向了地图上那个小小的点——街亭。此时，曹魏派遣的张郃驰援大军已经在路上，于是，诸葛亮赶忙坐镇西县城，而令参军马谡为先锋，在街亭入口处迎击张郃军。

根据记载，关于马谡的战败原因，归结起来就是：马谡占据了一座山头扎营，而不守住山下的街亭城寨，张郃又断绝了山上到山下取水的通道。

在这个过程中，两军的指挥者马谡与张郃，在地理知识上进行了一次比拼，张郃凭借随机应变的能力胜出。今人多诟病马谡"依阻南山"的扎营策略，事实上，马谡占据高处，本来没有错，正常情况下，只要占据有利地形，下方的敌人不会轻易来攻。问题在于，马谡"舍水上山"，这个"舍"颇耐人寻味，可能是主动舍弃，也可能是被迫放弃。此前马谡不在街亭安营扎寨也许是情非得已，有可能已经在山下的交战中战败，

出祁山上演三国戏
守月支张郃杀杨条

所以被迫"舍水上山"。

这种推断有一定道理。"才气过人"的马谡,应该具备丰富的地理知识。可惜的是,他首次来到陌生的祁山一带,遇到的对手又是曹魏的"五子良将"之一的张郃。"张郃以巧变为称……"《三国志》这样形容张郃的军事智慧,说他善于随机应变,对地势地形计算精确,诸葛亮因此对其十分忌惮。诸葛亮都忌惮的人,打败诸葛亮的学生马谡,实在是情理之中。

至此,轰轰烈烈的第一次北伐以失败而告终。如果这是一场地理知识应用竞赛,诸葛亮、马谡、张郃的先后登场,张郃以一敌二,获得了全胜。

取得胜利的张郃,迅速兵发月支城。月支城是西汉初所建,史载:"汉建月支道开筑月支城。"王莽篡汉,改月支道为月顺道,东汉时月顺道入朝那,三国时属曹魏。

张郃大军一到月支,杨条哪是对手,城很快被攻破,杨条被张郃用皮鞭勒死,张郃下令毁城,月支道从此在历史上销声匿迹了。诸葛亮第

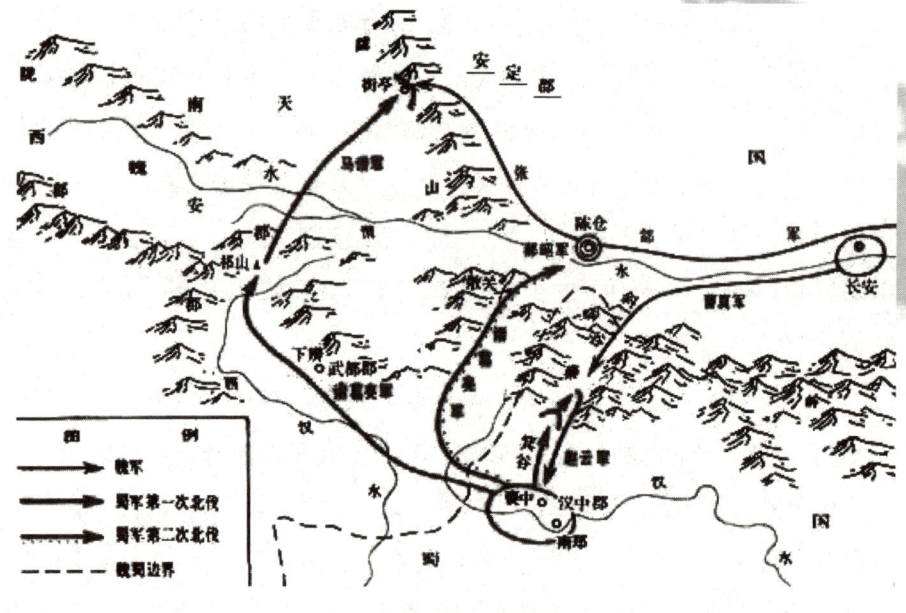

诸葛亮北伐示意图

一次北伐算是结束了。至今尚有民谣说："杨条生在杨家坡，守住月支等诸葛，可怜马谡失街亭，杨条随即把头割。"

第一次北伐，魏军老将张郃给诸葛亮和马谡上了一课，但张郃没想到的是，他并没有笑到最后。张郃作为曹魏在关中地区的重要将领，对于地理形势了如指掌，可以说是诸葛亮北伐大计中的心腹大患。张郃万万没想到的是，他的人生会终结在陇西道上。

建兴九年（231年）春天，诸葛亮第四次北伐，以木牛运粮，包围祁山，又招揽鲜卑人轲比能，响应蜀军。因曹魏大将曹真病重，祁山防线告急，曹睿改派司马懿为统帅屯于长安，统领张郃、费曜、戴陵、郭淮等人抵抗。蜀军随后取得了"卤城之战"的胜利，逼得司马懿军退守天水。此后，魏军固守。

此时诸葛亮因军粮接济不上，只好退兵。司马懿见诸葛亮撤退，以为战机来到，准备追击，张郃则担心有埋伏。这个判断十分准确，在陇西道的山路上追击敌人是十分冒险的。但司马懿依然强令张郃进攻，张郃只能无奈前往，果然在木门道（今甘肃天水秦州区木门村）遭遇伏击。这里地势险要，最窄处不过百米，蜀军埋伏在高处，箭如雨下。张郃膝盖中箭，最后伤重不治，木门道成为这位名将戎马生涯的终点。

司马懿从未在陇右地区作战，显然对当地的地理形势并不熟悉，所以表现出进退失据。相反，张郃几次提出的建议十分合理，却不被采纳。可怜张郃虽然熟知陇右地形，但碰上外行指导内行，下级必须服从上级，最终，张郃用自己的生命，为司马懿上了一节喋血的地理课。

此后，诸葛亮再没有涉足祁山，再也没有进入今天的六盘山地区。当他在建兴十二年（234年）最后一次出兵北伐时，选择了通过褒斜道，抵达渭水南岸。这一次，他的老对手司马懿做出正确判断，提前占据有利地形，与蜀军隔渭河对峙，但不交战。诸葛亮最终西上五丈原（今陕西岐山），在相持三个多月后，司马懿等来了蜀军退兵的消息。此时积劳成疾的诸葛亮，带着攻略祁山的梦想含恨而去，一代名相殒命五丈原。

出祁山上演三国戏

守月支张郃杀杨条

诸葛亮五次北伐，第一、第三和第四次都曾踏上陇原大地。他死后，天水人姜维继承其遗志，数次北伐曹魏，选择的路径依然是祁山所在的陇西道。多次北伐的蜀汉，如能彻底与通陇西道并控制岐山地区，就可以切断曹魏对祁山以西凉州之地的影响。然而，此时曹魏国力蒸蒸日上，而蜀国却人才凋零，日渐衰落。姜维率重兵与魏将钟会相持于剑阁时，邓艾从陇西道上的阴平桥一带奇袭入蜀，直捣蜀都成都，蜀国灭亡。这一回，陇右见证了中国历史上一次罕见的奇袭战，也间接导致了蜀国的灭亡。

罗贯中的《三国演义》中，诸葛亮被认为是"上知天文，下知地理"的神人。在民间语境里，"知地理"是聪明人的重要标志，这是因为古人对于世界的认知有限，地理知识来源匮乏，通晓地理知识是十分难得的。

三国中后期，在山环水绕的陇山一带，诸葛亮、赵云、司马懿、张郃、姜维等各路将相、谋士轮番登场，进行了一场场比拼地理知识的角逐——这是三国史上最后一出激动人心的大戏。这场大戏过后，司马懿逐渐取代曹魏，最终统一天下。

## 皇甫氏传谱千百载
## 梁家族主政数十秋

　　六盘山脉大关山、小关山之间河谷地带龙脉所在，人才济济。乌氏县、朝那县建置于战国时秦，农牧结合，经济发展，较早纳入中原文化，人的思想、见识、道德水准、文化水平自然和开化较晚地方的人不尽相同。人杰地灵，乌氏县和朝那县自然是人才荟萃的地方，朝那县皇甫族俊才绵延几十代，乌氏、梁氏家族出将入相，显赫一时。然而，古老的乌氏、朝那，曾经给皇甫家族、梁氏家族带来过巨大的荣耀和辉煌，也带来过太多的灾难和悲凉。他们家族植根于六盘山大地，而六盘山的山川河谷正是他们家族历史的见证。

　　皇甫谧是魏晋时期杰出的医学家、文学家、史学家，是"中国古代十大名医"之一。他的《针灸甲乙经》被列入"影响世界的100本书"之中。皇甫谧，字士安，幼名静，号玄晏先生，生于东汉建安二十年（215年），经历了东汉、三国、西晋三个朝代，死于西晋太康三年（282年）。

　　安定朝那皇甫氏是东汉"累世富贵"、声名显赫的士族。皇甫谧的七世祖皇甫棱出任度辽将军，六世祖皇甫旗为扶风郡都尉，五世祖皇甫节为雁门太守，其弟皇甫规初为安定郡功曹，桓、灵时旗为安羌名将——"凉州四明"之一。皇甫谧的曾祖父皇甫嵩是镇压黄巾起义的悍将，官至太尉。皇甫规与皇甫嵩叔侄两代为皇甫氏家族建立了牢固的政治根基。

——皇甫谧

皇甫规是皇甫谧的五世堂祖父，生于汉和帝永元十六年（104年），从小在父亲皇甫旗的教育下读书习武。汉顺帝永和六年（141年），西羌侵犯三铺（今陕西关中地区），汉征西将军马贤率军在安定郡境内阻击羌军。尚是布衣的皇甫规务农在家，看到路过的马贤粗暴对待部下，认定必被西羌打败。果然不出皇甫规所料，马贤战败被杀，全军覆没。安定郡的将领知道皇甫规有军事才能，于是授予功曹之职，"率甲士八百，与羌交战，斩首数级，贼遂退却"。其后羌众又攻战陇西诸郡，皇甫规向朝廷上疏自荐，要求效力，并指出造成羌人起义的原因，是对羌族的"侵暴"，苟竞小利，则致大害。朝廷以其资轻望浅，未准所奏。

汉冲帝永嘉元年（145年），安定郡举荐皇甫规为孝廉方正。当时梁冀把持朝政。皇甫规在策问中指斥以外戚梁冀为首的官僚集团"德不称禄，在位素餐"，使皇帝"专听谄谀之言，不闻户牖之外"。梁冀忌恨皇甫规刺己，将皇甫规列为下等，皇甫规见此情形，托病回乡，梁冀指示州郡官员陷害皇甫规，数次几乎置于死地。皇甫规居家十四年，设馆教书，门徒多达三百余人，东汉名臣张奂、杨秉、陈蕃等皆从学门下。

汉桓帝延熹二年（159年），梁冀被诛，朝廷征召皇甫规，皇甫规没有接受。这时山东叔孙无忌起事，朝廷特以公车征召皇甫规为泰山太守。皇甫规到任后迅速稳定了秩序。延熹四年（161年）秋，西羌零吾、先零等部攻关中，护羌校尉段颎剿而不抚，终致羌人暴动愈烈，段颎亦被朝廷革职问罪，三公举荐皇甫规为中郎将，持节关西，讨伐零吾羌，先零诸种羌仰慕信任皇甫规，降者十余万。皇甫规在剿抚羌人的同时，还对地方贪官污吏进行查处。

皇甫规平羌回到安定郡，既不以权为家人和自己牟私利，又对为非作歹的官吏举奏甚多。从朝廷宦官到地方官吏豪强，对皇甫规都十分怨恨，共谋诬陷。说羌人归顺是皇甫规用财物收买的假降。汉桓帝也将信将疑，曾数次下诏书斥责皇甫规，并于是年冬召还京师，免去军职，拜为议郎。宦官索贿，皇甫规视而不理，宦官遂以"余寇不绝"，坐罪下狱。朝廷公卿及太学生张凤等三百多人上书桓帝为其鸣冤，始得释放，罢官归里。不久，北方边境与匈奴的战端又起，朝廷再次征召皇甫规为度辽将军，捍边抚民。他到任数月即发现中郎将张奂才干出众，上书皇帝推荐张奂取代自己，后来张奂升迁朝廷大司农，皇甫规复任度辽将军，在边郡数年，北边匈奴威服。在东汉末的"党锢之祸"中，所谓"党人"，大多被牵连进去，或被杀，或流徙，或监禁。皇甫规认为自己作为"西州豪杰"，不在"党人"之中，是一种耻辱。于是，皇甫规上书皇帝说，自己推荐张奂是附"党人"，太学生张凤等上书为自己争辩是"党人"附我，也应该坐罪。朝廷知而不问，当时人们都认为皇甫规很贤明。

永康元年（167年），皇甫规被征为尚书，后迁弘农（今河南灵宝）太守，封寿成亭侯，让封不受又转为护羌校尉。汉灵帝熹平三年（174年），皇甫规因病请求回归故里，在被召还途中卒于谷城（今山东平阴东阿镇），享年71岁。

皇甫嵩是东汉度辽将军皇甫规兄皇甫节之子，其父曾为雁门太守，皇甫嵩少年有志，好诗书，习弓马。太尉陈蕃、大将军窦武闻其才数聘

未应。汉灵帝光和三年（180年）诏征为议郎，出任北地郡太守，以功封都亭侯。

汉灵帝中平元年（184年），张角领导的黄巾军起义，皇帝召集群臣商讨对策，时为北地郡太守的皇甫嵩认为应该废除党禁，拿出禁中的钱，西园马厩中的马，分发给军士，前去征讨。皇帝采纳皇甫嵩的建议并拜为左中郎将，与朱俊一起率领四万人共讨颍川的黄巾军，皇甫嵩进军长社（今河南长葛东北）。黄巾将领波才在长社围攻皇甫嵩，皇甫嵩兵少，命令军士把苇草捆成火炬登上城楼，放火大喊，城上的士兵举着火把响应，皇甫嵩从城里率士兵敲鼓呐喊而出，进攻黄巾军的阵营，黄巾军惊恐，慌乱中四散逃走。五月，皇甫嵩、曹操和朱俊联合军队，与黄巾军交战，斩首好几万，皇甫嵩被封为都乡侯。皇甫嵩、朱俊乘胜追击汝南、陈国的黄巾军，在阳翟追击波才，在西华进攻彭脱，均获大胜。皇甫嵩上奏章叙述战争的情形，把功劳归于朱俊，于是皇帝加封朱俊为西乡侯。皇帝诏令皇甫嵩继续讨伐，镇压了黄巾大起义，以功拜车骑将军领冀州牧，封槐里侯，食槐里、美阳两县八千户。

汉献帝初平元年（190年），皇甫嵩带领着三万军队屯守扶风，预防胡人北宫伯玉的侵扰。董卓篡逆，欲征召皇甫嵩做城门校尉，皇甫嵩接受征召。这年四月，董卓洗劫洛阳，西迁长安，公卿都来迎接，在董卓车前参拜，董卓对御史中丞皇甫嵩说："皇甫义真，你害怕不害怕？"皇甫嵩回答说："您以德辅佐朝廷，巨大的喜庆方才到来，我没什么理由害怕的！如果随意杀戮，滥施刑罚，则天下人人畏惧，岂仅是我一个人呢！"当皇甫嵩兵权最盛之时，除直接管理冀州，还可征发幽、青、徐、荆、扬、兖、豫七州军队，汉阳闫忠就曾劝他：征冀方之士，动七州之众，南下洛阳，剪除宦官，取而代之，皇甫嵩不听。皇甫嵩在其人生最后十年中残酷镇压了黄巾起义和依附豪强势力，试图挽救大厦将倾的封建王朝，背离历史发展潮流，被后世所批评，但其只有忠君之想，并无篡逆之心，在长时期的封建社会时期，还是受到广泛尊敬的。初平三年（192

年），司徒王允使吕布杀董卓，关中董卓旧将李傕、郭汜攻入长安，放兵掳掠，加以饥馑，民相食，皇甫嵩在忧愤中于献帝兴平二年（195年）死去。

三国曹魏开始实行九品中正制，对士族大姓有优厚的政治特权，是门阀制度的成熟时期。曹魏时皇甫家族皇甫隆以开发敦煌、发展农业技术而著名，皇甫隆还深谙方士之术。他的"体欲常少，劳无过虚，食去肥浓，节酸咸、减思虑、损喜怒、除驰逐、慎房室，春夏泄泻、秋冬闭藏"之法，经魏王曹操施行，甚是有效。皇甫麟曾通过万人诣阙推荐，历任清水、新平、安定等郡太守。

皇甫谧是中国魏晋时期著名的文学家、史学家和针灸医学家。

《晋书·皇甫谧传》记："年二十，不好学，游荡无度，或以为痴"。在叔母的教导下，皇甫谧彻然悔悟，发奋读书，最终成为远近闻名的饱学之士。四十岁时，后母不幸去世，叔父亲生儿子也有二十岁了，皇甫谧为了获得当时对士族的优厚待遇，遂归本宗（即皇甫嵩嫡传后裔）。后来他得了风湿，后半生一直病魔缠身，但仍然"手不辍卷"，"披月不怠"。还向晋武帝司马炎上表借书，武帝"送一车书与之"。皇甫谧不恋仕途，尽心于学术研究，"耽玩典籍，忘之寝与食"，"博综典籍百家之言，唯以著述为务"。给后人留下了大量的著述，尽管在传世的过程多有遗失，但现存且有篇目可考者尚有十余种。在文史方面著有《帝王世纪》《年历》《高士传》《逸士传》《列女传》《郡国志》《国都城记》《玄晏春秋》《三都赋序》《庞娥亲传》《玄守传》《释劝论》等；在医学方面著有《针灸甲乙经》和《寒食散论》等。

皇甫谧一生淡泊名利，安贫乐道。晋武帝时，朝廷先后数次征召，婉言谢绝，作《释劝论》以明己志，表白自己"持难夺之节，执不回之意"。又作《让征聘表》申述自己"执志箕山"。

西晋是皇甫家族的全盛时期，与皇甫谧同时或稍后的皇甫族人有皇甫陶、皇甫晏、皇甫商、皇甫重均为朝廷重臣或封疆大吏。晋武帝司马

炎即位后，开始在朝中设置负责进谏的官员，以皇甫陶为首任谏官。有一次，晋武帝和右将军皇甫陶商谈政事，在言辞上发生了争执，散骑常侍郑徽上表请求惩罚皇甫陶。晋武帝说："忠正的言论，唯恐听不到，郑徽越权，胡乱上奏，哪里合朕的心意！"于是罢免了郑徽的官职。

晋武帝泰始八年（272年），皇甫族皇甫晏为益州刺史领兵讨伐汶山白马湖。军队来到了观阪，牙门张弘等人认为汶山道路艰险，而且害怕胡人众多，于是趁夜叛乱，杀了皇甫晏，军中大乱，兵曹从事犍为（今四川犍为）人杨仓指挥军队，奋力作战而死。张弘于是诬告皇甫晏，说"皇甫晏要率领自己一起造反"，所以把他杀了。把首级送到京师。皇甫晏的主簿蜀郡人何攀正在替母守丧，听说了此事，前往洛阳，证明皇甫晏没有造反。广兴主簿李毅向太守弘农人王浚说："皇甫侯从书生出来做官，为什么要造反呢！而且广汉和成都紧密相连，其之所以统辖于梁州的原因，是因为朝廷想要控制梁州的要害，正是要防止今日这样的变乱。现在益州有乱事，就是本郡的忧患。张弘小小叛贼，应该立刻前往讨伐，不能错过了机会。"于是王竣派出军队讨伐张弘并平灭三族，晋武帝下诏任命王浚为益州刺史，皇甫晏"获清白誉"。

晋惠帝太安二年（303年），皇甫商做长沙王司马义的参军，皇甫商的哥哥皇甫重做秦州刺史。李含挑拨河间王司马颙说："皇甫商受到司马义的信任，皇甫重最终不会接受别人任用的，应该早日除掉他。"皇甫重知道了这件事，发动陇上军队来讨伐李含。司马义派使者诏命皇甫重停止用兵，征召李含做河南尹。李含接受征召，可是皇甫重不接受命令，司马颙派遣金城太守游楷、陇西太守韩稚等人，联合四郡军队攻打他。司马颙秘密命令李含和待中冯荪、中书令卞粹谋杀司马义。皇甫商收捕李含、冯荪、卞粹，杀了他们。司马颙派张方做都督，率领七万精兵进犯洛阳，司马义命令左将军皇甫商率领一万多人到宜阳抵御张方。司马义想与大将军司马颖和解，送信陈述利害关系，司马颖回信说："请斩下皇甫商等人的头颅，就率领军队回到邺都。"司马义不答应，并派皇甫商暗中出城，拿着皇帝亲手诏书，命令游楷等人停止军事行动，要秦州刺史皇甫重进兵讨伐司马颙。皇甫商到达新平，遇到了他的外甥，外甥一向厌恶皇甫商，把消息告诉给了司马颙，司马颙捉住皇甫商后，立即杀了。

游楷等人攻打皇甫重，皇甫重让他的养子皇甫昌寻求救援。皇甫昌拜见司空司马越，司马越不愿出兵。皇甫昌就与以前为殿中人的杨篇一起，伪称奉司马越的旨意，从金墉城迎出羊皇后，用皇后的命令发兵讨伐张方。朝廷官员开始都跟随皇甫昌，很快知道是伪令，就一起杀了皇甫昌。司马颙请派御史向皇甫重宣布诏令，命令他投降。皇甫重不遵行诏令。抓宣布诏令的御史马夫，询问说："我弟弟带兵过来，快到了吗？"马夫说："他已被河间王司马颙害死了。"皇甫重当即杀掉马夫。这样城里知道没有外援，就一起杀了皇甫重投降。这是皇甫家族中不幸的一幕，他们都为西晋的"八王之乱"做了殉葬品。东晋十六国时期，皇甫氏的原籍安定郡成为少数民族政权互相争夺的主要战场，皇甫氏家族的代表性人物多避乱江南。所以前后赵，前后秦及赫连夏统治这一带的时期，仅有如皇甫赛、皇甫序等无足轻重的人物。流入前燕的有皇甫岌、皇甫真。皇甫真是这一时期较为著名的人物，曾为慕容氏谋主，任太尉、侍中，前秦苻坚使郭辨暗察形势，归报苻坚说："燕朝无纲纪，鉴机识变唯皇甫真耳！"其兄皇甫典及侄子皇甫奋、皇甫覆均在前秦为官。

北魏时，黄河以北大部分地区属于恢复时期，生产发展，生活稳定。但由于精英外流，北魏前期未见皇甫氏的突出人物。只有皇甫集，仪同三司，雍州刺史，右卫大将军，封临泾县公，其弟皇甫度，为尚书右仆射，进司空，领将军，封安定县公，这二人是灵太后的舅舅。北魏宣武永平三年（510年）和永平四年（511年），皇甫族人有别驾从事皇甫轨，祭酒从事皇甫恂。在史籍中查到的渡江南下的皇甫族人，有刘宋时南顿太守皇甫烈，宁朔将军中军皇甫贤；南齐时有皇甫仲贤、皇甫耽、皇甫肃；萧梁时有南安太守皇甫谌。其中最显达的一支是齐高宗明帝萧鸾的

右军将军皇甫光，后随豫州刺史裴叔业降北魏，为辅国将军假南兖州刺史、渤海太守，其兄皇甫椿岭为薛安都督、岐州刺史。椿岭的儿子皇甫旸是魏丞相高阳王元雍的女婿，历冠军将军、豫州刺史，进安南将军、光禄大夫。皇甫旸之子皇甫长卿为太尉司马，是北魏末最显达的一支皇甫族人。

北齐、北周时有皇甫玉和皇甫遇。历经南北朝、隋、唐有皇甫澄，为南齐秦、凉二州刺史，其子皇甫徽为萧梁安定、略阳二郡太守（此州、郡均为江南侨置），后随妻兄夏侯道迁入北魏为征虏府司马，家居汉中。皇甫徽生有二子，长子皇甫和，字长谐，移居京兆，曾任北魏济阴太守，无后追赠散骑常侍大将军、仪同三司，泾州刺史；次子皇甫亮，字君翼，历尚书殿中郎、任城太守，封爵榆中男，赠骠骑大将军安州刺史。皇甫和之子皇甫瑶，字景瑜，受知于宇文泰，北周保定中为蕃部中大夫，进骠骑大将军隋州刺史，也有子二人。长子皇甫谅，少知名，位吏部下大夫；次子皇甫诞，隋开皇初为治粟御史、尚书左丞，后拜汉王杨谅并

宁夏彭阳皇甫谧文化园

州总管府司马。晋王杨广即位，杨谅举兵谋反，皇甫诞屡谏不纳，遭杀害，炀帝赠柱国左光禄大夫，封弘义郡公。其子皇甫无逸，字仁俭，为历阳太守、封平舆侯，入唐后为刑部尚书、封滑国公，历陕南东道行台民部尚书，迁御史大夫。皇甫无逸为其父皇甫诞立碑一座，这就是由唐初"十八学士"之一的燕国公于志宁撰文、大书法家欧阳询书丹的著名《皇甫府君碑》，是欧体书法的代表作。其子皇甫悰是汜州刺史，其孙皇甫忠在开元时为卫尉卿。林宝《元和姓纂》卷五对这一支皇甫氏的记载是："瑶生诞。诞生无逸，唐户部尚书、滑国公，生悰。悰，汜州刺史；生忠，殿中监。逸三从弟彬，郎中，秘书少监。"

隋代著名的皇甫族人有皇甫绩，其祖父皇甫穆为北魏陇东太守，父亲皇甫道为北周湖州刺史、雍州都督。皇甫绩有功于北周武帝宇文邕，封义阳县男。隋文帝即位，皇甫绩又为开国功臣，加开府，进郡公，拜大将军，后为信州总管、督十二州诸军事，病死于家中。其子皇甫思嗣爵，官至尚书主爵郎。隋大业时另有皇甫议主持开凿了京杭大运河的其中一段。

唐朝太宗李世民时有谏官皇甫德，贞观八年（634年），中牟丞皇甫德上书，说朝廷修建洛阳宫，是劳役疲民；收取地租，是厚敛百姓；天下女子崇尚高髻，是由于宫中的不良习气所影响。李世民看了奏折后大怒说，这个皇甫德是想让国家不收一分钱的赋税，不让使用一人劳役，还要宫中的女人不长头发，他才满意，欲杀掉皇甫德。魏徵知道这件事后，急忙上书规劝李世民说，昔日贾谊向汉文帝上书时曾有"可为痛哭者三，可为长叹者五"的言辞，自古上书者言辞不激切，难以打动帝王之心，如果杀了皇甫德，以后谁还敢向皇帝说实话。李世民思虑再三，赐给了皇甫德绢二十匹，以示褒赏。此后武则天时有酷吏皇甫文备，玄宗天宝时有陇右节度使皇甫惟明，代宗大历时有凤翔节度使皇甫温和"大历十才子"之一的皇甫曾。

唐朝最为著名的皇甫族人当数皇甫铸和皇甫镈兄弟，皇甫铸是宪宗

元和时的宰相，以整顿财政被进用。

其弟皇甫镛字和卿。平时"寡言正色，衣冠甚伟，不屑世务，所交皆知名士"。唐宪宗在位期间（806—820年），他的兄长，权倾一时。皇甫镛经常告诫哥哥，权宏太盛，会物极必反，而哥哥根本听不进弟弟的劝告。皇甫镛决定从京城长安迁往东都洛阳居住。

皇甫镛历任河南少尹、国子监祭酒、银青光禄大夫。在任太子右庶子时，与诗人白居易等名士成为好友，经常在一起把酒论道，吟咏终日，根本不把功名利禄荣华富贵放在眼里，被当时社会各界人士称之为"达人"。所以当新皇帝穆宗继位以后，在惩办皇甫镈一伙党羽罪臣时，皇甫镛虽然是皇甫镈的同胞弟弟，却没有受到牵连。

皇甫镛于开成元年（836年）病故。他一生道德、文章兼优，能文、工诗，著有诗文十八集，《性言》十四篇。白居易亲自给他撰写了《安定皇甫公墓志铭并序》，载《白氏长庆集》。

皇甫枚（生卒年月不详），唐末文学家。字尊美。咸通年间（860—871年），任汝州鲁山县（今河南鲁山）县令。

李唐王朝灭亡，五代朱梁政权建立以后，皇甫枚仍然"心系本朝，宁投草莽而不忍为梁之臣仆"，闭门专心写作"追记咸通时事"，精心创作出一部传奇小说集《三水小牍》（上下卷）。由于他效法古人，不食"周粟"，最后因贫病交加而"终老汾晋"。

唐朝皇甫家族还有族人皇甫冉，著名文学家皇甫湜、皇甫松父子，五代十国有皇甫立、皇甫遇、皇甫晖。

皇甫遇、皇甫晖，在《五代史》中有传。宋朝有皇甫继明和皇甫坦，《宋史》有传。明代有皇甫津、皇甫斌、皇甫仲和，《明史》有传。

皇甫氏显赫的家族，其名人自汉至明史所不绝一千六百多年，其深厚的文化蕴涵为中华文明史做出了巨大贡献。

乌氏梁氏家族，由梁统随汉光武攻打隗嚣，官封侯爵给梁氏家族打下了政治和经济基础。

梁统

梁统，（生卒年月不详）字仲字。先祖梁益耳是春秋时代晋国的大夫。王莽篡权后，梁统在家乡任地方小官。淮阳王刘玄打倒新莽政权，恢复汉室，在长安（今陕西西安）继位，改年号更始。梁统归顺刘玄，于更始二年（24）被封为中郎将，任酒泉（今甘肃酒泉）太守。为时不久，赤眉军攻进长安，推翻更始政权。这时他与波水将军窦融及河西五郡太守们共同举兵宣布"保境"（实际上是割据）。大家公推梁统做大将军，梁统坚决不干，便改窦融为大将军。梁统自任武威（今甘肃武威）太守。

刘秀的东汉政权建立以后，建武五年（29年），河西各郡地方长官推派代表去京城洛阳"诣厥奉贡"，表示拥护光武帝。东汉皇帝对河西地方官的归顺进行表彰，梁统被封为宣德将军。不久，天水地区实力派隗嚣叛汉，与四川割据政权刘表结伙发难，梁统又率部跟随光武帝御驾亲征。打败隗嚣后，被加封成义侯，仍然回任河西原官。建武十二年（36年），梁统被调到京城，改封高山侯，任太中大夫，参与朝廷最高决策。

梁统"性刚毅而好法律"，在任期间注重法治。他任武威太守时，"为改严猛，威行邻郡"，重用清廉官吏，把治理地方的安定和富裕看作重要事情去做。

梁松，字伯孙，梁统长子。娶光武帝大女儿舞阴公主为妻，成为当朝驸马，由郎将提升为虎贲中郎将。他熟读儒家经典，研究历史，通晓治国方略，深受皇上宠爱。光武帝死后，曾奉遗诏，担当新帝汉明帝的辅政大臣，封为太仆。明帝四年（61年），在窦皇后和权臣窦氏兄弟的操纵下，制造"飞书"（匿名信）事件，受到诬告而被拘审，死于监狱中。妻儿们都被强迫迁赶到交州九真郡（今越南清化境内）。

梁竦，字教敬。梁统之子，梁松之弟。约生活在东汉明帝、章帝时期，是有名的文学家。自幼勤学，对《周易》颇有研究。少年时已是才华横溢，招徒讲学，从事教育事业。汉明帝永平四年（61年），祸从天降，因兄长梁松遭遇匿名信的诽谤而下狱身死，梁竦与弟梁恭遭到株连，被发配交州九真郡（今越南清化及义静省东北地区）。途经湘江时，此情此景，勾起他对伍子胥、屈原的无限怀念，由他们无辜被贬联想到自己的遭遇和处境，遂产生了情感上的共鸣，挥笔写下了《悼骚赋》。

梁竦历数历史上的先哲贤士，并借这些先哲们的治国与乐道，抒发自己"既匡救而不再兮，必殒命而后仁"的积极入世思想和苦闷心境，准备以死来抗争，以死来成"仁"。

汉明帝后期，梁竦回到故乡。自回到安定郡后，闭门自养，不与外界往来。终日读名家经典，他将世情和激愤都寄托在故纸堆里。遂"著书数篇，名曰《七序》"。东汉著名史学家、文学家班固为《七序》作序，并给以极高评价："孔子著《春秋》而乱臣贼子惧，梁竦作《七序》而窃位素餐者惭。"可惜《七序》已佚。虽原书已佚，大致内容是当时梁竦仕途无望的苦闷心境的写照。他曾登高望远而叹息："大丈夫居世，生当封侯，死当庙食。如其不然，闲居可以养志，诗书足以自娱，州郡之职，徒劳人耳。"因此，朝廷多次任他为官，他都一一拒绝，终生不愿为官。同时，也对朝政的昏暗、奸佞用事者进行揭露和抨击。

梁竦生有三女，其中有两个女儿被汉章帝封为贵人。小贵人生皇子刘肇，即后来的汉和帝。

汉章帝建初八年（83年），梁竦遭皇后窦氏陷害，下狱死。直至和帝继承皇位，为梁竦平反，并追封为褒亲愍侯。

梁商，梁统孙，梁雍子。汉顺帝国丈。永建元年（126年），"袭父封乘氏侯"。阳嘉元年（132年），女儿被立为皇后，妹妹又被封为贵人，自己也被加为特进、拜执金吾。阳嘉三年（134年），封为大将军，地位日益显赫。梁家自从梁竦衰败之后，到梁商时又开始重新崛起。

梁商"少通经传，谦恭好士"。在辅佐顺帝期间，"自以戚属居大位，每存谦柔，虚己进贤"。顺帝先后封梁商长子梁冀为襄邑侯、少子梁不疑为步兵校尉，梁商都上书相辞，主张选贤任能。他起用陈龟、李固、周举等有才干的人入朝担当重任，"于是京师翕然，称为贤辅，帝委重焉"。

在对待少数民族的关系方面，梁商主张实行安抚政策，反对进行大规模的军事征讨，以缓和民族矛盾。

梁商虽身为大将军执掌朝廷军政，权倾一时，但仍然居官清廉，严格要求梁氏族人严于律己，不能以权干法。在他病危弥留之际，把儿子梁冀叫到病床前说：我死后要节俭办丧，及时落葬入土。送葬之日，皇帝命中宫亲自扶灵，皇帝也到宣阳亭上，目送他"上路"，并追谥为"忠侯"。

梁冀，字伯卓。梁商子。两妹为顺帝、桓帝皇后。少年时代就倚仗皇亲国戚的身份，游手好闲，酗酒斗殴，放鹰斗鸡，赌博嫖娼，是京城有名的纨绔恶少。

永和元年（136年），梁冀在担任河南尹时，贪赃枉法，无恶不作。当时担任洛阳令的吕放，是他父亲过去的门客，便把梁冀在河南的所作所为告诉了梁家。梁冀受到父亲的责骂之后，知道是吕放告的状，便将吕放暗杀了，又杀了一个所谓的"仇人"及其一家，无故枉杀一百多人。

永和六年（141年），父亲病故，梁冀被汉顺帝特命为大将军，继承父职，执掌朝政。他乘机把弟弟梁不疑提升为河南尹，帮自己捂住在河南的恶政。当时有位光禄大夫名叫张纲，大胆上奏皇上，举劾梁氏兄弟"外戚蒙恩""专肆贪叨"纵恣无极"，不宜担当要职。梁冀对张纲

怀恨在心，找到借口，把张纲挤出京城，贬到广陵（今江苏扬州西北）去当太守。

汉安三年（144年），汉顺帝刘保病故。太子刘炳继位，改年号永嘉，史称汉冲帝，年仅两岁。梁冀的妹妹梁皇后成为皇太后，并临朝执政。但小皇帝不到一年就死了。梁冀与梁太后秘密谋划，"定策禁中"，选中渤海孝王的八岁幼子刘缵当了新的小皇帝，改年号本初，史称汉质帝。汉质帝虽然年少，但聪慧、勇敢，早已知道梁冀是奸臣，对满朝的文武大臣们说："此跋扈将军也。"于是梁冀就让太监在食物中下毒，害死汉质帝。梁家兄妹决定让汉章帝刘恒的曾孙刘志做新皇帝，改年号建和，史称汉桓帝。新皇帝也只有十五岁，梁太后仍然临朝执政，因而朝中军政大事仍然是梁氏兄妹把持。

梁家在京郊强占民田，大兴土木，修建的私家园林，方圆近千里，赛过皇家园林。梁冀还抢掠平民数千人，强迫他们成为奴婢，对外谎称这些人是"自卖人"。

梁冀把持朝政，控制汉室长达二十余年，"百僚侧目，莫敢违命，天子恭己而不得有所亲豫"。延熹二年（159年），梁太后、梁皇后相继去世，梁冀失去了靠山。不久，桓帝与宦官单超、具瑗、唐衡、左怕、徐璜等五人谋划收缴了梁冀的大将军印绶，夺回了兵权。梁冀自知大势已去，在孤立无援的情况下，便与妻子一同自杀，受他们牵连被处死及免职者数百人。家产被抄没，变卖"合三十余万万，以充王府，同减天下税租之半"。

梁妠，东汉顺帝皇后。梁商的女儿。梁妠是东汉三大临朝执政著名的皇太后之一（邓太后、窦太后）。

梁妠自幼心灵手巧，既喜欢读书，又有一手很好的针线功夫。她九岁就已经熟读《论语》，能吟诵《诗经》，并能讲解这些儒家经典的微言大义。她还常以《列女图》中的故事人物为榜样，时时对照自勉。她的父亲对这个女儿所表现出来的才智看在眼里，喜在心中，非常偏爱，

——梁妠

并进行重点培养。梁商经常对族人们说，今后能为我梁家光宗耀祖的人，"倘兴此女乎？"

元初五年（118年），十三岁的梁妠与她的姑姑一起被选中入宫，后被汉顺帝刘保封为"贵人"。梁妠凭着美貌和智慧以及管理才干，很快在后宫崭露头角，于阳嘉元年（132年），被立为皇后。由于梁氏读书多，有思想见解，能"深览前世得失"，"不敢有骄专之心"，不仅把后宫管理得井井有条，还能帮助皇帝治理朝政。汉顺帝死后，她相继成为冲帝、质帝和桓帝三朝的皇太后，并持续临朝执政长达十九年。

和平元年（150年）春，梁纳将朝政归还给汉桓帝刘志，当年病故，葬于宪陵，追封为顺烈皇后。

东汉王朝加强专制体制，在一定时期内起着稳定封建秩序的作用。但和帝以后，强化的专制体制起了相反作用，促成了外戚、宦官的专权和他们之间的斗争。顺帝之后，梁氏家族在封建专制和外戚宦官斗争中，举足轻重。梁太后和梁冀先后选冲（两岁）、质（八岁）、桓（十五岁）三帝。梁太后也任用宦官，扩充太学，尽量争取士大夫和宦官的支持，但根本大权掌在梁冀手中。梁氏一门先后有七人被封为侯爵，两人居大

将军。内庭中三人为皇后,六人为贵人。三人为驸马,七位夫人食邑封爵,其余被封为将、尹、校等官者五十七人。

安定乌氏除梁统家族外,梁姓有名气者莫过于梁鹄、梁御、梁睿。

梁鹄,生卒年不详,字孟皇。

梁鹄经历了三国初年的兼并和战乱。曾任凉州刺史,后回朝廷供侍中之职。汉灵帝又以侍中升迁为选部尚书(三国魏时改选部为吏部,主管选举之事)。

梁鹄少年时读书刻苦用功,自幼喜欢书法。朝廷举荐孝廉时入京城,被任为"郎"官。不久入鸿都门(是当时最高的学府)学习,在东汉书法家师宜官教授下学习八分书。八分为隶书一体,亦称"分隶""分书",其名始于魏晋。师宜官性嗜酒,酒后挥毫,无拘无束,狂放不羁,且又多书写于墙壁或字版上。梁鹄从不放过师傅酒后挥毫的机会。每饮酒,梁鹄必为老师多准备字版,随后拿回来细心钻研框架结构,勤学苦练,掌握书写技法,书艺由此大进,并"以善八分书知名"。师徒比较,师善小字,鹄善大字,"龙威虎振,剑拔弩张"。梁鹄书迹用笔斩截,干脆利落,骨气凝重,筋力丰足,笔势雄健,意志戆宕,方笔多于圆笔,

梁鹄

凌厉中见朴厚，方正中多变化，充分体现了八分书的精熟和超迈。

三国鼎立，师宜官投奔吴国袁术，为其将；梁鹄奔蜀国刘表于荆州。魏国曹操破荆州，召见梁鹄。梁鹄遂归曹操，做洛阳令，后任曹魏军假司马（即司马的副职）。曹操常以梁鹄书写的条幅悬挂帐中或订在墙壁观赏。梁鹄已成为当时书法界的卓然大家，很多有名建筑的碑文书法出自梁鹄之手。当时因处战乱年代，梁鹄书迹所留甚少。传世佳作珍品有《孔羡碑》《修孔子庙碑》《孔子庙碑》《受禅表》等。

梁御，北魏将领，字善通，先祖曾改姓纥豆陵氏。高祖名为俟力提，所以梁氏先祖可能是少数民族或者是汉族投向少数民族。

梁御少年好学，精通弓马武艺。北魏高平起义时，万俟丑奴占据原州城，南进关中地区。北魏派尔朱天光、贺拔岳等率军征讨。尔朱天光任命梁御为宣德将军，所部担任前锋部队。因在征战中累积军功，被北魏孝庄帝升授为镇西将军、东益州（今四川成都）刺史、第一领民酋长，加封白水县伯（一说白水县侯）。不久又改任西征将军、金紫光大夫，协助贺拔岳镇守长安。北魏永熙三年（534年），贺拔岳被秦州刺史侯莫陈悦谋害，梁御带领诸将共同拥戴时任北魏朝侍中、骠骑大将军、开府仪同三司、关西大将军、略阳县公、夏州刺史的宇文泰（就是后来的周文帝），讨伐侯莫陈悦。宇文泰提升梁御为武卫将军。后改任大都督、雍州刺史和车骑大将军。西魏时期，跟随宇文泰收复弘农（今河南灵宝北），攻占沙苑（今陕西大荔南），屡立战功，再升右卫将军、尚书右仆射，加侍中、开府仪同三司，晋爵广平郡公、雍州（今陕西华县）刺史。大统四年（538年）病故。魏文帝赠梁御为太尉、尚书令、雍州刺史，谥"武昭"。

梁睿（531—595年），两魏、北周、隋三朝元老，大将军。梁御的儿子。字恃德。"少沉敏，有行检"。西魏文帝时，作为功臣的儿子被收养在皇宫中多年，与各位皇子一起"同师共业"。七岁就被破格批准承袭父亲的爵位，成为小广平郡公。魏恭帝继位，再升封为五龙郡公渭州（今甘肃陇县东南）刺史。北周孝闵帝宇文觉代魏称帝后，梁睿效忠新帝，仍被封御伯，任中州刺史，镇守新安（今河南新安），以防备北齐。"齐人来寇，睿辄搓之。帝甚嘉叹，拜大将军"。天和五年（570年）六月，北周武皇帝宇文邕表彰他辅佐有功，晋爵为蒋国公。先后升任敷州（今陕西洛川东南）刺史，凉、安（今四川剑阁）二州总管，进位柱国。益州（今四川成都）总管王谦发动巴蜀兵变，攻陷始州（即安州）。杨坚命梁睿为行军大元帅，率部骑二十万大军讨伐王谦。梁睿一路破通谷，拔龙门，抢巴西，战成都，大败叛军，并将王谦俘斩。平定益州的叛乱之后，代替王谦任益州总管。后来梁睿又支持杨坚篡夺北周政权，成为隋朝的开国功臣。隋开皇十五年（595年）二月，梁睿跟从隋文帝到洛阳不久病故。谥曰"襄"。大业六年（610年），隋炀帝下诏改封梁睿为戴公。

# 赵夏秦纷争战高平
# 敕勒部揭竿反六镇

大关山、小关山平行从南向北逶迤，至今开城，大关山略向西北扩延，开城梁和小关山相接，形成南北分水岭，开城梁以北流水为清水河，河水沉积形成积扇平川开阔地，因在开阔地汉筑高平城，故水又称高平水，川道平原又称高平川。高平城史称"高平第一城""天下右地"。因其扼两山要口（三关口、海子峡口、叠叠沟口、双井子口、石门峡口、甘城子口、石羊子口），控三水之交（三水又名三川，晋改为西川，固原北面屏障），当四镇（朔方、泾源、陇右、河东为唐四镇）之冲，跨五原之野（龙游原、乞地千原、青岭原、可岚贞原、横槽原，即固原四周原名），拥六盘之险，掌七

高平第一城

关之固（石门、藏驿、制胜、石峡、木峡、木靖、六盘），绾八营（头营至八营）之道口，掀九塞（即九边）之中肋，恰合九九之数，所以称天下右地。其形胜如磐石，东岳（东岳山）辅其左，西坪翊于右（西坪原），九龙（九龙山）摈于前（南），北塬拓于后（北）；清水河襟带于东南，饮马河纡轸于西北。城湮接汉，雉堞巢云，处实面阳，圆居方正。四面开阔，利于进攻，城池坚固，易守难攻。城门一阖，金墉铁瓮。因此，两晋南北朝时，是各游牧民族喋血争夺的要地。

高平自移郡（东汉移至美阳），人户稍少，至曹魏废。废后的高平，为北方各游牧民族的聚居地。献帝建安十九（204年），春，魏将夏侯渊，转击高平屠各，收集其众。魏齐王正始元年（204年），凉州休屠（屠各）服降，郭淮奏请安置在高平，为民保障，设置西川都尉管理。晋武帝太始初年（265年），鲜卑鹿结部七万余众屯居高平川，与西部祜邻部相攻劫，鹿结退至略阳，邻并其众，入居高平川。在此之前，还有乞伏鲜卑一直活动在高平川牵屯山（六盘山）一带。另外活动在高平川一带的还有破多罗部、柔然族、乞伏部。

武帝泰始四年（268年），河西、陇右一带连年歉收，致使羌、鲜卑族人发生骚乱，鲜卑首领树机能率部众直逼高平，泰始五年（269年），西晋武帝司马炎任命胡烈为秦州刺史，进行弹压。胡烈屯兵高平川，阻止河西鲜卑人入境。对已入境内的鲜卑人则极力控制。泰始六年（270年）六月，树机能与秦州刺史胡烈激战，晋军大败，胡烈战死。树机能缴获胡烈囤聚的大量辎重乘势东进，占领高平。胡烈战死后，晋武帝调尚书石鉴为安西将军，都督秦州各地军事，晋大将军杜预继任秦州刺史。石鉴率军屯陇。杜预认为，树机能部优势在于骑兵，建议石鉴不要立即出战，暂时筹备粮草，整军训练，等树机能牧草不继、马匹困乏时进攻，石鉴不听，进攻高平，石鉴与树机能对阵近一年，始终不能取胜。泰始七年（271年）七月，在树机能的影响下，陇右、河西其他各族部众纷纷起兵，北地郡羌、胡亦举兵反晋，四处扰掠。晋凉州刺史牵弘奉命率兵弹压。树机能联合诸

高平城

部族迎战于六盘山地区,后移师决战高平北部,牵弘在交战中被杀,秦、凉地区被树机能占领。秦、凉二州刺史战败后,人口死亡、流失,村落毁败,西晋朝野震惊。晋武帝派汝阴王司马骏为镇西将军,以苏愉为凉州刺史,率兵继续攻击鲜卑。晋武帝咸宁三年(277年),晋镇西将军王骏、平虏护军文淑等率凉、秦、雍诸军数路进攻树机能,树机能作战失利,所部二十余万降附。

晋惠帝永兴元年(304年),匈奴首领刘渊建立汉朝,316年,刘曜率匈奴军夺取长安,愍帝降汉,西晋灭亡,至439年魏灭北凉136年间,在中国北方先后建立的割据政权,除西凉、北燕、前凉、前魏为汉族政权外,其他为匈奴、羯、鲜卑、氐、羌政权,史称"五胡十六国"。

十六国前赵曜光初二年(319年)置高平镇于汉安定郡之故高平(西川县疑于此时废),立朔州牧统辖。前秦苻坚于高平镇置牧官都尉,后为鲜卑族没奕于所据,后秦弘始九年(407年)赫连勃勃袭杀没奕于,高平入夏。赫连昌承光二年(426年),夏失统万城,以河内公费连乌程守高平。

赫连勃勃

北魏太武帝太延二年（436年），复置高平镇。孝明帝正光五年（524年）诏改镇为州，始置原州，并置高平郡与高平县。以镇改州是北魏全国性的建制变更，实际上在高平未能执行，因为正光五年正是高平镇民赫连恩与胡琛举兵起义的时间，高平为起义军所有。永安二年（529年）秋七月万、俟丑奴称帝于高平，国号大赵，改元神兽，高平成为起义军的临时都城。直到永安三年（530年）丑奴兵溃于安定，李贤献原州，以功为高平令，才是执行正光五年（524年）诏令的开始，迟于全国改镇为州五年。

在十六国和北魏漫长的历史时期，高平境内为多事之秋。

318年，刘曜灭汉国，移都长安，建赵国（史称前赵，其辖范围主要是关中和秦陇地）。320年，巴、氐、羌三十余万众反，刘曜派兵征讨，兵进安定郡，氐、羌投降。高平军民多投奔前凉，赵攻前凉，大肆掠夺。在前赵和凉交战之际，后赵迅速崛起，羯族人石勒建立政权，史称后赵，高平成为两国边境地带的军事重镇。

前赵光初十一年（328年）十二月，后赵石勒与前赵刘曜在洛阳西交战，刘曜兵败被杀。刘曜部下苟洪退居陇山（今六盘山）。石勒俘杀刘曜后，前赵南阳王刘胤率百官奔于上邽，在石勒从子石虎（即石季龙）攻上邽时，苟洪请降。季龙拜冠军将军，次年八月，刘胤自上邽将攻石生于长安，陇东、武都、安定、新平、北地、扶风、新平诸郡戎皆起兵应胤。石勒使石季龙率两万抵御胤的进攻，双方战于义渠，为季龙所败，死者五千余人。至此，秦、陇平定，为后赵石勒全部攻占。后赵建平元年（330年）秦州休屠王羌起兵叛石勒，陇右氐、羌纷纷响应，陇右大乱。石勒虽派石生将这次反抗镇压下去，并将氐、羌的大小首领五千余人强制迁至雍州各地。但其内部很快便发生石虎与石生之间的相互残杀，建平四年（333年），石生为石虎所败，逃往鸡头山（今宁夏泾源），被其部下杀死。后赵建武十一年（345年）一月，石虎征发雍、洛、秦、并州十六万人居长安，又征发雍、秦百姓牛两万余头配朔州牧官（今固原）。349年，石虎病死，其养子冉闵乘机杀尽石氏，又因为羯族不为自己所用，屠杀羯族人20余万，赵国大乱。次年，后赵灭亡。

后赵永宁二年（315年），氐人苻坚占领关陇，在长安称帝，史称前秦。除东晋东南一隅外，几乎统一了北方，其中雍州领安定郡（时治临泾），又在高平镇置平凉郡。建元十九年（383年），苻坚在淝水之战中惨败，北方各地豪强竞相建立割据政权，北方再度分裂。

384年，前秦龙骧将军、羌人豪酋姚苌起兵反苻坚，称秦王，史称后秦。其中雍州辖安定郡和平凉郡，领高平。前秦建元二年（366年），姚苌称秦王，进驻北地，立即得到安定、北地、新平等地的羌、胡十余万人响应。苻坚亲自领兵进讨，大败。后秦建初元年（386年），前秦苻坚子苻丕派遣王永等讨伐姚苌，于是天水姜延，冯翊寇明，河东王昭，新平张晏，京兆杜敏，扶风马郎、建忠，高平牧官都尉王敏等都撑檄起兵，各有众数万。安定北部都尉鲜卑没奕于率鄯善王胡员吒、护羌中郎将梁苟奴等，与苌左将军姚方成战于孙丘谷，大败姚军。次年，前秦苻丕死，苻登继位。苻登与后秦姚苌战于开东，为苌所败，登退屯瓦亭（今宁夏固原南）。388年，苻登率众下陇入朝那，姚苌据武都，两军相峙，互有胜负。随后，姚苌军退还安定，苻登占据新平，留大军于胡空堡（今陕西彬县西南）。

后赵建初四年（389年），苻登领兵攻后秦平凉，攻克后，又进军安定，

兵败，苻登领余众退屯胡空堡。后秦派姚硕德镇守安定，并迁徙安定百姓千余家安置阴密。建初六年（391年）七月，前秦镇守高平的没奕于背叛乞伏乾归，东与匈奴刘卫襄联合。乞伏乾归领骑兵一万人讨伐没奕干，没奕于奔他楼城（今宁夏固原北）乾归撤军，没奕于复回高平。领高平六千余户降附后秦，被封为高平公、车骑将军。建初八年（393年），后秦主姚苌死，前秦苻登大喜，率兵东下，进攻后秦新主姚兴，在废桥大败，遂奔平凉，收集残众入马毛山（今六盘山东麓）。姚兴自安定人泾阳（今甘肃平凉安国镇东），与登战于山南，杀死登，解散登部众，前秦灭亡。

385年，乞伏国仁建立西秦。政权初建，境内鲜卑、汉、羌人交错杂居，部落林立。国仁以其强大兵力，偷袭密贵、裕苟、提伦三部于高平六泉之地的鲜卑部落，没奕于和金熙联军袭击西秦于渴浑川（今宁夏彭阳红河川），被其击败，鲜卑三部便降于西秦。

388年，国仁死，其弟乞伏乾归继位，并迁都金城（今甘肃兰州西北），苻登封他为大将军、大单于、金城王。后又战败并杀死羌族首领杨定，尽有陇西、巴西之地。428年，乞付暮末即位，即遭到北凉军队连续而猛烈的进攻，西秦南安太守翟承伯、西安太守莫者幼眷都举城降敌。到430年前后，暮末已走投无路，一边守定连，一边遣使入北魏请降。北魏答应以安定、平凉二地分封。但当暮末东移上邽时，吐谷浑即侵占了他留下的全部国土，而正面又遭到夏国主赫连定截击。次年，暮末穷蹙降夏，西秦亡国。

391年，刘卫辰遣子直力鞮率众攻北魏南部，北魏主拓跋引军抵抗，大破直力鞮。魏兵乘胜追击，直抵刘卫辰所居代来城。卫辰父子出走，直力鞮在木根山（今内蒙古五原河西）被擒，卫辰被部下所杀，其子赫连勃勃辗转投奔后秦，被高平公没奕于收留，并将女儿许配勃勃为妻。勃勃受到后秦主姚兴的赏识，被姚兴封为安远将军、阳川侯，辅助没奕于镇守高平。东晋义熙二年（406年），赫连勃勃率众三万余骑，假借狩猎高平川，袭杀了没奕于。与此同时，勃勃还乘河西鲜卑社伦向后秦献马路经高平之机，将八千余匹马截留，将其众三万余人徙置高平川。义熙三年（407年）

六月,在高平拥兵自立,自称夏天王、大单于,建元龙升,设置百官。十月,勃勃又出兵吞并鲜卑叱干部数万人。勃勃部下劝他在地势险固、山川沃饶的高平定都,勃勃不从。他认为:"大业草创,部众又不是很多。姚兴也是当今的强者,部下能为他出力,不能马上打他的主意。我如果固守一城,他们必须和我相拼,你们不是他的对手,不如流动袭击,使他首尾不能相顾,不到十年,河东为我所有,慢慢取长安,在我计划之中。"409年,岭北各部族归附于大夏。勃勃乘胜进攻后秦平凉,拔后秦敕奇堡(今甘肃平凉西北),接着又拔我罗城(黄石固东),在大城俘掠七千余家。义熙十三年(417年)九月,灭后秦,勃勃乘机夺取长安。次年,在长安即皇帝位,命少子赫连伦镇守高平。大夏真兴八年(424年)十二月,赫连勃勃欲废太子赫连璝而立少子赫连伦。赫连璝听到后,领兵七万余人北攻赫连伦,伦与璝战于高平,伦战败而死。伦兄赫连昌领兵一万袭击赫璝,璝兵败被杀,昌吞并璝部八万五千余人,勃勃只得立昌为太子。第二年八月,赫连勃勃死,赫连昌继为大夏国主。

　　大夏承光三年(427年)元旦,北魏司徒长孙翰率八千骑追杀夏主赫连昌至高平,不及而还。九月,高平城民以夏溃败而举城降魏,安颉擒获赫连昌。赫连昌余众推举赫连定为王。神鹿三年(430年)十一月,魏帝亲领大兵讨赫连定,赫连定兵败。431年,夏国灭亡,高平又属北魏。北魏复置高平镇。正光五年(524年)置高平郡,倚设高平县。

　　太平真君六年(445年)九月,卢水胡盖吴起事。十月,魏发高平敕勒骑兵赴长安,防备吴兵南下。兴安二年(453年)正月,宋萧道成率氐、羌攻略魏武都(今甘肃武都),魏高平镇将苟莫于率骑兵两千驰往救援,萧道成兵退回。延兴元年(471年)三月,魏孝文帝派殿中尚书胡莫寒到西部敕勒挑选豪富家庭中的丁壮充当殿中武士。胡莫寒趁机大收贿赂,中饱私囊,引起六镇(沃野、怀朔、武川、抚宴、柔玄、怀荒)敕勒起兵反抗,高平镇敕勒族杀胡莫寒和代理高平镇将奚陵。四月,敕勒诸部也相继起义。

　　正光五年(524年)夏四月,高平镇民赫连恩(匈奴族)聚众反魏,

赵夏秦纷争战高平　敕勒部揭竿反六镇

推举敕勒族酋长胡琛为首领，胡琛自号高平王，举兵攻高平镇城，遥附破六韩拔陵，北魏别将卢祖迁迎战，义军失利，向北撤退。六月，秦州（今甘肃天水）羌人莫折大提率众起义，自称秦王，派城民胡人卜朝（或作卜胡）北上，攻高平镇，卜朝袭取高平，杀死镇将赫边略和行台高元荣。至此，高平镇掌握在义军手中。不久，莫折大提病逝，子莫折念生代立。魏廷派雍州刺史元志领军镇压，后又派吏部尚书元修义兼尚书右仆射、西道行台、行秦州事，为西讨诸军节度，以加强关陇政府军的力量。八月，莫折念生大败魏军于陇东，元志兵败。九月，魏廷又以尚书左仆射、齐王萧宝夤为西道行台、大都督，督率征西将军、都督崔延伯，代替元修西拒莫折念生的弟弟莫折天生。

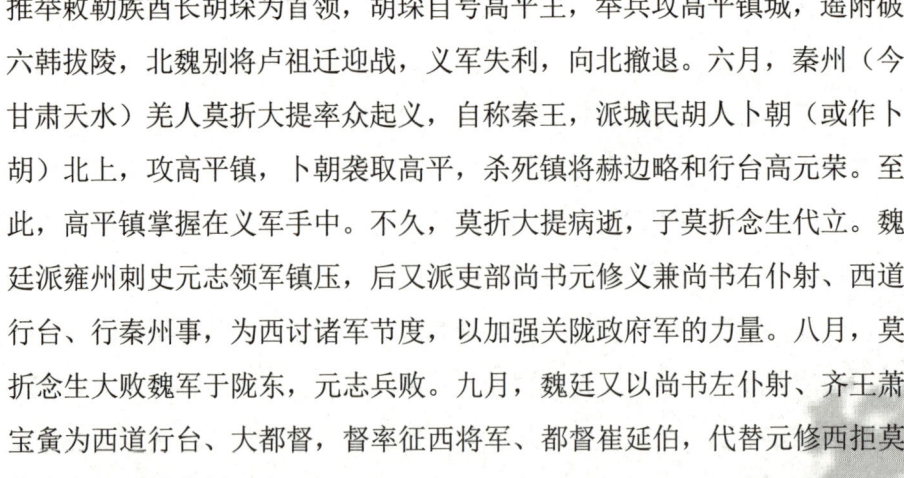

一月末，高平镇民袭杀卜朝，朝琛占领高平镇城。孝昌元年（525年）四月，胡琛派遣大将万俟丑奴（鲜卑人）、宿勤明达到泾州（治安定，今甘肃泾川北）。魏将卢祖迁、伊翁生等部迎战失利。萧宝夤和崔延伯打败莫折念生后，移师泾州，手下甲卒十二万，铁骑八千匹。

万俟丑奴安大营于泾州西北七十里的当原城，崔延伯用排木连锁做成"排城"，士兵在外，辎重在内。万俟丑奴派数百骑，拿着投降书诈降，乞求缓攻，以此迷惑魏军。萧宝夤、崔延伯信以为真，犹豫不决。顷刻间，宿勤明达从东北率领部众西上，两路夹攻魏军，突入排城，崔延伯大败，死伤将近两万人。

十八日，崔延伯孤军偷袭，万俟回师乘机猛击，大败魏军，死者万余人，斩崔延伯。这次胜利消灭了魏廷西征军的一部分主力，成为关陇义军由衰复盛的转折点。

孝昌二年（526年）九月，秦州莫折念生再次举起义旗，囚执崔士和，北送高平后被杀。从此以后，胡琛与莫折念生的高平、秦州两支义军结成了同盟，秦陇地区形成了以高平义军为主体的义军联合体，不久，胡琛去世，万俟丑奴执掌兵权。

孝昌三年（527年）二月，高平义军攻克潼关。十月末，萧宝夤在雍州城叛魏，自称齐帝。第二年正月，萧宝夤又投降丑奴。这时秦州起义军首领莫折念生被叛徒杀害，关陇义军便受丑奴节制。丑奴兵势日众，七月间在高平称帝，置百官。恰好波斯国送狮子，建年号为神兽。永安三年（530年），魏帝增派尔朱天光为骠骑大将军，统领贺拔岳征讨万俟丑奴。

四月，尔朱天光率部众至汧、渭间，停军牧马，扬言："今气候渐热，非征讨之时，待秋凉更图进攻。"丑奴误信谎言，分遣诸军农稼于百里细川。尔朱天光见丑奴中计，乘夜集中兵力偷袭丑奴，丑奴军败退。从安定（今甘肃泾川西）退回高平途中，于平凉长增坑被魏军追获。

尔朱天光率大军西向高平，又派遣密使游说豪绅李贤做内应，除去高平守将万俟道洛，李贤假称丑奴获胜，急等道洛东下商议大事，令阿宝暂守高平，道洛信以为真，率师东出。尔朱天光逼近高平，城内萧宝夤投降。丑奴和宝夤被送往洛阳，宝夤被赐死，五月二日，关陇起义后期重要首领万俟丑奴在洛阳被杀。

尔朱天光攻陷高平后，义军别帅万俟道洛、费连少浑部众六千人入山，守住险要。尔朱天光退屯高平城东五十里，留都督长孙邪利执掌原州事宜，万俟道洛乘机攻城，捕杀长孙邪利。七月，万俟道洛被魏伏兵俘虏。普泰元年（531）四月，宿勤明达也被魏军浮获。至此，关陇起义，归于失败。

## 宇文泰关陇建北周
## 隋唐兵原州御突厥

北魏末年，北方各民族大起义，使北魏解体，西魏的出现，标志着六盘山区一段历史的终结，表明宇文泰关陇集团的形成，奠定了北周政权的建立。高平镇改原州拉开了六盘山区固原另一段更为重要的历史序幕。

原州，是宇文泰关陇统治集团形成过程中的重要区域，也是其统一关陇期间退可凭借的地方。西魏、北周政治与军事力量的核心是关陇集

宇文泰

团，田弘、蔡祐、李贤原州三杰是宇文泰关陇集团形成过程中重要的战将和智囊。

李贤，字贤和。西汉骑都尉将军李陵的后代。当年李陵被匈奴俘虏之后，全家便生活在北方少数民族境内，直到北方拓跋部所建北魏政权南迁，李氏才随同南下，返回故里。李贤曾祖父李富，祖父李斌，父亲李文保曾在陇西老家和高平（今宁夏固原）等地区任地方官。李贤就出生在高平城。

北魏正光五年（524年）四月，高平镇敕勒族长胡琛发动高平起义，占据原州城。武泰元年（528年），北魏派骠骑大将军雍州刺史尔朱天光进军高平镇。当时万俟丑奴正围攻岐州（今陕西凤翔境内），只留下万俟道洛等据守大本营原州，尔朱天光秘密派人前往原州联络李贤。要他在城内想办法配合官兵做内应。李贤使用调虎离山计策，把盘踞在原州城内万俟道洛部众六千人引诱出城，使尔朱天光的部队顺利占据了原州。尔朱天光任命都督长孙邪利镇守原州，任命李贤为主簿。万俟丑奴的余部达符显反攻原州，李贤冒死出城，向尔朱天光求援，解救了原州。

北周仕女图壁画

原州解围后,李贤被授为威烈将军、殿中将军、高平令。北魏永熙三年(534年),大将军宇文泰西征进驻原州,任命李贤为都督,全权镇守原州。秋七月,西魏政权诞生后,宇文泰控制西魏朝政,升李贤为都督、安东将军,封上邦县公,继续镇守原州。

西魏大统二年(536年)李贤升任原州刺史。大统十二年(546年)以后,李贤先后从征凉州,打败茹茹(柔然),抚慰河西五郡,屡建功勋,被封为车骑大将军,开府仪同三司。

在李贤帮助两魏政权镇压民族起义军胡琛、万俟丑奴期间,曾与北周政权的奠基人,时任北魏大将军的宇文泰建立了深厚友谊,宇文泰凡到原州,必在李贤家中饮宴终日,不分上下级,情同手足。宇文泰把自己两个儿子寄养在李贤家中,交由李贤的妻子吴辉照管多年。其中一个儿子就是后来北周的皇帝宇文邕,另一个是北周齐王宇文宪。宇文邕坐上皇帝大位之后,曾于保定三年(563年)七月至九月西巡原州,特意探望李家。把李贤当作北周的"皇亲国戚"看待,被授予重权,曾担任原州总管、河洲总管、洮州(今甘肃临潭)总管,统领三州七军诸军事,任河洲刺史、洮州刺史等要职。

北周天和四年(569年)三月,李贤在京师长安病故。周武帝宇文邕亲往吊丧,裴恸之情,哀痛之声,使左右闻者都流下泪水。同年,李贤归葬原州。为追念李贤一生功绩,北周朝廷追任李贤为柱国大将军、大都督,泾、原、秦等十州诸军事,原州刺史。谥"桓"。亡妻吴辉生前曾被赐为皇族姓氏宇文氏,并被认作宗室侄女,追封为"长城都君"。

李贤有两个弟弟,大弟李远,西魏、北魏、北周大臣,官至柱国大将军,封阳平郡公;二弟李穆,西魏、北周、隋三朝元老,官至西魏、北周骠骑大将军,前后被封武安郡公、申国公。隋朝建国后,被杨坚视为开国功臣,特封为太师。

李贤有五子:长子李端、次子李吉、三子李崇、四子李孝轨、五子李询(亦书李回方、李元方),均官至刺史、大将军等要职,人人封侯、封公，荣极当朝。

李崇有子名李敏，隋炀帝改封李敏为经城县公（为避杨广之讳）。李敏历任幽、金、岐等州刺史和屯卫将军、光禄大夫，加柱国显位。

田弘，高平人。史称其膂力过人，勇敢且有谋略。北魏尔朱天光战万俟丑奴时，田弘自原州投尔朱天光，授都督。因迎孝武帝入长安有功，晋爵高位，赐以铁甲。随宇文泰收复弘农、沙苑，解洛阳围，破河桥镇，赐姓纥干氏，授原州刺史。574年，出任总管襄、鄀、昌、丰、唐、蔡六州诸军事，襄州刺史。

蔡祐，祖籍陈留，祖父居原州。跟随宇泰数十年，亲同父子。在与东魏高欢的沙苑、何桥、邙山等大战中，多为先锋。赐姓大利稽氏，镇原州，开府仪同三司。

581年，杨坚代北周建立隋朝，关陇贵族尉迟迥，起兵反对，附近二十州响应。原州世胄李穆派子李浑献熨斗给杨坚，表示愿意执柄熨安天下，帮助杨坚巩固政权，于是天下大安。

隋开皇元年（581年），突厥南下掠扰，隋文帝新立，十分忧虑，四月修筑长城，屯兵北境，以崔弘度为行军总督，领兵出原州抗击突厥，突厥北退。开皇二年（582年）六月，以卫王杨爽为原州总管，又以河间王李弘、上柱国豆卢绩为元帅，分道领兵出击突厥，时杨洗统兵由原州道出击，与突厥相遇，大获全胜。十二月，突厥兵从木峡关、石门关（须弥山口）两路进攻，越六盘山，至武威、天水、安定、金城、上郡（治今陕西富县）、弘化（今甘肃庆阳）、延安等地，东西千里，六畜皆尽。从此以后，突厥对隋边境的骚扰更加频繁。因此，隋设两道防线御敌。第一道防线以燕山山脉、阴山山脉、贺兰山脉及宁夏大漠为屏障；第二道防线为幽州（今河北大兴西南）、马邑（今山西朔县）、绥州（今陕西绥德）、原州（今宁夏固原）、武威、金城（今甘肃皋兰）、天水一线。

开皇三年(583年)，隋文帝采取强硬措施，令卫王杨爽等为行军元帅，分八路出塞攻击突厥军，首先击溃沙钵略部。四月，又命河间王杨弘率

大将赵仲卿、庞晃等领兵自原州出灵州道与突厥军相遇,大战,斩首千余级。八月,尚书、左仆射高颎引兵出击宁州道(今甘肃宁县)、内史监虞庆则出原州道以行军总帅领兵,分路进击突厥军。开皇五年(585年)七月,沙钵略受到西突厥和契丹的两面围攻,与隋讲和。启民可汗去世以后,其子始毕可汗势力不断壮大,对隋重新构成威胁,曾围攻隋炀帝于雁门。隋末天下大乱,突厥势力借机强盛。

唐高祖李渊在太原起兵以后,即派大将军府司马刘文静出使突厥,甚至不惜称臣以讨好突厥。始毕可汗也赠马千匹,并遣骑兵两千助唐军攻占长安,突厥因此而自持有功于唐,非常骄横,李渊也思中原未定,无暇顾及。薛举起兵后,即派其副将宗罗睺攻陷原州,北与颉利可汗联络。李渊十分不安,遣宇文歆以重金、帛匹贿赂颉利,突厥遂与薛举绝交,又一次帮助了李渊。但灵、原二州成了突厥经常扰掠的对象。

武德四年(621年)九月,突厥首领颉利可汗领兵万余劫掠原州,被行军总督尉迟敬德等领兵击走。次年六月,颉利领兵五万余骑分数路

突厥人

攻掠原州地。翌年六月，颉利派兵进攻原州，并攻陷原州善和镇（今甘肃镇原西南）。

武德七年（624年）三月、七月、八月，突厥先后三次侵掠原州，并从原州南下，大有进犯长安之势，京城震动。唐王朝不得不从战略防御转向战略出击。武德八年（625年）六月，唐高祖李渊令燕郡王李艺领兵屯弹筝峡（今固原南三关口）和华亭，以堵陇道，防突厥从原州南下。贞观四年（630年）二月，唐军大败突厥颉利，三月颉利被俘，其部投降唐者十余万口。唐王朝为妥善处理民族关系，安置降服部落，将突厥内附各部安置在西起灵州（今宁夏灵武），东至幽州（今河北地）沿长城一线的广大地区，并设州都督府进行管理。贞观六年（632年），又在平高县他楼城置缘州（今宁夏固原北），安置突厥降户。降附唐朝的突厥首领，多数被任命为将领。

突厥内迁后经济生活稳定，各族相处良好，但突厥奴隶主贵族仍然企图恢复突厥的奴隶制政权。永隆二年（681年），突厥贵族阿史德温傅叛乱，迎颉利族子伏念于夏州，立为可汗，突厥诸部纷纷响应，并攻掠原州等地。天授二年（691年），默啜立为可汗。集结数万人．多次攻掠唐地。久视元年（700年）七月，唐以魏元忠为萧关道行军总管，防御突厥。神龙二年（706年），突厥又进掠原州，掳掠陇右牧马万余匹而去，突厥的扰掠直到开元十年（722年）唐军在六盘山大败突厥后稍止。

## 唐太宗瓦亭观马政
## 弹筝峡番汉划鸿沟

贞观二十年（646年）八月，唐太宗李世民带着夺取皇位之后的一腔豪情，起驾长安，越过六盘，到六盘山下的瓦亭视察马政。史书对李世民的六盘山之行只书写了简短的一笔："贞观二十年，帝逾陇山，至西瓦亭观马政。"但实际上大唐皇帝的这次出巡，蕴藏着大量的历史信息。众所周知，大唐在中华文明史上享有崇高的地位，大唐政治经济文化军事国力样样强，不过，明代著名思想家王夫之感慨："唐

——李世民

| 现在的瓦亭

之所以能张者,皆唯畜牧之盛也。"意思是说,大唐之所以强盛,归根结底是畜牧业繁荣!中国历史上有雄才大略的帝王无不重视马政,李世民自然也不例外。起兵之时,李世民以骑兵为主力打下了大唐天下;继位之后,在巩固边防,与突厥骑兵作战的过程中,他对游牧民族军队的组成及其作战特点更是了如指掌。因此,在这位大唐皇帝的心中,装备精锐的骑兵,成为他定国安邦的重要战略思想。有鉴于此,李世民登临六盘山,视察当时大唐帝国最为重要的养马基地,以显示一国之主对马政的特别重视。

李世民清楚地认识到:马政是政治的一部分。唐太宗称帝后,生恐别人仿效玄武门政变,特地挑选出忠心耿耿、经验丰富的亲军骑兵,专职守卫玄武门,这支劲旅史称"北军"。而中唐以后,被后世诟病的宦官之所以能专权,其根本原因也在于宦官掌握了北军大权。而唐代宦官势力渗入北军始于盛唐,其中又以掌握马政为其开端。据《新唐书》记载,武则天为防备李唐宗室复辟,特命亲信的宦官任"飞龙"

一职。"飞龙"是唐代御马的尊称,匹匹皆是世所罕见的良马。从此,宦官开始掌握马权。

"安史之乱"以后,唐朝历任皇帝的废立都与宦官有关,包括唐玄宗在内,共有四名皇帝死于宦官之手。晚唐宦官之所以长时间随心所欲地弑君干政,恰恰在于他们通过马政控制了最精锐的骑兵。

在唐代,不论是挑选良马的"相马术"、管理马匹的法律《厩库律》,还是国家设立的兽医机构,都达到了空前的完备程度。根据《唐六典》记载,马政机构太仆寺设有兽医六百人,兽医博士一人。中央的兽医人数之多,在唐代以前是罕见的。在这样全面的呵护下,唐代马匹的数量之大,达到秦汉以来的最高峰。

畜牧业的最大保障是兽医学。兽医这门学科,在中国历史悠久,名人也多,但灾难同样多,尤其是很多重大战争,如汉匈战争,随之而来的就是牲畜瘟疫肆虐,甚至波及民间,造成席卷全国的瘟疫。

隋唐以前,兽医们基本都是师父徒弟传帮带,但兽医传代往往赶不上瘟疫升级。隋朝进行制度改革,由国家统一培养人才,进行强力研发——太仆寺就有兽医博士一百二十人。发展到唐代,尝到了甜头。历代兽医学说得以整理,还有了最早的专业兽医著作《安骥集》。人才培育更似流水线,一茬茬确保不断代。大唐的畜牧业,从此在强大兽医学的框架下,运转有序规范。

就以养马来说,选马育马配种,样样都有硬规定,还有马籍制度,即把马匹按不同等级区分,连耕牛都有了等级分类。治疗水平更上档次:防治瘟疫有了症候学,即按照症状预判,针灸治疗和外科手术这些隋唐之前的"独家秘技",也都成了常规技术。

大唐的畜牧水平因此而受益。对比一事就知道:汉朝忍了六十年,才建设一支强大骑兵反击匈奴。而唐朝只用了四年时间,就重建铁骑,把东突厥打得俯首称臣。

唐朝国家养马业的兴盛,应该是六盘山历史上一件值得一提的大事。由于六盘山区自古以来就有着得天独厚的自然条件,生态环境良好,雨量充沛,气候温润,水草肥美,草场广阔,虽属边郡之地,却适宜大规模牧养马群。故而,六盘山的马政,始于周秦,盛于汉唐,其重要性向来为历代统治者所洞悉,所重视。

"唐之初起,得突厥马二千匹。又得隋马三千于赤岸泽,徙之陇右""于秦、渭二州之北,会州之南,兰州狄道县之西,置监牧使以掌其事,仍以原州刺史为都监牧使,以管四使;南使在原州西一百八十里,西使在临洮军西二百二十里,北使寄理原州城内,东宫使理原州城外,以原州为中心,设立监牧,繁殖马匹牛羊,以供征战驰骋,耕垦转输"和"宴会祭祀及尚食所用"。

"自贞观至麟德(627—665年)四十年间,马七十万六千"。开元九年(721年),王毛仲到任,查点各监有马"二十七万,杂以牛羊,不啻百万",至开元十三年(725年)"乃至四十三万,牛羊皆数倍"。天宝中,诸使共有五十监,南使管十八监,西使管十六监,北使管七监,东宫使管九监。天宝年间,陇右群牧都使派员各监视察,"总六十五万五千六百三头匹,口马三十二万五千七百九十二匹,内二十万八十匹驹;牛七万五千一百三十四口,骡一头"。

国家牧场的开发和发展,促进了民间牧马业和农业的发展,这就直接促进了一个地域内人口的递增,经济的繁荣,社会的安定,可以说,六盘山牧马业的兴盛,是这座大山对中国历史上一个最为辉煌的朝代的最为重大的贡献。

唐太宗是有远见卓识的,他的六盘山之行一点也不冤枉。这次视察,不仅促进了六盘山地区马政的蓬勃发展,而且为李唐王朝基业的巩固起到了至关重要的作用。在几十年后的天宝年间,安史之乱发生,唐朝统治基石动摇。764年,安禄山攻占长安,唐玄宗李隆基逃往四川。太子李亨带领部分官员回军北方,于当年五月十九日抵达六盘山下原州(今宁夏固原)城。李亨在此逗留数日,传令六盘山一带各监牧紧

唐太宗瓦亭观马政 弹筝峡番汉划鸿沟

急集中战马数万匹,武装军队。此后,李亨凭借这股力量,重振军威,称帝灵州(今宁夏灵武)。经过数年努力,唐军平定内乱,收复长安,使大唐江山得以重固。应该说,六盘山马政对于唐肃宗李亨及李唐王朝而言,真正是立下汗马功劳的。

我们所说的:"大唐江山得以重固",并不是像李世民时代那样。事实上,吐蕃趁安史之乱,侵扰唐朝边地,甚至一度占领长安,对唐朝形成极大威胁。

吐蕃人生活在青藏高原上,英勇善战,他们认为战死是光荣的。吐蕃的首领称为"赞普",意思是雄壮强悍的男子。吐蕃在6世纪末(即南北朝后期及隋朝)还只是青藏高原上的一个默默无闻的小国。到了松赞干布时代,吐蕃完成了青藏高原的统一大业。作为一个强有力的军事集团继续向四周扩张,同时也维持着与唐朝的友好关系。唐皇室曾有文成公主、金城公主下嫁吐蕃,并不时赏赐吐蕃大量财物。在武则天时期,吐蕃部落万余人内附,和党项人一起被安置于灵武、夏州之间,唐设置十个羁縻小州加以管理。

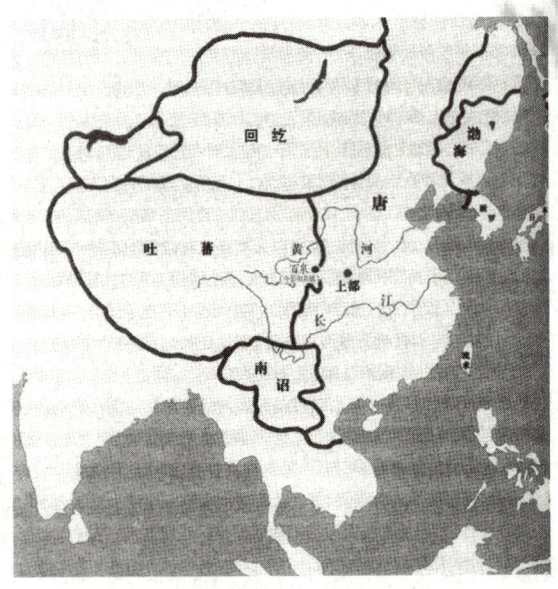

吐蕃位置图

吐蕃壮大以后，不时占据属于唐朝的一些地方。安史之乱爆发后。吐蕃墀松德赞即赞普位，打着"助国讨贼"的幌子，前往灵州。唐代宗即位的广德元年（763年），吐蕃乘唐室易主之机，攻陷河西、陇右广大地区，原州及石门七关相继失守。后又长驱直入，攻破泾州、邠州、武功等地，逼近长安。唐代宗出逃，吐蕃占据长安。十五天以后，唐各地勤王军队赶到，吐蕃人大肆掳掠一番后，退出长安，至原州、会州、渭州一带屯守。从此，原州及石门七关陷入吐蕃长达八十六年（763—849年）之久。

原州城，就是今天的固原城，历来是重要的交通枢纽，关隘很多，著名的原州七关就分布于四周。《唐会要》记载，七关为石门关、驿藏关、木峡关、六盘关、制胜关、石峡关、萧关。石门关，关在今固原城北五十多公里的黄铎堡村，关口在须弥山寺口子东，系丝绸之路长安至凉州北道的必经关隘。驿藏关，"即瓦亭关也，在原州区南九十里。西毗六盘，山岭奇特，峡水迂回，夙称要道"。木峡关，在今原州区西南二十公里张易镇东、海子峡内大店湾附近，控制原州西越六盘山孔道，南北朝时即已出名。六盘关，在今固原市和尚铺西、隆德县东约十公里的六盘山顶，控制西越六盘山之路。制胜关，在今泾源县城西两公里的永丰村（原名关庄村），控扼西峡东口及逾越六盘山主峰之路。石峡关，即今宁夏海原县高崖乡石峡口。萧关，一名陇山关，在今宁夏固原市东南、三关口以北。吐蕃占领原州以后，起初并没有认识到原州战略地位的重要性。往往在盛夏季节，便弃之不用，移牧青海。唐代宗大历八年（773年），宰相元载上言说："今国家西境到达潘原（今甘肃平凉西）。吐蕃驻军于摧沙堡（今宁夏原州区张易镇），原州在其间。原州正当陇山（六盘山）之口，其西部是监牧故地，草肥水美；平凉在其东，耕此一具，可供军食。原州旧城还在，吐蕃弃而不居。每年盛夏，吐蕃畜牧青海，离塞较远，如果乘机筑城。二十余日就可成功。然后移京西驻军驻防原州、移郭子仪军驻防泾州，分

兵守卫石门关、木峡关、陇山关。逐渐打开陇右，进达安西，横插吐蕃之腹心，朝廷就可以高枕无忧了。"并献上这一带的地形图。他还秘密派人翻过陇山进入原州，测量井泉的位置，并计算费用，准备了筑城使用的各种工具。这是一份在宁夏地区全面展开对吐蕃斗争的防御计划。但由于该计划需要投入大量的人力物力，所以遭到一些人的反对，唐代宗也有点犹豫不决。不久，元载被杀，这件事也就完全搁置起来了。

唐德宗即位以后，采用了以和谈为主的策略，他首先派使者把俘获的五百名吐蕃兵送回吐蕃。吐蕃为使所占领的唐朝领土能得到唐朝的认可，便提出以现有边界缔结盟约。经过一番讨价还价，于建中四年（783年）与唐朝廷在清水（今甘肃清水）结成唐蕃会盟，划定边界，其中唐朝在今固原地区的北界是在弹筝峡（今泾源县三关口）。但这一现状并没有维持多久。吐蕃便毁约进攻唐境，并于贞元三年（787年）攻陷盐州、夏州等地。吐蕃攻陷盐、夏州以后，提出再次与唐朝廷在原州梨树堡会盟。唐神策将军马有麟认为梨树堡地势险恶，恐有埋伏，

弹筝峡

唐德宗改会盟地点为平凉川。遗侍中浑瑊（浑释之之子）为会盟使，吐蕃派宰相尚结赞会盟。谁知双方在平凉川会盟时，吐蕃伏兵万人劫盟，浑瑊只身逃脱，唐会盟副使崔瀚衡等六十余人被俘。唐蕃关系彻底破裂。

吐蕃劫盟后，以原州为据点，大肆向四周抢掠。唐朝廷以会盟失利为由罢免了马有麟、浑瑊两人的兵权，唐朝陷入一片混乱。这时，吐蕃也认识到原州战略地位的重要性，遂改变过去弃之不用的做法，于该年十月花费大气力修筑原州城，并派重兵屯守。吐蕃人修筑原州城，是中唐时期固原历史上的一件大事。它一方面标志着吐蕃势力在这一地区从攻掠游击转向屯兵经略，从而形成了以原州城为中心、以原州七关为犄角的军事战略格局；另一方面，也由于吐蕃人战略上的变化而使这一地区有了相对稳定的局面。当然这种"稳定"与先前唐朝统治下的原州是不能相比的。唐代著名诗人白居易曾写诗反映了当地汉族人民的生活处境："自云乡贯本凉原，大历年中没落蕃。一落蕃中四十载。遣著皮裘系毛带。唯许正朝服汉仪，敛衣整巾潜泪垂。"诗中点明这个被缚的"戎人"为"凉原"人，即平凉或原州人，受吐蕃统治奴役四十年了，被强迫身着吐蕃服装，只准许新年开始的那一天穿汉装，梳汉族的发式。

唐武宗会昌二年（842年）后，吐蕃内乱，两派势力互相讨伐，连年混战。唐宣宗大中三年（849年）一月，吐蕃宰相论恐热杀其东道节度使，奉表归唐，请求唐朝册封自己为赞普，帮助建国，愿将秦、原、安乐三州和石门等七关归还唐朝。宣宗命太

彩绘镇墓武士陶俑

仆卿陆耽为宣慰使，前往吐蕃会见论恐热，予以慰谕。六月，泾原节度使康季荣收复原州及石门、驿藏、木峡、制胜、六盘、石峡等六关，得人畜数万。同月十三日，邠宁节度使张君绪收复萧关。七月六日，灵武节度使朱叔明收复安乐州。八月，诏改安乐州为威州。经过吐蕃八十余年的奴隶制社会的生活，居住在三州七关的原汉族后代已被深深地同化，为了增强三州七关人民回归唐朝的凝聚力，唐王朝组织三州七关百姓数千人到长安朝觐、观光游览。

八月初一，唐宣宗登上延喜门城楼接见了他们，并赐冠带十五万个。群众欢呼跳跃，高呼"万岁"。当场脱下蕃服，换上唐装，解开发辫，在大街上争购汉服冠带。这一盛况被唐朝诗人薛逢在《八月初一驾幸延喜楼看冠带降戎》诗中记录了下来："城头旭日照阑干，城下降戎彩仗攒。九陌尘埃千骑合，万方臣妾一声欢。楼台乍仰中天易，衣服初回左衽难。清水莫教波浪浊，从今赤岭属长安。"

宣宗又下诏，招募百姓开垦三州七关土地，五年不纳租税；屯防三州七关的将吏，如能于其地营田者，由政府拨给耕牛与籽种；温池盐矿（今宁夏盐池惠安堡盐池）由度支管理，其收入赡济边防；凡商旅往来贸易、戍卒子弟通传家书者，各关镇不得阻拦；等等。

## 六盘山开凿石窟群
## 佛龛洞展现雕塑术

六盘山及其余脉中,石窟群密布,是一个巨大的石窟分布带。石窟,佛教寺庙建筑的一种,起源于印度。传说原是佛教徒为纪念释迦牟尼,仿效其修行之所而建造的洞穴,传入中国后,与中国传统的"石室"建筑形式相结合。我国开凿石窟约始于4世纪中叶,以北魏至隋唐时最盛。在建造形式上分有中心柱及无中心柱两种。大都开凿在依山傍水、风景秀丽的山崖上,窟内雕刻佛像及宣扬佛教教义和佛教故事的群像,或是彩塑佛像、彩绘壁画等,是佛教徒念经礼佛的地方。它是丝绸之路开通之后的产物。

六盘山地区(陇山地区)地处甘肃与四川、陕西、宁夏等省区的"结合部",地理位置非常重要,是佛教文化传播的重要中转站。"陇中"属于甘肃中部地区,主要指黄河上游沿岸及周边地区,永靖、靖远和景泰等地,曾是古丝绸之路的要隘和必经之地,散落着许多石窟。其中,以永靖炳灵寺石窟的规模最大,历史最悠久,延续时间最长。

"陇南"位于甘肃东南部,渭河上游沿岸的天水、甘谷、武山等地,在古代均属于秦州管辖。这里正处于中原通往西域的要隘和咽喉之地。最具代表性的石窟是麦积山石窟和拉梢寺石窟。

"陇东"是指陇山以东的庆阳、平凉两个地区,这里在过去是中原通往宁夏、内蒙古及河西走廊的军事重镇和交通要隘。这里石窟密布，最主要的石窟是庆阳北石窟寺，它曾是陇东一带的佛教圣地。

六盘山主脉大关山之中除须弥山石窟寺外，还有西吉县火石寨乡的扫竹岭石窟（开凿于北朝至明代）、石寺山

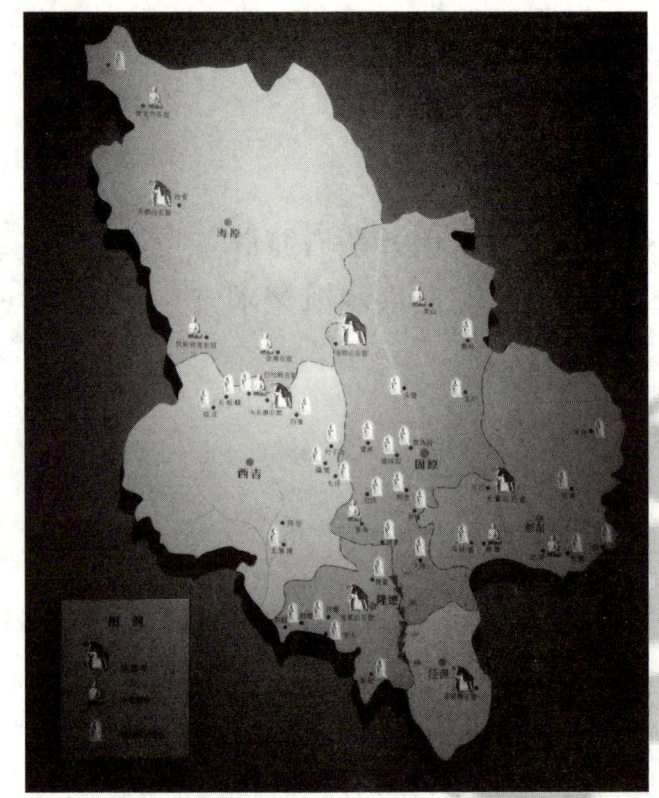

宁夏固原石窟及佛造像分布图

石窟（隋至唐代）、禅佛寺石窟（唐代）、白庄石窟（唐至明）、险石崖石窟（唐至清）、偏城乡的石窟寺石窟（唐至清），海原县西安乡的天都山石窟（宋至西夏）、兴仁乡的青龙寺石窟，隆德何家山的石窑寺石窟（宋代），泾源县新民乡的石窟湾石窟（宋代），原州区炭山乡的阳洼寺石窟（北魏至明）、张易镇的南、北石窟（北魏至明）、城儿山石窟等。十四座石窟寺分别开凿于北魏、隋、唐、宋、金、西夏等时期。这些石窟寺，虽因年久失修，加之自然风蚀以及人为因素的破坏，多数石窟现存造像寥寥无几，但都从不同侧面反映了当时佛教在这一地区传播的盛况及其艺术成就，也反映了古代固原的文化。

这些石窟群中最具代表性者为麦积山石窟和须弥山石窟。

麦积山似乎天生就是为开凿石窟准备的。这座由古生纪砂砾岩构

成的，陇山东段余脉上的孤峰，历史上就备受达官显贵和文人墨客的青睐。它的形状太奇特——群山之中一座孤峰凸起，形如堆积的麦垛。密如蜂房的历代洞窟，就开凿在险峻的山崖上。

抵达麦积山，你会惊讶于这里石窟与雕塑数量的庞大：现存窟龛二百二十一个，泥塑、石胎泥塑、石雕造像七千二百多尊。这还是历经千余年后残存下来的，如果没有遭到破坏，石窟和塑像的数量一定会更加惊人。

须弥山石窟，坐落在原州区西北五十五公里处的须弥山东麓，此山是六盘山向北延伸的余脉。唐代原州七关之一的"石门关"就设于此。这里层峦叠嶂、青山巍峨、峭壁林立、苍松挺拔、花草掩径、深涧峡谷、流水潺潺。石窟就开凿在长约两公里、宽约一公里的八座山峰上。俗称为大佛楼、子孙宫、圆光寺、相国寺、桃花洞等寺院。现存有北魏至唐开凿的洞窟一百三十多座，大小雕像三百一十五尊，佛龛一百一十三座，中心塔柱十六个，还保存有唐、宋、明时期残存的彩塑壁画、建筑遗址。1982年国务院公布须弥山石窟为第二批全国重点文物保护单位之一。

须弥山石窟

须弥山石窟除石窟造像外,还保存有唐、宋、西夏、元、明各朝各代的碑刻题记六十则,明代碑刻三通。这些题刻题记和碑刻,有助于研究者研究丝绸之路与石窟文化在固原的表现。须弥山石窟地处古丝绸之路东段北道必经之地——原州(今宁夏固原),历时一千五百余年,是中国石窟艺术的重要组成部分,也是世界石窟艺术史上最为精美绝伦的一页。须弥山石窟的开凿和形成,是丝绸之路繁荣的标志,它以风景别致,风光秀丽的景观而异于国内其他石窟,以精美的石雕艺术而著称于世,以交汇南北、融通中西而形成的具有浓郁的民族化、民间化和世俗化的佛教艺术为主要特征。须弥山石窟以鲜明的文化特色和丰富的历史遗存,多角度全面地反映出随着古丝绸之路的贯通,印度佛教艺术传入中国后,在不同历史时期的发展变化脉络,尤其是在佛教世俗化和民族化方面所取得的辉煌成就。它全面而完整地保留了反映中国佛教文化、思想信仰发展变化的实物资料,对全面理解和掌握佛教艺术中国化的历史进程具有至关重要的作用。

须弥山石窟在不同的发展阶段表现出了不同的艺术形式和风格,外来的影响则越来越淡。须弥山石窟与武威天梯山石窟、永靖炳灵寺石窟、天水麦积山石窟、云冈石窟和龙门石窟等都是敦煌艺术的近亲,

须弥山51号窟北周佛坐像

彼此之间，或血缘相接，或声气相通，在艺术处理上辉光相映。

就须弥山中心柱窟而言，须弥山北魏、西魏时期的中心柱接近于河西、云冈、巩县中心柱窟，很明显是受到当时政治中心和文化中心地区石窟的影响；北周、隋代的中心柱窟与北齐响堂山等地石窟相似，而仿木结构与麦积山相似，这也显然受到了当时政治、文化中心所盛行的内容的影响；唐代中心柱窟除了受到本地北周、隋代中心柱窟的影响外，也与东部邻近地区唐代诸中心柱窟有渊源关系。因此，须弥山中心柱窟的兴起，更多的是受中原等地石窟的影响，但和中原等地石窟也不完全相同。

专家指出，在农耕时代，贫穷之地是建不起石窟的，只有农业经济高度发达的地区，人们解决了温饱问题，才能追求更高的精神生活——兴建石窟。石窟是当时文明高度发达的标志，只有农耕区才有石窟，游牧区没有石窟。

有黄土高原和六盘山地的"滋养"，走出了周末朝和秦王朝，说明这里确实是文明汇聚与物质繁荣的"宝地"。

在古代，开凿石窟这样浩大的工程，基本都是"皇家工程"或"地方政府工程"，麦积山石窟如此，莫高窟（甘肃敦煌）、云冈石窟（山西大同）、龙门石窟（河南洛阳）等著名石窟莫不如此。就算有民间力量参与，也基本都是在政府主导下进行。因为有了官方支持，建造石窟的两大必备条件——科技与艺术，才能得到保障。

说通俗一点，跟石窟有关的"科技"主要是建筑工程技术，它能保障将石窟开凿成功；"艺术"就是能保证将石窟开凿得更具美感。

在古代，在悬崖开凿石窟，可以说体现了古代的"尖端科技"。古人建造石窟，使用的很多技术，要用到升降设备，如滑轮、辘轳等，这些古代机械设备，就算在今天也还在使用。

在距地面10～140米的悬崖上，各种大小窟龛和摩崖造像纵横交错、上下相连，其间又点缀着多座崖格，远眺极为壮观，堪称人类建

筑艺术的杰出范例。要在悬崖上建造如此复杂的石窟建筑，可不是闹着玩的，没有相应的科技力量，根本无法办到。

此外，在石窟建造上，地形选择、龛窟结构、菩萨塑像的力学应用、石窟的光学应用等，这些无不体现了古人的科技水准，至今仍令人叹为观止。

其实，说到古代的科技话题，很多细节也很能说明问题，比如说，很多人容易忽视的一种物质——石窟塑像使用的"坚固剂"，其实背后大有奥秘，而且里面的材料让人感到震惊。

石窟选址在疏松的砾岩上，不宜雕刻，造像绝大部分为泥塑。用泥塑造像，只有中国盛行，这也是中国在世界雕塑史上的独创。

虽经千余年的自然剥蚀，许多塑像至今仍坚如磐石、光泽莹润。这里面的奥秘其实很简单——一种叫作"坚固剂"的物质发挥了大作用，它将塑像紧紧黏合在一起。这种坚固剂的材料说出来似乎很简单：黏土、麻筋和沙子，同时混合有糯米汁和鸡蛋清。虽说材料简单，但混合的比例，只有最娴熟的工匠才能掌握。让人意外的是，糯米汁和鸡蛋清这类"舌尖"上的食材，竟然是菩萨塑像的坚固剂。

可以说，须弥山泥塑能在潮湿的气候条件下保存一千多年，至今不少泥塑竟然坚硬如石，说明古代工匠在泥塑制作上积累了丰富的经验。从塑像的断裂处，后人发现，泥塑的材料是以三合土为主，另加入棉花、麻刀等植物纤维。

据元代《塑画记》记载，古代雕塑所用的材料有"糯米、粳米、小油、黄蜡、桐油、硼砂、皂角、土布、生绢、瓦粉、铁涤等几十种"。除了材料配比之外，制作方法也很讲究，工匠们长期探索获得材料调配方法与塑造技巧，保证了泥塑像具有磐石般坚实、陶瓷般莹润的质感效果。

当见到陇南石窟传说中的"悬塑"时，你肯定会担心它们是否会突然掉下来。所谓"悬塑"，简单地说，就是悬空的雕塑，是倚靠在崖壁上或石窟内的某些支撑物、悬挂物上而塑造的悬空塑像。

而塑像是以泥、细沙和麦秸做材料，用泥制模具（泥范）翻制，表面经过处理，然后敷彩。通常背面粘贴于墙壁上，正面做凸起壁面较高的浮雕状，用以衬托主像圆塑。

薄肉塑是一种"绘、塑"结合的表现手法——飞天的面部、手、脚、颈部等身体裸露部分，是采用浮雕的方式，而衣服、披帛、臂钏、项圈、手持的乐器以及飞天周身飞旋的流云、花朵等其他部分，则是采用绘画形式，用"薄肉塑"塑造的飞天，既展现出壁画里飞天的那种轻盈、飘逸、灵动，又保持着雕塑一定的体量感，具有肌肤饱满、柔软的质感。

石窟把它称为中国古代最先锋的"时尚产品"似乎并不为过。只不过，这个"产品"不仅体量巨大，而且还是一种公共产品。

其实，自打佛教转入中国后，它注定要开风气之先。因为作为一种外来的宗教，要想让本地人接受，一定会借助当时社会最为流行的科技和艺术，来作为自己传播的工具。

比如说，大多数石窟都是开凿在丝绸之路沿线，这一点在甘肃宁夏表现得尤为明显。这其实并不难理解，丝绸之路的畅通与发达，为佛教以及佛教艺术的传播、流行，提供了极为便利的条件。

佛教的兴盛，自然带动了石窟建设的持续热潮。在甘肃、宁夏石窟众多，但除了莫高窟、麦积山、炳灵寺、须弥山等著名石窟，其他一些中小型石窟却知晓者寥寥。

在过去，这些石窟不仅是佛教中心，更是人们日常活动的中心，吸引着邻近县镇无数善男信女前来顶礼膜拜，并由此拉动了相关的众多产业，是社会时尚聚集、传播、融合、变迁的一个"大舞台"。

佛教有很多节日，这些节日既是神圣的朝拜活动，也是民间的节日，形成了很多形式丰富的"庙会"活动，由此带动了整个"产业链"——商业、旅游、餐饮、酒店、手工艺、歌舞演出、杂耍等不同行业的兴旺发展。可以说，这是石窟"搭台"，经济文化"唱戏"。

## 建监苑陇右兴畜牧
## 陷长安荒废八马坊

西晋泰始初年,河西鲜卑徙居牵屯山(六盘山)以西。此后,今六盘山境先后成为前赵、后赵、前秦、后秦、北魏、北周的势力范围。晋武帝泰始四年(268年),鲜卑人树机能西入秦州、陇右、河西,其他各族纷纷起兵响应。泰始七年(271年)七月,晋凉州刺史率兵弹压,树机能联合诸少数民族迎战于六盘山地区,后移师决战高平(今宁夏固原)北部,秦州、凉州被树机能占领。

建兴四年(316年)七月,刘曜建赵,史称前赵,其疆域至陇坻以西。刘曜为石勒所杀,自称赵王,史称后赵。后赵疆境西到河西。秦、陇为石勒全部平定,六盘山境隶属后赵。后赵永宁三年(351年),氐族人苻坚占领关陇,在长安称帝,史称前秦。前秦暂时统一了北方,其中雍州领安定郡,又在高平(今宁夏固原)设平凉郡。建元二十年(384年),羌族豪酋姚苌叛前秦,自称秦王,史称后秦,其疆域极盛时南至汉川,东逾汝颖,西控西河,北守上郡。其中雍州辖安定郡、平凉郡,领高平、朝那、都卢、平方等县。

十六国时期,分安定郡部分地设陇东郡,以高平设朔州牧领陇东、安定郡。也就在这个时候,鲜卑乞伏部兴起,建立西秦。其疆域西逾

| 唐朝牧区

青海乐都，东及六盘山，北距黄河，南吐谷浑。六盘以西居住鲜卑部落为密贵、麻堤、裕苟等部落。至乞伏暮末，遭到北凉军队连续攻击，又遭到夏国主赫连定截击，只好投降夏而西秦灭亡。

义熙三年（407年）元月，赫连勃勃在高平（今宁夏固原）拥兵自立。西收秦陇，北薄于河。魏始光四年（419年），夏国灭亡，六盘山境域又隶属北魏。延兴元年（471年），关陇六镇起义，万俟丑奴逐渐掌握了兵权，孝昌三年（527年）称帝，建立陇东政权。在北魏讨伐万俟丑奴的过程中，宇文泰屡立战功，进位丞相，鸩杀魏孝武帝，建立西魏。西魏恭帝三年（556年）九月，宇文泰死于六盘山。十二月，恭帝退位，周代西魏。从西晋泰始初年鲜卑西入六盘山地区至581年杨坚代北周建立隋朝，遭受战争长达三百年之久。土地荒芜，百姓逃亡，社会经济遭到严重破坏。加上这一时期是中国气候的又一低温期，不利农业生产，使秦汉以来经过数百年开垦的良田沦为牧地。北魏是以游牧起家的割据集团，"世祖（太武帝招拔焘）之平统万，定秦陇，以河西（山西、陕西黄河以西地区）水草善，乃以为牧地"。隋唐时今六盘山境域成为监牧地正是这个原因。隋唐时今六盘山境域属监牧地。隋朝初年，设立陇右牧，设置总监、副监、丞，统一管理各牧监。设立驴骡牧，

陷长安荒废八马坊　建监苑陇右兴畜牧

设置帅都督及尉管理。设置原州（今宁夏固原）羊牧、原州驼牛牧。又有皮毛监、副监、丞及录事，负责管理马、驼、牛、羊及驴骡的繁殖，当时属今宁夏隆德辖地的邪洛笼川（邪洛切音为兴，笼隆同音，即兴隆川）设羊牧，因此，以后称羊牧隆城。

唐代的陇右牧是中国历史上由官方经营的最大牧场之一。张说《大唐开元十三年陇右牧颂德碑》（以下简称《颂德碑》）记："大唐接周隋离乱之后，承天下争战之弊，鸠括残烬，仅得牝牡三千，从赤岸泽徙之陇右，始命太仆张万岁葺其政焉。而奕代载德，纂修其德，肇自贞观，成于麟德，四十年间马至七十万六千匹，置八使以董之，设四十八监以掌之。跨陇西、金城、天水、平凉四郡之地，幅员千里，犹为隘狭，更析八监布于河西丰旷之野，乃能容之。于斯之时，天下以一缣易一马，秦汉之盛未始闻也。"

这一《颂德碑》所言及牧场的范围是："跨陇西、金城、天水、平凉四郡之地，幅员千里。"

《元和郡县志》卷三、关内道三、原州条下记监牧："贞观中，自京师东赤岸泽移马牧于秦渭二州之北，会州之南，兰州狄道县之东，原州之西。置监牧使以掌其事，仍以原州刺史为都监牧使，以管四使。南使在原州西南一百八十里，西使在原州西南临洮军西二百二十里，北使寄理原州城内，东宫使寄理原州城内。天宝中诸使共五十监，南使管十八监，西使管十六监，北使管七监，东使管九监。监牧地东西约六百里，南北约四百里。天宝十二年诸监见在，马总319387匹，内有133598匹骒马。"

这是一个比较完整的资料，《元和郡县志》成书于宪宗元和之时，虽然那时陇右已陷于吐蕃，陇右牧已不存在，但上距陇右陷没仅四十余年，为时不久，国家典籍俱在，所记载应该是可信的。

《新唐书》在《兵志》和《百官志》中都有简略叙述，《兵志》中有一段可补《元和郡县志》所记者："（前略）又立四使，南使十五，西使十六，北使七，东使九。诸坊（应为监）若泾川、亭川、阙、水洛、赤城南使统之，清泉、温泉、西使统之，乌氏北使统之，木峡、万福东使统之，它皆失传。"

西使十六监仅举出二监，北使七监仅举出一监。其中南使所辖监列举较多，它给我们指出了陇右牧的东境：泾川作为县名始于后来的金代，此处应指平凉西部的泾河川，包括今天的宁夏泾源；亭川就是华亭县，《旧唐书·地理志》华亭县条："垂拱二年改亭川，神龙元年复旧。"审其意，此处不可能指整个的华亭一县，应指今华亭县的内河上游；水洛即今庄浪县城，赤城在今崇信县境。据此可知陇右牧的东境已跨越陇山，包括了陇山东麓一带。

以上资料《颂德碑》说："跨陇西、金城、平凉、天水四郡之地。"《元和郡县志》所记的四至可以作为跨四郡的解释：唐代的渭州陇西郡领襄武、陇西、彰、渭源四县，陇西是最靠北的县，其余皆在郡治之南。秦州天水郡领上邽、成纪、伏羌、陇城、清水五县，成纪唐初治今甘肃静宁的治平，后移秦安县的显亲，陇城在今秦安县的东北境，秦州最北的县为成纪与陇城。兰州金城领金城、狄道、广武三县，最东的县是狄道，即今甘肃临洮。会州会宁郡领会宁、乌兰二县，都在今靖远县境内；原州平凉郡领平高、平凉、百泉、萧关四县，最西边的县为平高，即今宁夏固原。《元和郡县志》所列举的四至，以现在的地名说就是：陇西与秦安以北，靖远以南，临洮以东，固原以西，都属陇右牧。《元和郡县志》所说"东西六百里，南北四百里"，是切合实际的。《元和郡县志》未谈到的榆中县，古为宛川，是自汉代以来的养马之地，隋代有宛川十二马牧，唐代监牧是在隋代马牧基础上建立的，宛川一定在陇右牧之内，则陇右牧的西境已接近兰州；如前所述，其东南境已到达今之崇信，《颂德碑》说"幅员千里"也不算夸大。

陇右牧的辖境在古代是地旷人稀的地方，占有汉代的阿阳、平襄、勇士、祖厉等县旧地，如按现在的行政建制，则应占有榆中、定西、会宁、

通渭、静宁、庄浪、隆德、泾源、西吉、海原等县,以及固原、平凉、华亭、崇信的部分地区。

　　在如此广大的地域范围内无县的建制,除掉周边区域与郡县所属的土地接壤,不可避免地会犬牙交错,按一般推理在牧区内不可能有散在的行政编户,可以从两方面说明这一问题:其一,陇右牧所占有的地域是地旷人稀,其邻县也是如此。如东部的兰州金城郡领县三,有1675户,7305口人,平均一县只有558户,2635口人;再靠东的渭州陇西郡领县四,有1989户,9028口人,平均每县只有497户,2257口人(据《旧唐书·地理志》)。这样少的户口聚居本土已很嫌不足,显然无力散居牧区。其二,《旧唐书·地理志》记秦、渭、兰、会四州唐初户口合计为14182户,天宝最盛时的户数也仅达到38735户,而《颂德碑》记述陇右牧在开元十三年已有长户35000户,可知牧区内的户口已超过四州的总数。而且牧区疆域辽阔,如有少数编户散居牧区,在生活上、管理上都不方便,很难存在。所以陇右牧范围内的土地居民与周围郡县无关,应自成体系。

　　唐代关于南使城的记载,须从后来的宋代说起。

宋德顺军遗址

宋代常把南使城写作南市城，西使城写作西市城，如《宋史》卷251、外国八《吐蕃传》记，"大中祥符九年秦州曹玮言：熟户郭斯敦赏样丹皆大族，样丹辄作文法谋叛，斯敦以密告，约半月杀之，至是果携样丹首来。上以斯敦密害样丹，不欲明加恩赏，以疑惧诸侯，时方议筑南使城，遂以斯敦献地为名，诏授顺州刺史。"此文叙述了复筑南使城的过程，明确提出是南使城。又见《续资治通鉴长编》卷88，大中祥符九年三月"曹玮议筑南市城……"此处便写作"南市"，作者随着做了解释，"南市本日南使、蕃语讹谓之南市"。李焘的这一解释很重要，证明宋代的南市城即唐代的南使城，西市城即唐代的西使城。

《武经总要》泾原仪渭德顺军路记静边寨："静边寨，在边壕外，祥符中蕃部献南市地，天禧初赐今名。"同书秦凤路也记静边寨，"祥符中筑于南市城。"《武经总要》所记与前述两条是一致的，还提供了一个重要问题，即南使城就是后来的静边寨，静边寨是在南使废城的基础上建立的。

静边寨是北宋山外四寨之一，金代曾一度置县，后废。其方位里程《武经总要》《元丰九域志》《宋史·地理志》都有详细记载，而且这些记载基本上是一致的，其地址应在今静宁城附近。故城在今县城南七里，清康熙时黄廷钰修《静宁州志》曾有记载，据考证在今城川乡吕家河东。《元和郡县志》简单叙述了陇右牧的组织机构，即"置监牧使以掌其事，仍以原州刺史为都监牧使，以管四使。天宝中诸使共有五十监，南使管十八监，西使管十六监，北使管七监，东使管九监。"

监是直接管理生产的基层单位，《新唐书·百官志三》卷48，记诸监牧："凡马五千匹为上监，三千为中监，不及为下监。""上牧监，监各一人，从五品下，副监各一人，正六品下，丞各二人，正八品上，主簿从九品上。中牧监，监正六品下，副监从六品下，丞正八品上。主簿从九品上。下牧监，监从六品下，副监正七品下，丞正九品下，

主簿从九品下。"当时县令仅是七品,佐贰仅有丞、主簿,尉各一人,二者相较,牧监主管人员的品级、佐贰人员的数量都超过一般县。

《唐书·百官志》未记四使品级,仅记:"南使西使丞各二人,从七品下,录事各二人,从九品下;北使监牧使丞各一人,从七品下。"《颂德碑》曾提到"明威将军行右卫郎将南使梁守忠,忠武将军行左羽林中郎将西使冯嘉泰,右千牛长史北使张知古"。明威将军为从四品下,忠武将军为正四品上,其官阶已接近一般州的刺史,《颂德碑》还提到与南使监并列为五使之一的盐州牧使为左骁卫中郎将盐州刺史兼盐州监牧使张景遵,似监牧与刺史是同级。

《元和郡县志》记:"置监牧使以掌其事,仍以原州刺史为都监牧使,以管四使。"此说可能是初期情况,以后监牧有重大发展,马匹既关乎军事建设,又有重大经济收益,遂为朝廷所重视,《唐会要》卷66《群牧使》条:"仪凤三年十月太仆少卿李思文检校陇右牧监牧使,自兹始有使号。其后苏干、夏侯亮、阳道昕、张仁德、张思廉、宋之爽、周履冰、魏元忠、李道广、贺兰爽、姚元之、宗禁客、平王隆基、宋王成器、王同蛟、王毛仲、牛仙客……相继为之。"所记为监牧都使者多是当时名臣宰执,且有平王隆基、宋王成器在内,可见对群牧的重视,远非原州刺史可比。但他们都是兼职遥领,不亲政事,实际任事者是副使,任副使者多带太仆寺卿衔,如陇右牧的创办者张万岁,始建都使号的李思文,都是太仆少卿,开元十三年(725年)随唐玄宗东封泰山的监牧都副使为太仆少卿兼秦州都督监牧都副使张景顺。《唐代官制》的作者张国刚说:"高宗仪凤三年于监牧使之上设都监牧使,并置副使及制官等,于是太仆寺之权尽为所夺。"这是因为陇右牧的畜牧在全国畜牧业中占的比重太大了,如果说负责具体业务的都副使为了方便工作与地方长官互相兼职是可能的。

《元和郡县志》所列举的四使有"东宫使",初疑为东使之误,后来见到《新唐书·百官志》记诸监牧,只有南使、西使、北使,而无东使，又见到前引《颂德碑》所列举的南、西、北三使之后，为"陇州别驾修武县男东宫监牧韦衡"。《新唐书·百官志》在陇右牧之外另列有"东宫九牧，监丞二人正八品上，录事一人从九品下，掌牧养牛马以供皇太子之用"。《元和郡县志》所记的东宫使正是管九监，数字相同，可能就是指的同一事。看来是陇右牧无东使，东宫使是由都监牧使兼领的。《新唐书·兵志》记"木峡，万福东使统之"。万福已无可考，木峡可能与木峡关有关系，木峡关在原州东颓沙山上，即今宁夏固原的海子峡附近。陇右牧诸监是相连的，东宫使所辖九监应在原州之西，离原州不远。元载的《请城原州疏》说，"原州以西皆监牧故地"，大概原州以东无监牧地。

《颂德碑》有一与《元和郡县志》很不同的记载，《颂德碑》是把盐州监牧包括在陇右牧之内的，通名之为五使而不是四使，《颂德碑》中的数字是以五使为基础统计的。五使是南使、西使、北使、东宫使、盐州使。盐州牧领八监，唐代盐州属关内道，以地域论不在陇右范围之内。

陇右牧牧地总数无记载，人口据《颂德碑》为"五使长户三万一千"。他们不仅经营畜牧也经营农业，《颂德碑》说："五使长户数盈三万，垦田给食，粮不外资。"他们不仅自给，还要纳税，《颂德碑》记："纳长户隐田税万六千石"。此说是隐田税，当然是为了避免纳税才隐瞒田地。还要种植牧草，《颂德碑》说，"苜蒿麦苜蓿一千九百顷。"《颂德碑》把牧区内从事畜牧者名之为"长户"，又向牧场纳税，似乎不是牧卒。《大唐六典》的《屯田员外郎》记陇右牧的屯田有"南使六屯，西使十屯"。似属军垦。此二者未能找到根据，其性质尚无法做出解释。

综合以上史料，按时间先后顺序梳理，陇右牧的大致历程如下：

唐代陇右牧是在隋代马牧基础上建立的。

《隋书·百官志》记："陇右牧置总监、副监、丞、以统诸牧。

陷长安荒废八马坊　建监苑陇右兴畜牧

其骅骝牧及二十四军马牧,每牧置仪同与丞、大都督、帅都督等员,驴骡牧置帅都督及尉。原州羊牧置大都督及尉,又有皮毛监、副监及录事。又盐州牧监置监及副监、置丞、统诸羊牧。苑川十二马牧,每牧置大都督及尉各一人,帅都督一人。"可见陇右牧在隋代就有了,原州、盐州都是畜牧的重要据点,苑川附近建立了十二马牧。又见《资治通鉴》卷175记:隋文帝开皇十七年(597年)春二月:"帝遣亲卫大将军长安屈突通陇西检窍群牧,得隐匿马二万余匹。帝大怒,将斩太仆卿慕容悉达及诸苑官千五百人,通谏曰:'人命至重,陛下奈何以畜户之故杀千有余人,臣敢以死请……'"马至二万余匹,欲斩的管理人员至一千五百余人,可见其规模是巨大的。隋末,薛举起兵于金城,"奴贼"起义于平凉,据说其主要成员就是上述马牧的牧卒。牧卒参加起义,牧马充作战马,隋代在陇右一带的马牧机构就在大动乱中崩溃了。

唐初承离乱之后,仅搜集到牝牡三千,初置于赤岸泽(今陕西大荔西南),《颂德碑》《元和郡县志》《唐会要》《新唐书》都说于贞观中移至陇右,都无具体时间,又都说与张万岁关系密切,张是陇右牧的创办者,《唐会要》卷66《群牧使》记:"一十五年尚承奉御张万岁除太仆少卿,勾当群牧。"据此,贞观十五年(641年)就是马牧由赤岸泽移至陇右的时间。

张万岁两唐书无传,他负责陇右牧的时期取得重大成绩,张氏曾三代典牧,恩信布于陇右,自贞观至麟德四十年间,由三千匹发展至七十万六千匹,马多地狭,陇右牧不能容,又分八监于河西丰旷之野。议者谓秦汉以来,唐马最盛,其时天下以一缣易一马。陇右牧畜牧业大发展影响全国马价普遍下降。这是陇右牧第一个兴旺时期。

陇右牧取得重大成就,引起朝野普遍重视,于高宗仪凤元年(676年)设陇右诸监牧都使,首任为太仆少卿李思文,以后的监牧都使多为宰相、亲王兼任,但他们都是兼职遥领,不亲政事。自张氏之后,马政颇废,日益损耗。到开元初仅有马二十四万匹。

在这一段时间内，陇右牧曾受到外族三次劫掠：武则天久视元年（700年），突厥掠陇右马万余匹。中宗神龙二年（706年），突厥进寇原州、会州，掠陇右马万余匹。玄宗开元二年（714年）吐蕃寇临洮军，进至兰、渭等州，掠取监牧羊马。后来，唐玄宗以王毛仲检校内外闲厩兼知监牧使，毛仲部统严整，群牧孳息，至开元十三年（725年），马增至四十三万匹，牛羊皆数倍。《颂德碑》曾列举了这一时期的增殖数字："元年牧马二十四万匹，十三年乃四十三万匹；初有牛三万五千头，是年亦五万头；初有羊十一万二千口，是年羊至二十八万六千口。"玄宗东封泰山，以诸牧马数万匹从，每色为一队，望之如五云锦。《颂德碑》描绘了这一威武雄壮的场面："大驾百里，烟尘一色，又有闲人万夫，散马千队，骨心殊貌，毛不离群，行如动地，止如屯云。"这是陇右牧第二个兴旺时期。

上述"至开元十三年乃至四十三万匹"，这一数字与《唐会要》所记不同。《唐会要》卷72《马》记："开元十三年六月一日陇右牧都使奏：臣差判宫殿中侍御史张通儒，监牧副使平原太守郑遵意就群牧点交：总六十万五千六百三匹（头）口，马三十二万五千七百九十二匹，内二十万八千匹驹，牛七万五千一百一十五头，内一百四十三头牦牛，驼五百六十头，羊二十万四千一百三十四口，驴一头。"同是开元十三年数字为何相差许多？疑四十三万是全国数字，三十二万是陇右牧的实际数字，如果是这样，则陇右牧畜产占全国总数的76％。

前引《元和郡县志》所记："天宝十二年诸监现在，马总三十万九千三百八十七匹，内有一十三万三千五百九十八匹騍马。"尚接近开元十三年数字。天宝十五载（即至德元年）安禄山陷京师，玄宗自马嵬入四川，太子李亨仓皇北上，《新唐书·肃宗记》："夕次永寿，通夜驰三百里，至安定郡……辛丑西至平凉郡，阅监牧马，得马数万匹，军威始振。"所得之马，就是陇右牧的马匹，对肃宗中

月氏城遗址（潘家岔）

兴起了重要作用。

直到肃宗末年宝应时，"吐蕃乘隙陷陇右，苑牧畜马皆没矣"（《新唐书》语）。这一庞大的牧场就彻底被毁了。

如以贞观十五年（641年）为建场时间，至宝应元年（641—762年）陇右牧共历时121年。

史书对八马坊的记载更少于陇右牧，有的说是七马坊，《新唐书》的《兵志》把陇右牧与八马坊混在一起，已经说不清楚。对地域时间更是众说纷纭，可靠资料应推郄昂撰的《岐邠泾宁四州八马坊颂碑》（以下简称《八马坊颂碑》）。《八马坊颂碑》见于《全唐文》卷361，《甘肃省通志》《平凉府志》都有转载。作者郄昂《全唐文》只注为高平人，生平不详。此碑是歌颂当时兼任监牧都使的邠国公牛仙客，文体全效《颂德碑》，虽然是满篇颂辞，但也提供了一些难得的原始资料。对八马坊的以下三个问题加以研究：《八马坊颂碑》提出了八坊比较确切的所在地："先是国家以岐山近甸，邠土晚寒，宁州壤甘，泾水流恶，泽茂草丰，地平鲜原。当古公走马之郊，接非子犬丘之野，度其四境，分署八坊，其五在岐，其余在三郡。"下边列出了八坊的名字：保乐、甘露、南普润、北普润、岐阳，这五坊在岐州，太平坊在宁州，宜禄坊在邠州，安定坊在泾州。《八马坊颂碑》还记："八坊营地一千二百三十余顷，分置十屯。"陇右牧的牧地面积未见记载，后来明代设置在这一带的苑马寺，在嘉靖时已由六监二十四苑缩小为二监七苑，犹有牧地177161顷，八马坊仅相当于明代牧场的1/133。把八坊平均计算，每坊只有一百五十余顷，可见八坊的规模很小，远不能和陇右牧相比。陇右牧的牧地是集中连片占了十几个县的面积，八马坊面积小是插入各州县领地之内的。把八坊牧地分置十屯，似乎是军事编制，不同于陇右牧的"长户"。

《颂德碑》未言及八马坊，说明八马坊的建立应在开元十三年（725年）以后。这一《八马坊颂碑》作于开元二十五年至开元二十九年之间，因为它是歌颂"邠公"的，牛仙客于开元二十五年七月始封邠国公，天宝元年就死了。前引《八马坊颂碑》"先是国家以岐山近甸……"，既言"先是"，建立八马坊必在牛仙客任闲厩使以前，牛仙客的前任是王毛仲，王毛仲于开元十九年因罪赐死，所以就不提他了。以此推论，八马坊是在王毛仲时期建立的。其时间在开元十三年至十九年之间。

二碑都载有一个韦绩，在《颂德碑》中名列五使之后，署名为"总监韦绩"，《八马坊颂碑》为"朝散大夫都苑总监韦绩"，似原职未变。《八马坊颂碑》有一段说："内厩马每年有瘠者、病者、老者、疲者，择其能任者以领诸坊；则必馁之、艾之、行之、节之，俟其跳梁，俟其充腯，然后入之。"似乎是内厩马的外厩，也可能与陇右牧有联系。

八马坊的具体地址已很难考证，今灵台县西南部，达溪河以南一带山区多有唐代养马遗址，不知是北普润坊还是安定坊。父老相传当时按毛色分群饲养，白马川养白马、过河川养黑马、大花沟小花沟养花马。因之，怀疑八马坊开始所养的马就是开元十三年玄宗东封泰山，"每色为一队，望之如五云锦"的马匹，东封后这些精选的马匹没有回原牧场，被安置于京师附近，成为监牧与内厩的中间过渡单位。

宪宗元和时曾因马坊牧地发生一件公案：闲厩使张茂宗向凤翔节度李维简索要岐阳马坊旧地。《旧唐书》卷141《张茂宗传》记此事甚

建监苑陇右兴畜牧
陷长安荒废八马坊

详,有一段云:"西戎陷陇右,国马尽散,其地利因归闲厩使。宝应中凤翔节度使请以监牧赋贫民为业地者,相承十数年矣,又有别勒赐诸寺观,凡千余顷。"争地之事与本文无关,这里只探讨所提出的时间。宝应是肃宗最后一年的年号,是年吐蕃陷陇右,陇右牧陷没。四月肃宗死,代宗立;次年为广德元年,吐蕃人大震关陷长安。但《张茂宗传》所记的"宝应中"不是八马坊省废的时间,而是凤翔节度使把八坊牧地分给贫民的时间,显然八坊之废应在宝应以前,与"西戎陷陇右"无关。考查唐代这一段的历史,八马坊之废应在至德一载(756年)安禄山陷长安前后,根据有四:其一,封常清败于东京,征发各路兵赴潼关,八坊之马应在征发之列。其二,《通鉴》卷218记杨国忠畏哥舒翰,奏请选监牧小儿三千于苑中训练,不久,潼关告急,卜"遣李福德等将监牧兵赴潼关"。可见长安危急时曾征用了牧卒,八马坊近甸,一定在征调之列;其三,太子李亨由马嵬北上,一夜驰三百里,邠州、泾州太守皆弃郡逃走,想来八坊放牧卒也不会坚守牧地。李亨北上未经过岐州,宜禄坊是必经之地,太平坊与安定坊也相离不远,却都未提及。其四,再后,肃宗自灵武南来,进军京师,曾在凤翔驻跸六个多月(至德一载(756年)七月改岐州为凤翔),凤翔乃是岐阳等五个马坊所在之地,也从未提及。说明八马坊早已不存在了。

所以,可以认定八马坊不是被征调后废于长安陷落以前,就是被冲击散失于长安陷落之后,以后国家多事再未能恢复,过了六年到宝应时,凤翔节度使看牧地荒废可惜,才请将牧地分给贫民,这是很合乎情理的。

八马坊建立的时间如以开元十三年(725年)计算,到至德元年(725—756年)共历时31年。

虽然关于八马坊见到的资料还很不够,有些问题还没考查清楚,但已可以得出简单的结论:八马坊规模不大,时间不长。(参考《天水市志》)

## 孙思邈药撒六盘山
## 采药农习学采药术

六盘山上山下，遍地药材，传说是药王孙思邈所撒。《拾浪杂记》中说：

药王孙思邈云游天下，至六盘山，天热山陡，汗流浃背，思泉解渴。见一泉清澈透底，而双蛇戏水中，知有毒不可饮。忽见对面樵者且歌且行，冉冉而至。歌云："自幼打柴深山里，穷苦母子相傍依，虎豹豺狼我不怕，一掬清水解劳饥。"歌罢已临泉边，卸柴担，脱布衣，掬泉水洗面，又作牛饮。饮毕，取红蒜入口，徐徐咀嚼，竟无恙。药王问："热冷骤变而风寒不浸，饮毒水而无沾濡，其秘何在？"樵者答："辛劳之人体健骨坚，外淫难入。百毒自有百物解，君不见大蒜邪？"药王叹云："求医不如炼身体，买药不如卖气力。"于是将所携药遍撒六盘山。

药王在六盘山所撒药到底有多少种？科学地说，六盘山各种药材445种，其中植物类397种，动、矿物类40种，其他8种。有154种列入全区中药材名录，69个品种载入《中华人民共和国药典》，25个品种列入国家出口商品（2000年统计数字）。

**野生药材类：**

马勃、木贼、问荆、柏子仁、麻黄根、荨麻、扁蓄、地肤子、苋菜、

马齿苋、王不留行、白头翁、野棉花根、补血草、绍果角茴香、节裂角茴香、角茴香、葶苈子、荠菜、阔叶独行菜、甜葶苈、瓦松、大李仁、景天、金金棒、萎凌菜、蛇莓、蕤仁、山桃仁、苦参、镰形棘豆、野豌豆、金雀花、甘草、凤眼草、黄花、地丁、野大豆、老鹳草、白蒺藜、百蕊草、远志、椿白皮、透骨草、地锦草、甘遂、文冠木、文冠果、酸枣仁、野西瓜苗、圆叶锦葵、西河柳、紫花地丁、狼毒、防风、柴胡、秦艽、香五加、打碗花、地椒、益母草、茺蔚子、夏至草、泽兰、酸酱、枸杞、地骨皮、洋金花、天仙子、阴行草、红纹马先蒿、列当、茜草、蓬子菜、败酱草、脚汗草、赤雹、泡参、灰条、苍耳、款冬花、旋夏花、鬼针草、野菊花、蒲公英、瞿麦、漏芦、万年蒿、茵陈、草蒿、白蒿、大蓟、小蓟、一支箭、佩兰、蒲黄、狗尾草、白茅根、香附、水莎草、野百合、薤白、知母、马蔺子、射干、野亚麻、莐草、沙棘、元宝草、红旱莲、车前子、水接骨丹、酢浆草、白华菜子、大叶黍、猪毛菜、榆白皮、榆钱、棒棒木、梓实、柳芽、龙葵、葛仙米、骆驼蓬、侧柏叶、山胡桃、桑寄生、杨树花、麦瓶、垂柳、香椿。

**家种材：**

树木类：杏仁、桃仁、桃枝、胡桃仁、分心木、青龙衣、桑白皮、桑叶、桑枝、桑葚、槐米、槐花、槐角、泡桐皮、大枣、柿蒂、皂角、皂刺、合欢皮、合欢花、木槛子、四季青。

**农作物类：**

绿豆、宣扁豆、赤小豆、麦芽、谷芽、浮小麦、荞麦、亚麻子、黑芝麻、苣子、火麻仁、玉米须、小茴香。

**蔬菜类：**

芫荽子、莱菔子、黄瓜皮、黄瓜藤、西瓜霜、茄根、辣椒、甜瓜子、苦丁香、冬瓜子、南瓜子、大蒜、葱白、韭菜子、白芥子。

**花朵类：**

月季花、牡丹皮、玫瑰花、紫茉莉、仙人掌、夹竹桃、美人蕉、凤仙花、

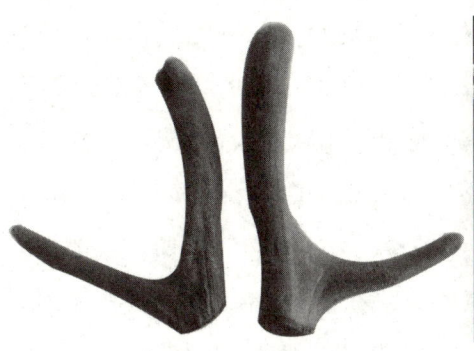
六盘山区鹿茸

六盘山区枸杞

六盘山区柴胡

六盘山区杜仲

凤仙透骨草、急性子、菊花、鸡冠花、蜀葵、牵牛花子。

**其他类：**

板蓝根、草木樨、苜蓿籽、胡卢巴、蓖麻、薄荷、艾叶、葫芦、芦根、萱草根、花椒、竹茹、红花、草莉子、莴苣、眼子菜、向日葵。

**六盘山道地中药材：**

黑木耳、猪苓、桦茵芝、卷柏、石苇、伸筋草、娥眉蕨、麦秆蹄盖蕨、油松脂、油松节、楮实、无花果、啤酒花、槲寄生、马兜铃、细辛、水红花子、水蓼、何首乌、杠板归、商陆、蝇子草、麻布七、茴茴蒜、威灵仙、耧斗菜、毛茛、唐松草、飞燕草、铁棒锤、铁线莲、三棵针、淫羊藿、山豆根、钩樟、地榆、仙鹤草、山楂、悬钩子、珍珠梅、茅莓、尿泡草、铁鞭草、牧马豆、黄柏、泽漆、铁苋菜、地沟叶、京大戟、蓝肤木、续随子、续断、卫茅、刺南蛇藤、见肿消、白敛、茴麻子、锁阳、刺五加、藁本、水芹、姜活、珍珠菜、喉咙草、秦皮、连翘、暴马丁香、龙胆草、当药、白首乌、萝摩、隔山撬、田旋花、鹤虱、大玻璃草、草兰、夏枯草、黄芩、藿香、香薷、白英、水杨梅、金银花、忍冬藤、陆英、接骨木、盘叶忍冬、丹参、鹅不食草、紫菀、鼠曲草、仙矛、北苍术、稀草、黄花、一枝蒿、飞廉、山紫菀、张口草、泽泻、星星草、芸香草、三棱、天南星、半夏、菖蒲、浮萍、宝铎草、土茯苓、铁丝灵仙、抓地龙、老虎姜、黄精、玉竹、天冬、玉簪、麦冬、穿山龙、黄药子、膀胱七、橡子肉、大对径草、四叶萍、五倍子、山苍子、野栗壳、白屈菜、桑螵蛸、豹骨、郁金、石斛、木通、升麻、贯众、太白参、夜交藤、松塔、鸭拓草、地耳草、天仙藤、瓜子金、蓍草、五味子、青木香。

动、矿物类：

僵蚕、蚕砂、地龙、夜明砂、鹿茸、鹿角、鹿肾、鸡内金、鸡子黄、蝉蜕、鳖甲、望月砂、狗肾、蛇蜕、壁虎、虻虫、蝼蛄、陇马陆、蟾蜍、全蝎、蜂房、蜂蜜、蜂蜡、血余炭、紫河车、鸡蛋壳、凤凰衣、牛胆汁、牛黄、水蛭、驴皮、驴肾、鼠妇、獾油、麻雀肉、白丁香、乌骨鸡、尖头蚂蚱、青蛙胆、龙骨、龙齿、石膏。

其他类：

黄酒、昧醋、神曲、淡豆豉、黄豆卷、伏龙肝、百草霜、芒硝。

花卉类：

合欢、桃、杏、海棠（陇东海棠、花叶海棠、变叶海棠、海南海棠）、樱桃、八仙花、木兰（陕甘木兰）、玉兰（广玉兰、白玉兰）、白兰花、月桂、梅、樱花、佛手、火炬、紫薇、四照花、枸杞、无花果、紫玉兰、珍珠梅、腊梅、迎春花、贴梗海棠、棣棠花、黄蔷薇、山刺玫、野玫瑰、牡丹、野牡丹、枸橘、六月雪、含笑、三桠绣线菊、柔毛绣线菊、月季、山梅花、京山梅花、六盘山梅花、一品红、桂花、丁香（北京丁香、无叶丁香、白丁香）、茉莉花、金钟花、扶桑、木芙蓉、山茶花、黄瑞香、石榴（白石榴、黑石榴、千瓣红、黄石榴）、杜鹃、满山红、夹竹桃、碧桃、五色梅、金银花、木绣球、锦带花、竹（箭竹、凤尾竹、苦竹、棕竹、南天竹）、猕猴桃、金钱树、棕闾等。

**引进栽培的药材：**

白果、大黄、白芍、赤芍、附子、川乌、草乌、杜仲、木瓜、郁李仁、黄芪、当归、黄芩、紫苏、苏叶、苏子、独活、蛇床子、生地、括蒌皮、括蒌子、全括蒌、党参、土贝母、白术、薏苡仁、百合、生姜、天麻、山芋、天花粉、荆芥、牛子、川芎、白芷、辛荑、补骨脂、桔梗、银耳。

家种者，非粮食作物，就是蔬菜果类，是怎么成为药的呢？相传也是药王记入药典的：

孙思邈从萧关西行过六盘关，见一少年坐梨树下，气喘声嘶，形似枯蒿。捏手诊脉，细如游丝。病家求施药方，药王摇手答："肺痨日久，不济矣！可收拾后事，不过一月而已。"三年后东归重过农家，见少年摘梨树上，健如猿猱，大奇。问之，答云："病笃，汤水难下咽，唯食梨气顺咳止，于是以梨为食，生嚼熟吞。幸家有梨树，产梨尽可食，寻愈。"问记梨名，为冬果梨，俗名老化心。药王记入《千金要方》。六盘山人备化心梨以防风痰咳嗽，已为习惯。

《拾浪杂记》中还有一则牛黄的故事：

药王在六盘山云游，常去集市上施药，一日在集市上亲眼见一件事：

某牧牛者，牧牛五十年。养一牛瘦癯皮包骨架。细细观察，知牛肚子里有黄。赶牛上集，挂牌出售。牌写："腹中有黄宝，价值连城。"当时人不知牛黄为何物。做何用，围观，水泄不通。有人哂笑牧者："要牛做牛用，谁用腹中宝？""看马看走首，挑牛挑膘西，谁要瘦牛剥皮？"牧者愤然杀牛取黄给众看，并以牛黄合药，布施癯瘦病者。人们方知"牛瘦有黄，人瘦有病"。药王见状，叹息良久，吟诗一首：

相皮皮相好，谁识腹中宝？

世间真才学，埋没知多少！

六盘山到处生长一种野菜叫者苦苣（苦曲，苦苦菜），其叶可生津止咳，药王为什么不入药典？相传药王越大川，走大山遍尝百草，来到六盘山时，有草白汁如奶。嚼尝知可止咳生津，是难得的奇药。他正要记入药典时，听见一童问一汉子："爸，这是什么菜？"汉子说："苦趣菜。""为什么叫苦趣菜？""因为庄稼人苦，但苦有苦味，苦有苦趣。上天赐给这菜，年馑灾荒，专门养活庄田人。既救活命，又记苦趣，所以叫苦趣菜。"药王听完父子对话，从药典中抹去此味，并注："菜，可食，味苦，百姓食有曲衷。"故后人称苦曲菜。

药王撒药后，在六盘山方圆转游多年，教会药农识别药材的方法，并编成口诀：

### 人参

顶有芦头盘节状，味苦带甘气清香。

假货商陆味淡麻，断面还有同心样。

### 番红花

柱头如线番红花，泡水膨胀似喇叭。

气香味甘红棕色，再尝味道甜而臭。

### 八角茴香

果实八瓣似星芒，瓣端钝尖鸟嘴样。

若还不识真八角，再尝味道甜而香。

### 沙苑子

形似扁肾沙苑子，一边陷入其种脐。

种皮泡水易除去，嚼之微有豆腥气。

### 鸦胆子

鸦蛋椭圆网微突,外皮棕黑内有核。
核内种子黄白色,种仁味苦独特奥。

### 泽兰

单叶对生叶柄短,叶腑开花茎四方。
叶背密生小腺点,莫与佩兰相混乱。

### 鸡骨草

藤茎丛生鸡骨草,主根粗壮皮粗糙。
小叶矩形约十对,叶背疏生贴伏毛。

### 金钱白花蛇

蛇身缠卷成园盘,身纹黑环间白环。
黑白宽度三比一,闻之腥气味微咸。

### 珍珠

表面圆滑光彩艳,断面层纹绕中心。
火烧破裂有响声,碎片拱形色灰银。

### 三七

体有瘤突质坚实,击碎面平皮木离。
皮部散生棕色点,味苦有甘尝后知。

### 天麻

鹦哥嘴,陷肚脐,外有环点干姜皮。
春空秋实心有别,松香断面心牢记。

### 巴戟天

形似鸡肠巴戟天,心细肉厚色紫蓝。
伪品肉薄木心粗,虎刺易断勿受编。

### 白前

根茎细长节明显,折断中空似鹅管。
节上须根弯而细,勿与白薇相混乱。

### 当归

主根粗短支根长,质地柔软色棕黄。
断面油点显棕色,味甘带辛气浓香。

### 麦冬

麦冬块根纺锤形,断面腊质富黏性。
黄边有节外皮粗,节间膨大似连珠。

### 黄连

须根丛生硬刺手,断面色黄味极苦。
上品质坚似鸡爪,纹理清晰爪上伏。

### 杜仲

杜仲扁平或微卷,断面胶丝紧相连。
皮肉紫棕平而滑,外皮纵裂极明显。

### 鹿茸

鹿茸片薄显透明,中间多孔蜂窝形。
色近黄白或焦黄,体轻质韧气微腥。

### 羚羊角

通天眼呈扁三角,血槽骨塞齿相咬。
手握环嵴正合把,透见血丝为好骨。

### 犀牛角

角尖光亮有圆点,底盘四周马牙边。
底面陷入鬃眼密,丝纹顺直不紊乱。

药王还给六盘山药农教会了花疗歌诀,适时采药歌诀及药材炮制歌:

### 花疗歌

花卉飘香竞争艳,生活园圃可装点。
朵朵鲜花疗病疾,四性五味任你选。

杏花微苦可温补，梨花润燥能化痰。
食用桃花能美容，清心降火吃榆钱。
兰花去腻清肺热，桃花解郁又舒肝。
止血收敛数玫瑰，平肝降压有牡丹。
清暑止血食荷花，桂花暖胃又散寒。
烫伤调经选月季，合欢花儿助君眠。
长发香肌茉莉花，腊梅止咳又化痰。
醒脑安神夜来香，健胃止呕葛花餐。
痔疮便血桃花验，白菊明目又平肝。
白茅花治鼻出血，冬花镇咳又平喘。
妇女停经选红花，月经疼痛有凤仙。
咽喉肿痛皮生疮，银花野菊山茶煎。
鼻炎服用辛夷花，金针花蕾治黄疸。
茄花清热治牙疼，石榴花治中耳炎。
水仙花瓣治惊风，韭花温中开胃田。
芝麻花治粉刺好，绣球花止疟疾验。
百合润肺又止咳，芍药敛阴又柔肝。
参花泡茶可醒脑，丁香花治气管炎。
木槿凉血治痢疾，柳絮散疼治牙疳。
清热消肿南瓜花，昙花煎服结核安。
肿瘤恶疮食芙蓉，治疗呃逆柿花煎。
楝花外用杀蚤虱，健康长寿乐无边。

## 适时采药歌

春采防风夏采蒿，独活开花质量糟。
秋枯采集满山红，立夏玄胡找不到。
九月半间采麻黄，麦子收后摘花椒。

春秋挖根夏割草,果实熟透花含苞。

### 药物生长习性歌

麻黄疙瘩梁,绶草在沟旁。

细辛密林下,冬花河套上。

柴胡阴山洼,猪苓桦树长。

### 药材炮制歌

手搓党参,棒打苍术,抽心远志,剥皮桔梗。

火燎升麻,水煮赤芍,拔毛知母,腰斩百合。

## 栗特人为官原州城
## 马家堡初建清真寺

在7世纪和8世纪,唐朝是当时世界上最先进、最文明、最发达的国家,而京都长安则是整个亚洲的经济文化中心之一。

在走长安的萧关大道上,车如流水马如龙,随时会遇见突厥人、

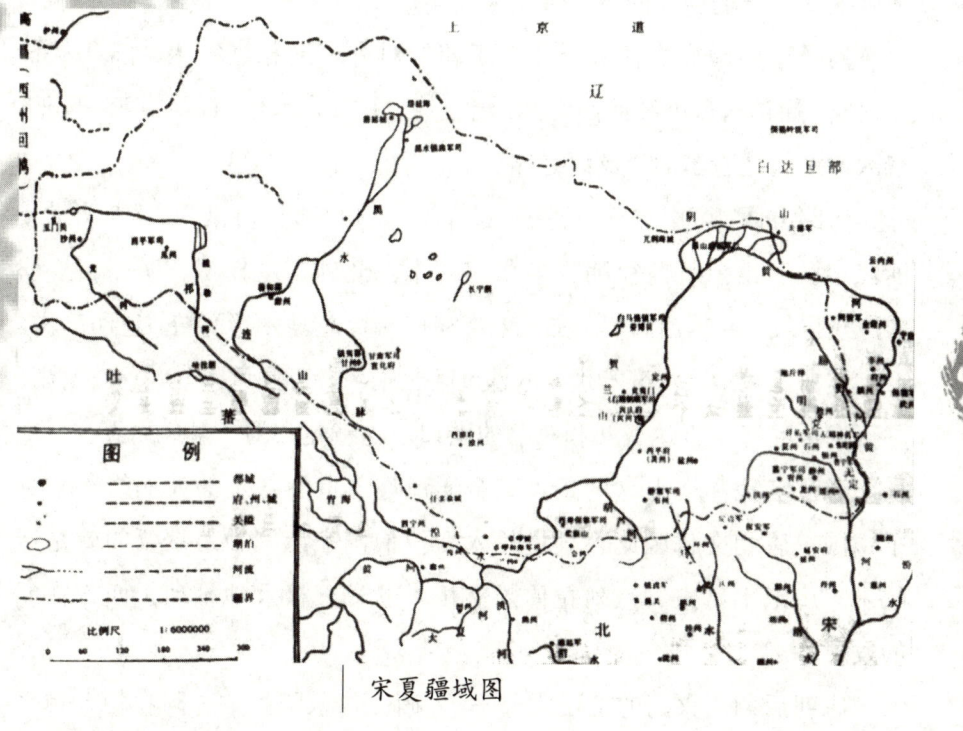

宋夏疆域图

波斯人、大食（阿拉伯）人、拂菻（东罗马）人、粟特人……他们中有元首、大臣、使节、士兵、商人、学者、留学生，还有伴侣、工匠、歌姬，甚至有"色黑如墨、唇红齿白"的昆仑奴。

据统计，唐朝曾先后与世界上三百多个国家和地区有所交往。为了接待各国使节和来宾，唐朝专门设立了鸿胪寺，由当时朝中的国际政治专家担任主管官员。

沿途城市中甚至有专供外国人长期居住或定居的"番坊"。有很多外国留学生到唐朝读书之后，进而参加科学考试，最后终生在唐朝为官。

除了留学生和使节，在唐朝定居数量最多的外国人就是商人。唐朝专门设立了互市监和市舶司管理对外贸易。当时的长安、洛阳、扬州、广州、泉州、兰州、凉州、敦煌，都成了唐朝对外贸易的重要城市。贞观时，西域各国"入居长安者近万家"，而各国商人在长安"西市"开店经商、长期居住的也有数千家之多。

为了适应国家交往的需要，唐朝的对外交通相当发达，陆路从长安出发，翻越六盘山经河西走廊，出敦煌、玉门关西行、直到中亚、西亚、东欧，这就是著名的"丝绸之路"。

海路方面，可由登州（今山东蓬莱）、楚州（今江苏淮安）或明州（今浙江宁波）出海，前往朝鲜半岛和日本；此外，由扬州、明州、泉州或广州出发，经越南海岸，在马来半岛南端穿越马六甲海峡，过印度洋，可到达斯里兰卡、印度等地；再越过阿来伯海，可到达阿曼湾、波斯湾，并可远至红海，抵达埃及和东非的港口，这就是"海上丝绸之路"。

通过陆地和海上这两条"黄金通道"，世界各地的人们纷纷来到了中国。唐朝文化因此也大量传入阿拉伯国家，其中最重要的就是造纸术。造纸术后来又从阿拉伯国家传入欧洲，极大地推动了西方文明的发展。

唐朝后期，火药的主要成分——"硝"传入阿拉伯。阿拉伯人称之为"中国雪"。与此同时，阿拉伯的天文、历法、数学、建筑、医学也对唐朝产生了一定影响。阿拉伯的医学是近代欧洲医学的基础，而其外科医术就是在这时候传入了中国。

7世纪中叶，波斯（伊朗）为大食（阿拉伯）所灭，许多波斯商人流亡到了唐朝，纷纷在中国落户。长安、洛阳、扬州、广州等地都有波斯商人开设的"胡店"以经营宝石、珊瑚、玛瑙、香料、药材驰名。通过贸易活动，波斯的菠菜、波斯枣传入唐朝，而唐朝的瓷器、纸张也传入了波斯。

印度、巴基斯坦、孟加拉，在当时统称天竺。唐初，中天竺国王征服了五天竺，统一了印度半岛，随即遣使与唐通好。从此，天竺与唐朝的贸易往来日益频繁。印度半岛东西两岸常有唐朝商船泊港，天竺商船也到广州、泉州进行贸易。

唐朝输往外国的商品有麝香、色绢、瓷器、铜线，天竺输入的物品有宝石、珍珠、棉布、胡椒。中国的纸和造纸术传入印度，从此结束了印度用白桦树皮和贝叶写字的时代。唐太宗也派人带中天竺学习制糖技术。

史射勿墓葬壁画

粟特人为官原州城
马家堡初建清真寺

由于佛教经典的翻译,在唐朝产生了与佛教密切相关的变文。须弥山、敦煌、云冈、麦积山、洛阳龙门石窟的壁画、雕塑,都受到印度建筑风格的影响。此外,天竺的天文、历法、医学、音韵学、音乐、舞蹈、绘画、建筑,都对唐朝产生了一定的影响。

除了须弥山石窟是丝绸之路的见证外,在隋唐时代原州(今宁夏固原)就有粟特人。

史射勿,字槃陀,隋朝平凉郡平高县(今宁夏固原市原州区)人。祖先中亚昭武九姓史国人,粟特人,北魏中期移居中国。隋朝正议大夫,右领军、骠骑将军。

史射勿的先祖是魏晋以来从中亚河中地区东迁,后来定居于原州(今宁夏固原原州区)的"昭武九姓"中的史国人,即生活于古代中亚锡尔河与阿姆河流域的索格底亚那境内的人。

其"曾祖妙尼,祖波波匿,并仕本国,俱为萨宝"。

"萨宝"是魏晋南北朝至隋唐时期,朝廷为来中国居住的粟特人专门设立的一个管理机构,一般由粟特人担任。萨宝府的主要职能是

史家墓葬发掘现场

史索岩墓志铭

负责管理宗教事务。其次，萨宝也管理粟特人的商业活动，具有商队首领的职责。同时，还管理粟特人的日常事务，其性质为政教合一。

史射勿曾随晋荡公宇文护伐北齐至陕州，随李贤子平高公李询镇守河东。授都督。跟随隋文帝巡幸山西并州，转帅都督，后升迁为大都督（正六品），嘉授开府仪同三司，敕授骠骑将军。隋开皇二十年（600年），又随齐王出灵州道征讨突厥。隋仁寿四年（604年），隋文帝先后赐粟一千石，甲第一区，以及奴婢、绫罗绸缎等。隋炀帝大业元年（605年），史射勿时年六十二岁，转授右领军、骠骑将军，又蒙赐物三百段，米二百斛。同年，随驾隋炀帝，乘船南巡至扬州，蒙赐物四百段，钱六万文。

隋大业五年（609年）三月二十四日，史射勿因病殁于私第，享年六十六岁。次年正月二十二日葬于平凉郡咸阳乡贤良里。史射勿共有七子，长子史诃耽、三子史安乐亦入仕为官。

史索岩，字元真，"其先从宦，因家原州"，辗转从丝路河西走廊建康郡迁移原州。曾祖父、祖父在北魏任级别较高的武官或兼文官，父亲在北周任官。

史索岩的曾祖父史罗，先后官职为后魏备远将军、西平郡（今青

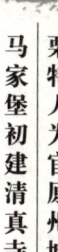

粟特人为官原州城
马家堡初建清真寺

### 蓝色宝石印章 Sapphire Seal

史诃耽夫妇墓出土。印章上刻有石榴树状的三杈树和狮子图像,当为袄教阿什(Ashi)女神的象征,或与墓主的信仰有关,其铭文经释读意为"虔诚、敬神、可嘉、尽责的"。史诃耽初唐掌管官马事业,当欲借此宗教神祇保佑马匹繁盛。

| 蓝色宝石印章

海西宁)公,祖父史祠,镇远将军、通直散骑常侍,承袭父亲西平郡公的爵位,任鄯州(今青海东部和甘肃南部)、廓州(今青海贵德境内)两州的军事要员和鄯州刺史。父亲史多,曾经先后任北周三命上士、旷野将军、殿中司马、左卫常设府、骠骑将军。

隋文帝开皇中期(581—600年),史索岩隶身于晋王府担任库直,"仁寿宫变"中,因随从杨广于东宫,史索岩被提携为大都督、长上宿卫。隋大业元年(605年),作为隋炀帝的亲信被任命为鹰扬郎将,正五品。隋大业九年(613年),回到平凉郡(今宁夏固原原州区)任平凉郡都尉。都尉为正四品,领兵,不受郡太守的节制。隋末天下大乱,"九帅百郡,称帝称王"。史索岩"资忠殉节,固守危城",仍然忠于隋朝,"耻面伪庭"。隋义宁二年(618年),李唐势力已达今固原一带,史索岩献款降唐。唐高祖李渊拜朝请大夫(文散职,正五品),兼授右一军头(原为鹰扬郎将,正四品下),与平凉郡太守张隆征讨金城割据势力薛举,史索岩立了大功,获得朝廷重奖。唐武德四年(621年),皇帝颁布诏书,除去史索岩左屯卫职务,升为骠骑将军,为正四品下。

唐贞观元年(627年),由于身体不好,上奏朝廷,辞去官职,唐显庆元年(656年)五月十三日,因气疾暴增,死于原州万福里私第,享年七十八岁。

史索岩的夫人安娘,中亚昭武九姓安国人后裔,"安息王之苗裔",唐朝安姓居于岐州(今陕西岐山)。唐龙朔元年(661年)正月十二日,安娘去世于原州平高县招远里,终年七十二岁。

史诃耽,字说,"原州平高县人,史国王之苗裔也"。元祖为中亚粟特地区史国国王的后裔。"曾祖尼,魏摩诃大萨宝、张掖县令。祖思,周京师萨宝、酒泉县令。父陀,隋左领军、骠骑将军。"

隋朝末年,社会动荡不安,各地反朝廷势力四起。在平凉郡还未进入李唐势力范围时,史诃耽"随间行险阻,献款宸极",赴长安投唐。在高祖开始建功立业之初,史诃耽就跟随高祖。隋义宁元年(617年),太武帝"拜上骑都尉,授朝请大夫。并赐名马杂,特敕北门供奉进马"。上骑都尉为勋官,正五品上阶,并特敕史诃耽在长安城北门负责管理向朝廷供奉进口的战马。史诃眈聪明机敏,善于养马,熟知六闲(马厩)。六闲有飞龙、祥麟、凤苑、鹓鸾、吉良、六群,这是殿中省的六闲。皇帝特敕授予他左二监的职务,专门负责监管养马业。又因史诃耽学识高,又掌握粟特语言,被朝廷加封"直中书省翻译朝会"的职务。

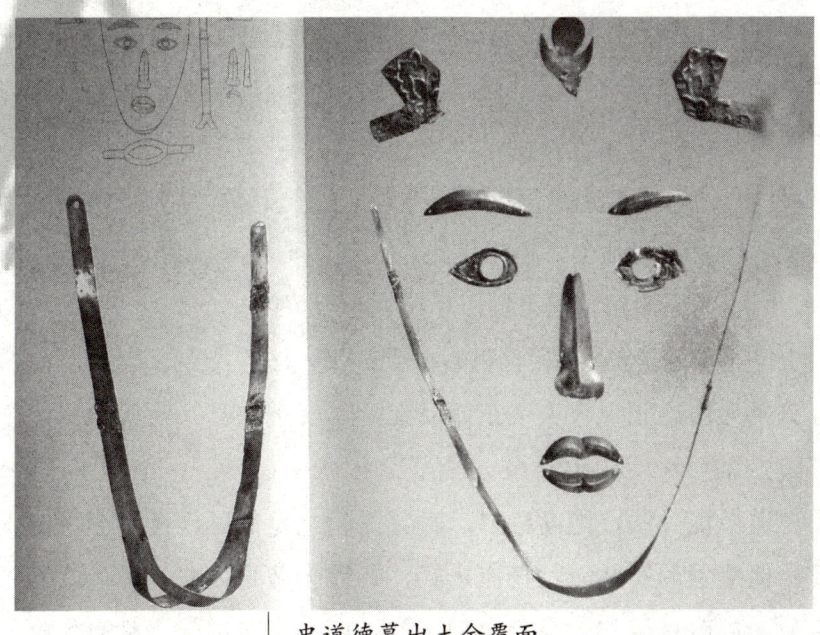

史道德墓出土金覆面

粟特人为官原州城 马家堡初建清真寺

唐贞观三年（629年），加授宣德郎。七年，又加授朝请郎。九年，加授通义郎。十三年，加授朝议郎。唐永徽四年（653年），皇帝专门下诏表彰了他在任中书省翻译中勤勉谨慎的三十余年业绩。高宗继位后，选择一班人马去泰山封禅，史诃耽作为翻译随同，得到高宗皇帝的赏识。唐乾封元年（666年），被敕授为虢州诸军事、虢州刺史。他经过深思熟虑，不愿接受皇帝授予的官职。于是皇帝又降旨，说史诃耽长期从事养马业，给朝廷供奉了不少马匹，现年事已高，申请在家养闲，就听从他的志向，随他的心愿过雅致生活，并赏赐物品50段。虽然他们家门前有千匹马，都没有骄傲和奢侈之心；家累万金，而不乏谦虚的美誉。后因年老引退致仕。唐总章二年（669年）九月二十三日，在原州平高县劝善里舍去世，终年八十六岁。夫人康氏，为康国人后裔，唐贞观四年（630年）终于长安城延寿里，终年四十岁。后妻张氏，授"南阳郡君"，与史诃耽合葬于原州平高县城南百达原。

史道洛，原州平高县（今宁夏固原原州区）人，隋左十二府骠骑将军史道德的儿子。

史道洛的祖父多悉多，北周膳州刺史、摩诃萨宝。父亲射勿盘陀，为隋左十二府骠骑将军、开府仪同三司。史道洛起家于左亲卫，与皇宫来往密切，时常出入宫廷。曾经在太子府讲学。然而，史道洛从不倚权自持，为人谦恭礼貌，知道适可而止，恪守本分。他还喜欢音乐，赵琴秦筝，经常约几个兴趣相投的人一起协奏娱乐。唐永徽六年（655年），因病在原州劝善里去世，享年六十五岁。

史道德，字万安，远祖因做官来到高平。其后，子孙定居原州高平。

父亲为唐朝正议大夫（正四品上阶）、平凉县（治晋阳川，今宁夏彭阳县红河乡）开国侯（从三品）。

史道德懂兵法，饱读诗书，服务三朝。提倡汉代考察官员的六条制度。他率领的军队一旦扬旗出兵，有遮天蔽日之势，擂鼓吹号，威震中原。以鹰扬郎将的身份出使玉门以西，下金城（今甘肃兰州）。

唐龙朔三年（663年），史道德诏除兰池监牧监正。唐总章二年（669年），拜给事郎，迁玉亭监牧监正（下监，从六品）。

唐仪凤三年（678年）三月十九日，在原州平高县招送里私第去世，终年六十六岁。十一月葬于原州百达原。史铁棒，字善集，原州平高县（今宁夏固原原州区）人。曾祖父史多斯，北周京师摩诃萨宝、洒泉县令。祖父史盘陀，唐代左领军、骠骑将军。史铁棒为史射勿的孙子，父亲史大兴，唐朝上骑都尉、右卫安化府军头。

史铁棒为人宽宏大量，品格高尚。唐贞观三年（629年），被授予右勋卫，担任保卫皇帝的任务。唐显庆三年（658年），"勒授司驭司右十七监"，司驭司为朝廷管理马政的机构。右十七监为粗马监（全国马监约50监）。唐朝原州设有朝廷养马场，史铁棒发挥粟特人善于养马的特长，为朝廷养马尽职尽责，想尽一切办法为朝廷牧养名马。唐乾封元年（666年），因病终于原州平高县劝善里第，享年不到四十岁。

清真寺，是伊斯兰教信徒宗教活动的重要场所。唐时称"堂""礼拜堂"。六盘山地域内，最早的清真寺就建于唐。原州区头营镇马家堡清真寺，建于唐朝，占地面积2000平方米。原州区黄铎堡穆家滩清真寺建于唐朝，占地面积2800平方米。原州区黄铎堡杨家沟清真寺建于唐后期，建筑面积2000平方米。原州区黄铎堡铁沟老上坊清真寺也建于唐末，这些清真寺，都在丝绸之路沿途人口较集中的地方，是伊斯兰教唐时传入固原地区的佐证。

粟特人为官原州城

马家堡初建清真寺

## 营堡寨沿边御西夏
## 战三川元昊败宋兵

960年,赵匡胤黄袍加衣,建立宋朝。宋初未恢复原州建置。开宝二年(969年)十二月,调房州防御使王彦升为原州防御使。王彦升领德顺、镇戎、怀德三军驻守六盘山一带,以防党项。

党项,南北朝魏拓跋氏的后代。唐贞观初年,有拓跋赤归唐,太宗赐姓李,安置在静边州(今陕西米脂西),其后,折居夏州,号平夏部。唐末,拓跋思恭镇夏州,统银、夏、绥、宥、静五州。因讨伐黄巢有功,复赐姓李。思恭死后,其弟谏代为定难军节度使。思谏死,思恭孙子舜昌继承祖业。大梁开平中舜昌遇害,将土立其族仁福,仁福死后,仁福儿子彝兴继业,晋初加封平章事,汉初兼侍中,周初加中书令。显德初封西平王,世宗继位加太保,宋初加太尉。建隆初,献马三百匹,太祖大喜,赐玉带。乾德五年(967年),彝兴死,宋赠太师,追封夏王,子克睿继承。开宝九年(976年),克睿率兵破北汉,加封检校太尉,太平兴国三年(978年)卒,宋赠侍中,子继筠继父业。宋太祖征北汉,继筠遗兵助战。太平兴国五年(980年),弟继捧继业,率族人朝宋,请留京师。夏自从拓跋思恭以来,从没有朝见过皇帝,继捧来朝,太宗大喜,授彭德军节度使,其弟及夏州番落指挥使等十二人,都封了官。

太宗以为从此可以不劳而获夏州,以汝州团练使曹光实为五州都巡检使遣至夏州,继捧族弟继迁居银州,闻听宋使来到,诈言乳母病死,在郊外出丧率数十人走地斤泽以抗命。李继迁勇悍有智略,至地斤泽,即拿出祖宗思忠(思恭弟,因功封宥山刺史)的画像给属下看,部属泣拜,于是从者日众,西夏从此逐渐强大起来。淳化五年(994年)李继迁徙绥州民于平夏,转攻灵州,侵掠居民财物。太宗大怒,命马步军都指挥使李继隆为兵马都部署进行讨伐。

大宋至道三年(997年),李继隆奉诏,护送军粮赴灵州。平常,运送军粮都沿旱路走,从上年冬直到次年初,粮草方能集中,路途遥远,费时费力。李继隆上奏,请由古原州(今宁夏固原)蔚茹河川路(今宁夏固原蔚茹河)运送辎重比较近便,并请修筑镇戎城垣。朝廷上下,众说不一。李继隆令其弟李继和至京都面奏道:镇戎军,原是"平凉旧地,山川险阻,旁扼夷落,为中华襟带,城之为便"。宋太祖才允许筑城。李继隆统率大军进驻古原州,令如京使胡守澄修复了古原州城,是为镇戎军。宋朝廷虽然修筑了镇戎军,但自继隆班师后,弃而不守。宋成平

北宋靖康大铁钟

二年（999年），李继迁出兵夷平镇戎军。咸平四年（1001年），宋恢复对镇戎军的经营。当年十二月，版筑镇戎军城，次年七月竣工，李继和首知镇戎军，年粮草45万石束，茶盐费用50余万。曾彬之子曾玮、杨业之子杨文广，河西大将姚麟，宋名将曲端及李彦琦等都曾知镇戎军。

至道二年（996年），继迁攻凉山，为巴勒结所败，中流矢。第二年二月不治而亡，其子李德明继立。李德明对其南边，尽量巩固国防，在西尽力扩大地盘，追尊李继迁为光孝皇帝，对宋帝称臣，对内业已帝制自为了。天圣九年（1031年）十月，李德明卒。

宋明道元年（1032年），元昊承袭父业，外倚契丹，内申号令，以兵法勒令诸部，模仿宋制，在政治、军事、文化等方面进行改革。在整顿内部的同时，对外发动战争。景祐元年（1034年），元昊在环、庆两州打败宋军，次年又败吐蕃、攻回鹘，攻占瓜、沙、肃三州。在宋"缘边山险三百余处修筑城堡，欲以收集老幼，并驱强健为入寇之谋"。宝元元年（1038年）十月，立国称帝。西夏长期备战，而北宋统治者把主要精力用于防止内变和农民起义上，"召饰太平以夸骄虏，将畏猜嫌而思屏息，兵从放散而耻行枚"。东起横山，西亘环州、原州（今宁夏固原）、巩州（陇西）至临洮之线，仅以永兴、凤翔、秦州作为策源地，陇山为藩篱，建筑堡寨群构成防御线。在这长达两千里战线上，驻兵20万，只守边壕，"夏兵来则御之，去则释之"，屡战屡败。

宋、夏对峙期间，镇戎军成为双方交锋的前沿地带。为防御西夏，宋廷在沿边招募番兵，以番部首领为统领，其中镇戎军有21族，壮马2502匹，编为36队。景德二年（1004年），曹玮知镇戎军时又招募弓箭手。宋仁宗时沿边弓箭手达到32474人，分192指挥。凡应征的弓箭手给田2顷，出1人1马者给田3顷，免交租税，有警时和正规军一同作战。弓箭手左手背刻有本人姓名及隶属关系，若逃亡，严加惩处。宋代以步兵为主，弓箭是远距离攻击的主要兵器。番兵和弓箭手在战斗中举足轻重。正如司马光所言，国家承平日久，人不习战，虽屯戍之兵，也临敌难用。惟弓箭手及熟户番部皆生长边陲，习山川道路，知西人情伪，材气勇悍，不惧战斗，国家可依赖为藩蔽。《宋诗纪事》中有一首诗叫《有窦复者世居镇戎能道边事》记载了弓箭手种官田自防守的情形：

君不见镇戎德顺弓箭手，耕种官田自防守。
相囷置堡御番军，下视贼庭殊不有。
杀羊取骨然艾炙，试卜贼兵知入寇。
都校招呼和堡居，堡外重围百里余。
墙低城小不难破，贼箭如棚城上过。
堡中不及数十人，且斗且骂且欣欣。
登陴斫门谓平取，应弦殪伤已无数。
窗间走箭射酋豪，一箭已闻哭声举。
争将锦囊裹贼尸，鸣金收众唯恐迟。
不唯城堡依然固，吾众不伤毫与厘。
自从干戈动西鄙，覆军杀将曾无耻。
朝廷未省遗边功，何事此勋不能记。
安得天兵百万众，尽如此辈坚且勇。

诗中"置堡御番兵"的堡是北宋特设的御敌营垒。北宋对于极边的镇戎等军州实行以军、城、寨、堡为特征的军政体制，以陕西五路为最多，其中镇戎军堡寨又居陕西五路之首。宝元二年（1039年），夏竦经营陕西，上书仁宗十件事中认为，缮治壁垒，修利器械，约束将佐，控扼险阻，是今之常制。于是，修筑城寨堡垒被视为制夏的战略措施。庆历四年（1044年），韩琦、范仲淹经营边事，所建言八策中五事与经营寨堡有关。自庆历年间至北宗灭亡，沿边三次修筑城堡。

元丰三年（1080年）统计陕西五路城堡，嘉祐一百一十二，熙宁二百二十二，元丰二百七十四。今宁夏固原原州区内有镇戎军，平夏城（今

固原原州区黄铎堡)、天圣寨(今固原原州区官厅南)、高平寨(今固原原州区头营马园)、通峡寨(今中卫海原黑城北苋麻河谷口)、灵平寨(今固原原州区杨郎王浩堡)、定川寨(今固原原州区中河乡大营村)、开远堡(今固原原州区开城乡)、张义堡(今固原原州区张易乡)、寨之间距离十至数十里不等,章楶在元符元年(1098年)回顾说,李继和筑寨置堡,其意概可参证,三川、定川两寨相去才十八里,而山外堡寨处处相望,地里至近,西贼寇掠,尚不能成为大患,捍蔽坚全,至今蒙利。

城、寨、堡的规模,以城最大,寨次之,堡为最小。城最大者大致为一千二百步,称千步城,依次有九百步城,八百步城,最小者百步城。元丰元年(1098年),章楶请羌寨西北筑八百步寨一所,南牟会建一千二百步城一所。城、堡、寨的大小,与所处的战略地位和地形地貌有关。按规定:其堡寨城围,务必要占尽地势,以为永固,其非九百步之寨,二百步之堡所能包尽地势处,则随宜增展,如有四面崖险,可以睃削为城。城、寨、堡内设有营房、廒舍、仓库、炮台、草场、散楼子等。千步以上的大寨,配有专门供给防守器械的营垒。元丰元年(1078年),知镇戎军弘守约上言,张义堡四面受敌,易守难攻,堡南一里有旧堡,三面临崖,城两重,皆不受敌,乞存新堡外,修葺旧堡,移置粮仓、草场,任监押合管勾上下两城军马、烟火迁廒舍于旧堡,从之。

城、寨设有知城、知寨,从九品秩,另设有都监、监押、主簿、巡检、守循使臣若干人。

修筑一座小堡、寨,需一二十天时间,筑熙宁寨历时十八天。平夏城,属较大规模工程。赵挺之《崇宁边略》记载:"章楶在泾源进筑二寨,朝廷赐名平夏、灵平,盖合五路之兵夫七十余万,民有雇夫以代其役者,日值三千。自正月起役至四月而罢,所费资赀,未可以千亿计也。"修城、堡十分劳民伤财,完筑后,需贮集粮草,才能戍守。

城、堡、寨的功能,章楶在给皇上奏折中说,一则要占据地利,倾覆贼巢。二则亦欲招置弓箭手,耕凿种挈,使之自卫家室,渐减戍兵。首先,建置城寨,是与西夏争取番部的重要手段。庆历年间,环、原之间居住明珠、灭藏、康奴三大番部,素来强梗,抚之则骄不可制,伐之则险不可入,其北交通西界。宣抚使范仲淹筑古细腰城断其路,召三族酋长犒劳,说明官筑城堡为他们御敌。李宪奏请筑熙宁以北数十寨,首先是为了招纳番部。其次,堡是交通要道的据点,联络部属,传递信息十分快捷。再次,堡寨有护耕的功能。章楶在奏折中说,平夏城北至葫芦河岸,耕夫不敢种地,其地非不善也,其人非不欲也,盖因夏人日夕隐伏,伺隙掠移,有殒躯丧命之患。因此建置堡寨是针对"挠耕"的应对措施。最后,城、寨、堡是番汉互市进行贸易的场所。贸易多以买马籴粮为主。北宋边地实行屯垦,虽乏马而粮匀足,这是因为北宋为解决军需粮草,一方面鼓励番落百姓耕垦,另一方面设立军屯。成平五年(1001年),镇戎军设立屯田务,以知镇戎军李继和为屯田置制使,下设监押以领其事,士卒两千人,牛八百头,垦田五千顷。在镇戎军附近及木峡口以南设立堡寨,徒人且耕且战。大观元年(1107年),镇戎军在平夏城、镇戎军、通峡寨、西安州四处设置裕财、裕国、裕民、裕边四处都仓,储粮备战备荒。

宝元元年(1038年),夏国进攻延州,围城七天,天下大雨,夏人解围而去。元昊虽然解了延州之围,但对塞门、安远等寨继续围攻,其地相陷落。七月,鄜延钤辖张亢上疏,镇戎军最近贼境,每探马到来,不问贼多少,部署、钤辖、知军、都监,皆出边壕,则贼已去。出兵而不出力,不出又恐获怯懦罪名,而诸路弓箭手,生长边陲,效命沙场,累世悍贼,但无进摧之路。延州之败,在于诸将不相为援。范仲淹至延州,改变总管领万人,钤辖领五千人,都监领两千人,寇来官卑者先出或一窝蜂出的惯例,检阅州兵,挑选了一万八千人。夏元昊以范仲淹能用兵,于同年九月十四日转兵攻三川(今宁夏固原原州区彭堡乡隔城子古城)。九月十四,镇戎军西路巡检杨保吉战亡。次日,泾原路都监刘继宗、李纬、王秉等分兵迎战,皆失利。元昊乘胜又进攻宋的狮子堡(今宁夏西吉白

崖乡)、定川堡(今宁夏固原原州区中河乡)。宋三班殿职郭纶固守定川,元昊又转攻刘璠堡(今宁夏固原原州区境内),宋军守将指挥王遇、都虞侯刘用战败投降。刘璠被劫掠一空。元昊又连破乾河、乾沟、赵沟、赵福等堡,集中兵力包围镇戎军城。宋泾州驻泊都监王圭率军奋力突围,获首级甚多,所骑之马被射中,只好退兵,夏军侦知泾原钤辖郭志高已率大军向三川而来,便撤退。

三川寨之战宋军失利后,朝廷派翰林学士权开封府事晁宗悫等至永兴议进讨之策。有主战者,也有言和者,众议不一。夏竦等以攻守二策,遣陕西经略安抚副使韩琦、判官尹洙赴京,求决于仁宗。仁宗与两府共议,决定取攻势。诏令开封府、京东西及河东路,括民驴五万,以备军资补给运输,诫以次年正月为出兵之期。范仲淹上言请俟春暖出师,以鄜延路于二月半合兵万人,牵制元昊东界军马,环庆泾源之师俱出。诏从。庆历元年(1041年)正月,元昊侦知范仲淹不同意韩琦等人的攻策,而朝廷又举棋不定,又不决于攻势,又不明于守计,便一面使人乞和以疏懈宋兵,坚其不战之心,一面积极备战。范仲淹知其不肯归顺,不敢奏闻,自修书于元昊,晓以利害。二月初二日,"夏竦复奏由泾原、鄜延两路进攻。朝廷以夏奏示范仲淹"。正当宋进兵之议未决之际,夏元昊统兵倾国出动,一路沿三川、怀远城、经张家堡南下,沿好水川至羊牧隆城。元昊自率十万精兵,由天都山南行,设伏于好水川口。

宋闻西夏兵趋怀远城,韩琦急调镇戎军守军及泾原路守军约三万人,命行营总管任福为统帅,耿傅为参军事,泾原路驻泊都监桑怿为先锋,钤辖朱观、都监武英、泾州都监王圭,各以所部随从任福调度。韩琦告诫任福"并兵自怀远城趋得胜寨,至羊牧隆城,出敌后","待其归,邀击之",并移檄申约:"苟违节度,虽有功,亦斩"。

二月十二日夜,任福兵驻三川寨,次日任福领轻骑数千在捺龙川会合镇戎军巡检常鼎、刘肃,与西夏兵在张家堡相遇,斩夏兵数百,夏兵弃马、羊、驼伴装败退,桑怿引骑兵追赶,任福掩兵随后。侦探传报前

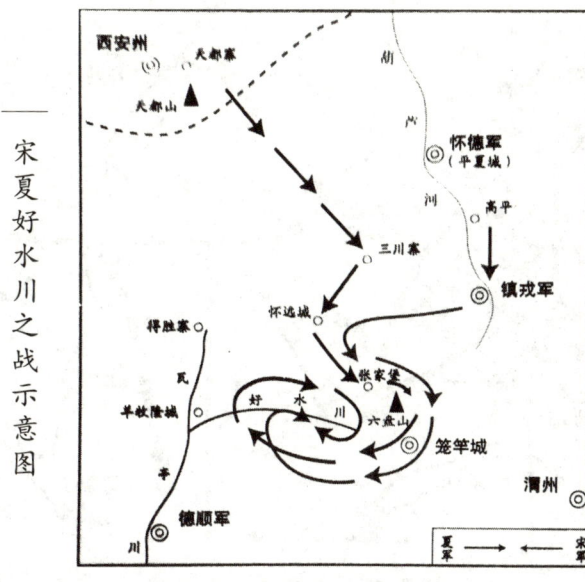

宋夏好水川之战示意图

方敌兵很少。任福以为容易取胜，武英则以为前面必有埋伏，任福等不听。领兵前进。薄暮时分，任福背弃韩琦所定行军路线，兵分两路。命桑怿为一军屯兵好水川（今宁夏隆德好水乡），武英、朱观为一军屯兵笼洛川（今宁夏隆德观堡乡），约定翌日在川口会兵。

次日，任福与桑怿循好水川西进，桑怿为先锋。见道旁有银泥盒，封袭紧密，内有动跃声，疑不敢开启。任福至，打开银泥盒，悬哨鸽数百只自盒中飞出，盘旋而上。于是，夏伏兵四起，宋兵仓促应战。任福列阵未成，夏兵纵铁骑冲突。酣战至午时，夏阵中竖起鲍老旗，挥右，则右边伏兵出；挥左，则左边伏兵起，双向夹攻。宋兵欲据山险，山上伏兵下击，宋兵大败，桑怿、刘啸及任福之子任怀亮皆战死。夏兵分数千断宋军退路，任福力战，身被十余箭犹挥四刃铁简决斗，后枪中左颊而死。

任福兵败，夏军合兵并攻朱观、武英。王圭以羊牧隆城兵四千五百人助战，渭州驻泊都监赵津率瓦亭骑兵三千人为后继。夏阵坚不得破，王圭杀军校不进者数人，入阵力战，杀数百人，铁鞭挠曲，手掌尽裂，目中飞箭而死。武英重伤，士尽被杀，耿傅、赵津皆战死。战斗自午时

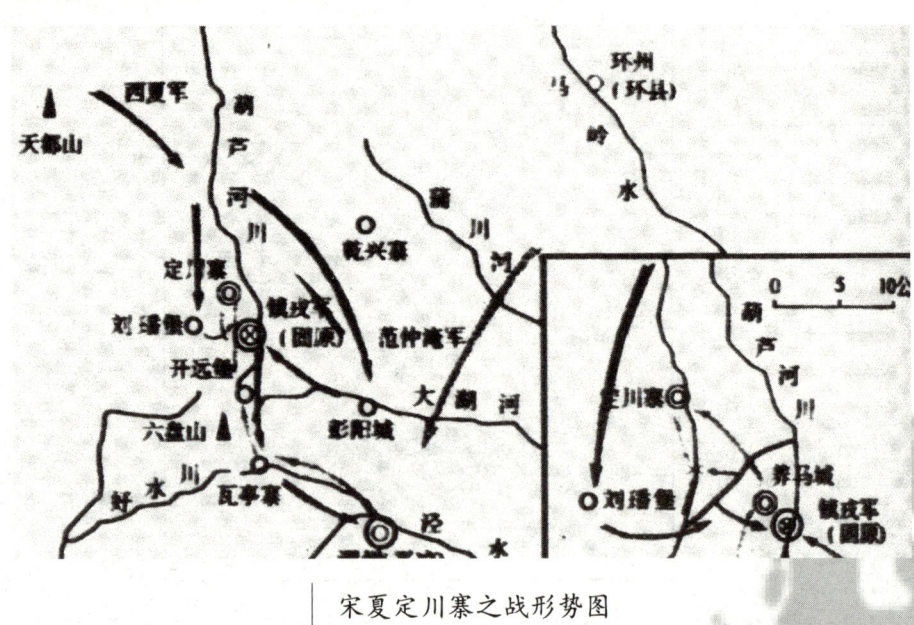

宋夏定川寨之战形势图

至申时,夏兵愈战愈多,宋兵大败,内殿崇班訾赟、西头供奉官王庆、侍禁李简、都监李禹亨刘钧死于阵。唯有朱观在姚家堡被王仲宝救,冲出包围。

好水川之战,宋阵亡任福以下将佐数十名,士卒战死一万零三百人。消息传来,关右震动,仁宗为之旰食。败后赏罚,除抚恤死事之家外,降知镇戎军崇仪使朱观为供备库使,降韩琦为右司谏知秦州,范仲淹为户部员外郎知耀州。夏竦判永兴军。

宋庆历二年(1042年)九月,李元昊于天都山(今宁夏海原南华山、西华山一带)点集左右厢兵马十万,分东西两路,一路出刘璠堡,一路出彭阳城,合攻镇戎军(今宁夏固原)。宋知渭州王沿派泾原路副总管葛怀敏率兵抵御。王沿授以背城扎营、诱敌深入、以攻其不备之策,葛怀敏出征后未遇夏兵,遂擅自领兵前进,向夏军主动发起攻击至定川寨(今宁夏固原原州区中河乡黄湾)。元昊指挥部队先败宋都监刘湛的部队,后又相继击溃环庆路都监刘贺、知镇戎军曹英等人的部队。

入夜,夏兵从四面放火围城,宋军抵挡不住,葛怀敏等只好领部众

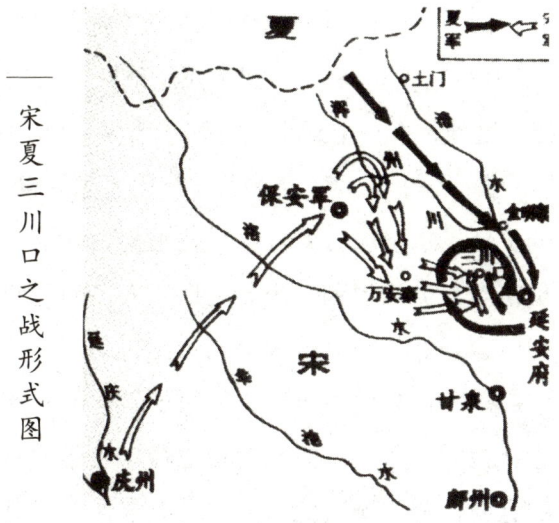

——宋夏三川口之战形式图

突围。出城途经长城壕时，又被夏兵包围。葛怀敏及将校四十余人战死，近万名士兵和六百多匹战马，被夏兵俘获。元昊乘胜进攻渭州（今甘肃平凉），大掠而还。宋于三川、好水川、定川寨败于夏后，泾源安抚使王尧臣向宋廷上"备御之策凡五事：其一，镇戎军接贼界天都山（今宁夏海原西四十里）止百余里；西北则有三川、定川、刘璠等寨，皆汉萧关故地，最是贼冲。其寨主、监押，当令本路主帅举辟才勇班行。若谓昨来怀敏之败，定川诸寨不足捍御，遂为弃地，则两路更无保障，贼马可以直抵城下矣；其东南狮子、栏马、平泉三堡，俟春当益营筑。为泾、渭之屏蔽，不尔，其势不攻而自下。一路隔绝。便无斥堠，镇戎遂为孤垒矣。其二，渭州笼竿、羊牧隆（今宁夏隆德）、静边、得胜四寨在六盘山外，内则为渭州藩篱，外则为秦、陇襟带，土地饶沃。生齿繁多，请建置为军，择路分都监一员知军，专提举四寨。及令修竣城堑，添屯军马，及时聚粮草，以为备御。其三，原州西至环州定边寨，与敏珠尔、密藏等族一带番部相接，其首领至多，素无保聚，不相维统，向背离合，所守不常，须择武臣知环、原二州，相为表里，使招集番部，但不为贼用，庶减少泾、原之患。其四，仪州（今甘肃平凉华亭）地控山险，州城低薄，壕堑浅狭，三分军民、二分在外，贼至遂能城守，居民必大遭剽掠，亦宜预虑之。其五，泾州虽为次边。然缘泾河大川，道路平易，实近里控扼之会，其张村直入州路，宜营作关栅，或断为长堑，以遏奔冲。望下韩琦、范仲淹相度施行"。宋廷采纳了这个谏议。于1043年正月，将渭州笼竿城建置为德顺军。十月，德顺军生户大王家族以水洛城来献，宋廷命静边寨主刘沪修筑水洛城。西夏元昊在三川、好水川、定川寨各役中连战皆捷，也使李元昊认识到，宋朝是地广人多的大国，即使有几次战役的失败，其国力仍然是西夏政权所无法比拟的。因此，元昊对宋作战主要是以谋取经济利益为主，借以巩固自己新建政权的独立地位，战争也就表现一张一弛的间歇状态。元昊也曾释放被俘的塞门寨主高延德，表达了求和的意向。范仲淹写信给元昊，要求他取消皇帝称号并臣事宋。其时正好是好水川之战元昊大败宋军之时，元昊态度转趋强硬。1042年，定川寨战役之后。宋、夏双方都因战争使国内疲困，迫切希望达成和议，双方又恢复了联系。经过一年多使臣往返的协商，终于在宋庆历三年（1043年）就领土、岁币、贸易、青盐及称号等问题达成协议，签订和约。宋、夏和约议定后，元昊在1044年五月便用"夏国主"名义向宋称臣，并随着送达"誓表"，宋、夏议和工作正式告成。

宋、夏恢复和平仅有二十余年。双方关系又因不断发生冲突而紧张起来。1067年，宋朝知青涧城种谔对西夏进行突袭，俘获监军嵬名山，并一举收复绥州（今陕西绥德）。其时，元昊已死，子谅祚主政，对宋军进行报复，诱杀了宋将杨定、侍其臻等。谅祚死，子秉常继位，由梁太后摄政。母舅梁乙埋担任国相。西夏请求用安远、塞门二寨交换绥州，虽经宋朝廷同意但不曾实现。1070年，夏兵大举进攻宋朝沿边各地，对于横山地区展开了争夺。宋神宗统治时期。用王安石进行变法图强。1071~1073年，王韶积极经营，收复了熙（今甘肃临洮）、河（今甘肃临夏）、洮（今甘肃临潭）、岷（今甘肃岷县）、叠（今甘肃临潭南部的迭部）、岩（今甘肃岩昌）等州，幅员两千余里，宋朝设置熙河路，"断西夏右臂"，这是王安石变法军事上获得的重要成果。

宋元丰四年（1081年），西夏帝后之争愈演愈烈，秉常失位被囚，梁太后当政。宋朝廷认为这是对西夏用兵的好机会。派李宪出河熙、种谔出鄜延。高遵裕出环庆、刘昌祚出泾原、王中正出河东，五路大军伐夏，以夺取兴州（今宁夏银川）为最后目的，意在一举荡平西夏政权。结果西夏实行诱敌深入、坚壁清野的策略，使宋军大兵无食，不战

大夏钱币

而困，大败而归。唯独熙河经略史李宪率兵于十月击溃夏国统军任多唆丁，俘获百余人，驻扎于天都山（今宁夏海原西华山）下，并放火烧毁夏南牟会内殿及其馆库。但因当时大雪封山，道路阻塞，粮草接济不上，遂于十一月班师。

北宋在"镇戎三败"及"五路伐夏"惨败之后，完全处于被动。哲宗赵煦命江淮发运使章楶出守渭州，加强防御。宋绍圣四年（1097年）章楶考查镇戎军形势，调泾原、环庆等四路军，突击二十二日，"筑二城于石门江口（寺口子河）、好水河（陈家沟河）之阴（北）"。哲宗命名平夏城（今宁夏固原原州区黄铎堡乡）、灵平寨（今宁夏固原原州区黄铎堡乡王浩村），对夏人在葫芦河下游活动构成威胁。次年，西夏梁太后与崇宗赵乾顺率军四十万包围平夏城。宋军守将郭成督兵固守。夏人环攻十四昼夜，屹然不动。夏军制造"高车"，填壕强攻。天起大风，吹折"高车"，撤围后退。又从没烟峡（今宁夏海原三河镇苋麻河峡）昼夜发炮，骚扰宋军。郭成与折可适带兵奔袭，俘其统军、监军，夏军被迫撤去。梁太后愤惭，用刀划其面。从此扭转宋军被动局面，西夏势挫。

宋夏对峙，战争频仍，但双边贸易正常进行。贸易对双方来说互利互补，西夏经济对北宋又有某些依赖性。因此，北宋经常用禁止双边贸易的经济手段来制裁西夏，取得政治上的利益，西夏常常为此驱兵掠抢，

发动战争。从这个意义上讲，驱动战争的重要因素，是经济利益。

宋夏双边贸易有官方开办的榷场和民间贸易。主要贸易商品，西夏输出的有马、牛、羊、驼、毡毯、毛褐、裘皮、青白盐、麝香、羚角、甘草、大黄、柴胡、苁蓉、红花、玉石、硇砂、蜜蜡等。北宋输出的有丝棉织品、茶、缗钱、铜铁、金银、粮食、瓷器、姜、桂、香药、朱砂等。

青白盐，产于盐州（今宁夏盐池）。颗大，色青白，质量好，可入药，从汉代就享有盛名，历来为关陇人民所食用。五代末，党项族李氏掌握了青白盐的开发售销权。李继迁依靠青白盐，经济逐渐壮大。宋陕西转运使郑文宝建议朝廷，西夏之北，千里不毛，但以贩青白盐为命，请禁之。允许商人贩安邑、解县两池盐于陕西以济民食，官获其利而李继迁可不战而蹙。党项百姓粮食缺乏，赖以青白盐和边民交易粮食，用严禁青白盐入境的方法实行经济封锁。宋太祖接受建议，下令自陕西以西敢以粮食交换党项池盐者，无论多少，均处死，并将镇戎军列为解盐销售区，运进山西解盐，抵制青白盐。实施不久，党项因缺粮食，相率起事，攻掠边境。原归宋的番户也由于得不到足够的食盐相继离去，关陇居民因食盐短欠而发生骚乱，宋太宗派员视察边境，对禁盐令稍有松懈。咸平四年（102年），李继和知镇戎军，认为禁青白盐是困党项的良策，禁盐之令，又严加实施。景德三年（1006年），党项李德明又向宋廷提出开放青盐之禁，宋开出开放青盐禁令的附加条件，让李德明子当人质，李德明当然不能答应，禁盐令照旧。庆历中，李德明上表称臣，宋岁赐西夏银二十五万两，绢二十五万匹，茶二十五万斤，唯独不开放盐禁。青白盐禁令一直实施到宋末，使西夏受到严重的经济损失，兵行无百日之粮，仓储无三年之蓄，严重影响了西夏的国力。

宋朝和西夏就这样你买我的马驮，我抢你的财物，战战和和，打打停停，延续了一百年。

## 李继迁经营天都山
## 十三将驻守西安州

李继迁在攻占灵州后不久即挥兵南下夺取了今宁夏海原大部分地方。西夏称今海原境内六盘山北端的西华山为天都山，因此简称其地为天都。天都北连兴（兴庆府，即今宁夏银川）、灵，东南西三面群山环绕，仅有河谷山垭与外界相通。境内天都山麓与洒水坪（即今宁夏海原所在地）等地，川原平旷，牧草丰美，畜牧业发达，是游牧民族屯军的理想场所。

天都东邻葫芦河川。葫芦河川，川道平坦，水草丰盛，便于骑兵行动，历代既是著名的牧马地，又是重要的军事通道。由此南下，可以直接威胁关中安全。西夏夺取灵州后，宋夏为了争夺对葫芦河川的控制权，反复在这里较量，战争最为频繁。西夏以天都为基地，可以从侧面配合争夺葫芦河川的战争。

天都南界地势险要，峻岭交错，沟壑纵横，交通较困难。但西夏却可利用熟悉地形的方便条件，向东南出石门（今宁夏固原原州区寺口子东，为唐原州七关之一）袭击镇戎军（今宁夏固原），西南经武延川，侵扰渭州（泾原路治所，今甘肃平凉）。天都西界兰（今甘肃兰州）会（今甘肃靖远），越天都山西进，可以打通到熙河（今甘肃临洮、临夏一带）的道路。因此，宋人在评论天都形势时，认为"天都、鼐摩会（即南牟会，在天都山麓）正是西界膏腴耕牧衣食根本之地，又更咫尺黄河""一国所恃，以为轻重强弱安危之地土""乃西人要害地分"。

天都地居要冲，于夏既是南境屏障，又是侵扰宋朝的前哨基地。随着宋夏矛盾的激化，西夏日益重视对天都的经营。在此建南牟会城，置监军司，戍守兵丁达数万人。元昊还特派心腹野利遇乞驻守，号天都大王，南牟会背山面水，景色优美，1046年李元昊纳妃没移氏，特在此营造宫殿，"内建七殿，极壮丽，府库馆舍皆备""日与没移氏宴乐其中"。西夏还在洒水坪西南（今宁夏海原西南约两公里的耙子洼村）建东牟会，与南牟会呈掎角之势，保障天都安全。

西夏在天都的兵丁部署，其民一家称一帐，兵丁两人中一人为正军，供给一个正军为一抄，负担随军杂役。四丁为两抄，其余称空丁。凡正军给长生马、骆驼各一匹。团练使以上装备，帐一，弓一，箭五百支，

天都山

定川寨战役遗址（今原州区中河乡小口子村）

马一匹，骆驼五匹，鼓、旗、枪、剑、棍、袋、披毡、浑脱、背索、锹、钁斤斧、箭牌、铁爪、篱各一。刺史以下为帐，无旗鼓，人各骆驼一，箭三百，幕梁一。兵三人同一幕梁，幕梁毛织为幔，而以木架。有炮手二百人名泼喜，炮架在骆驼背上，炮弹如拳头大。招募汉人中勇士为前军，名撞令郎。招募来的汉人中的怯弱者，迁到战区以外种田或分守肃州。有左右厢，十二监军司，即左厢神勇、石州祥祐、宥州嘉宁、韦州静塞、西寿保泰、卓啰和南、右厢朝顺、甘州甘肃、瓜州西平、黑水镇燕、白马强镇、黑山威福等诸路边防军，总共五十万余，以银牌召部长而受约束。如每有事发生在西边，则东点集而来，中路则东西皆点集而来。

西夏据天都形势之利，每于此聚兵，侵扰宋朝。其较著名的战争，除"三川"三次战役外，有：

1073年3月，西夏梁乙埋闻王韶（熙河路经略安抚使）进军河州，点集兵众驻天都山及芦子川，约马衔山龛谷（今甘肃榆中境内）诸族为援，侵宋。

1082年7月，西夏集十二监军司兵及诸州僧道会于天都山、葫芦河等地，入犯镇戎军。

1087年年8月，西夏梁乙逋召集十二监军司兵，会合于天都山，并约吐蕃阿里骨，出兵攻熙、河二州。

西夏对天都的占有，构成对宋朝的严重威胁。宋朝为了改变被动处境，决心把夺取天都作为一项重大的战略目标去进行。

1096年，宋朝趁西夏梁太后及其家族专攻，内部矛盾重重，国势衰落之际，对西夏出击。在军事上采纳知渭州章楶进筑城寨的办法，从筑平夏城（今宁夏固原黄铎堡，遗址尚存）及灵平寨（今宁夏固原王浩堡，遗址尚存）开始，步步进逼西夏。宋元符元年（1098年）10月，梁太后亲自率领三十万大军，自没烟峡（今宁夏海原郑旗乡苋麻河川，以进军路线度，似自天都山而来）急趋进军，攻平夏城。宋军奋力防守，围城十三日，终不能破。一夕，忽然刮起西风，战车损折，夏兵大溃。宋乘势派第十一将郭成、权第十二将折可适出荡羌寨，分六道突袭天都，俘夏统军鬼名阿埋、监军妹勒都逋，"俘馘三千余，获牛羊不啻十万"。天都遂为宋所有。宋朝宰臣章享以为此功与征服吐蕃鬼章等同，特率百官贺于紫宸殿；重赏泾原路经略安抚使章楶等以下将士，大赦天下。

1099年，宋朝调环庆、熙河、秦凤、泾原四路军队五万余，于秋苇川、洒水坪、南牟会构筑城寨。历四月毕工。摩会（即南牟会）赐名西安州，洒水平赐名天都寨，秋苇川赐名临羌寨。宋朝认为，西安等三城寨"皆是两路（指泾原、熙河）襟喉之地，川原平阔，形势雄壮，若非宿以重兵，未易弹压西贼，张皇国威"。因此，特派名将折可适以第十三将驻西安州，兼知州并沿边安抚司。西安州守兵七千人，天都、临羌两寨守兵各三千人。西安州与平夏城、镇戎军互为声援，应接萧关（指宋萧关，今宁夏海原高崖乡草场村）。

随后，宋朝又于1099年收复了与天都相邻的会州，并沿弩札川（今

西安州城垣遗址（今海原县西南）

甘肃定西西北的关川），经会州、打绳川（今甘肃白银打拉池）、碱隈川（今宁夏海原干盐池）一线，构筑城寨多处，使泾源、熙河两路的防线接通，把秦州变为内地，从而大大地加强了宋朝的边防，并形成了对西夏的严重威胁，逼使西夏不得不请求辽国从中斡旋，愿与宋修好。宋朝从西夏夺取天朝之后，在战略形势上取得了主动。

宋室南迁后，无力北顾，西安州遂于宋靖康元年（1126年）九月为西夏所占据。

西安州城（南牟会）南牟会城建于何时已不可考。宋元丰四年（1081年），宋五路攻夏时，为李宪所焚。宋夺天都后，又建南牟会新城，名西安州。西安州城在南牟会城的东边，距天都山约五公里，城周四点六公里多，天东西两门，明成化四年（1468年），满俊起义被镇压后，于城中筑隔墙一道，分为南北二城。当地人称南城为老城，北城为古城。西安州共辖二十二个堡寨。

天都寨，即今宁夏海原县城所在地。1098年，宋夺取天都后，决定在洒水坪建八百步寨一所，城成，赐名天都寨。第十三将副将驻此。

荡羌寨遗址（今海原县郑旗乡）

明朝初年，天都寨城池已经倾圮。明成化七年（1471年）重建。

1098年，宋夺取天都后，决定同时修建南牟会、洒水坪、秋苇川三城寨。秋苇川城定为六百步。完工后，赐名临羌寨。地在今宁夏海原县贾塘乡马营村西头，城呈东西长方形，东西各有城门一座，周约一公里许。

荡羌寨。据《宋会要辑稿》记载，元符元年（1098年），泾原路经略使章楶奏称，于没烟峡修建城寨两府。五月动工，六月完工，在峡口的赐名荡羌寨（亦称后没烟峡）。城址位于苋麻河与撒台河交会处的丘陵高地上，东部已塌陷，可能为梯形，周约一公里许。

定戎堡始建于宋元符二年（1099年）。地本唐河池，唐代开始在这里采盐，亦为重要官马场。唐有盐池十八个，河池是其中的一个。夏人称盐为碱，低地为隈。此处为一盆地，因此夏人称之为碱隈川。今名干盐池，产红盐。定戎堡城在盐池南，位靖海公路旁。城呈东西长方形，开东西两门，周两公里有余。

绥戎堡建于宋元丰四年（1081年），泾原路钤辖郭成奉命修筑。

东通萧关,西接西安州,扼两川交汇处,形势重要。堡城在关桥堡河水汇流处的北面平台上,城呈正方形,周约一公里半。

东牟会始建于何年,无从查考。据《盐茶厅志备遗》记:"海剌都(元代称海原为海剌都)……史册无所考。惟城隍碑文称,为东牟会之天都寨。"又说:"天都寨之旧城在华山(指南华山)北里许……今犹存。"可知,东牟会在南华山北里许,建筑时间较天都寨要早。

宁安寨。《宋史·地理志》记:"崇宁五年(1106年)以武延川危朱山新寨赐名宁安,东至九关寨六十六里,西至通安寨六十一里,南至得胜寨九十里,北至西安州一百里。"今宁夏海原县红羊乡政府所在地北有凤凰山,山顶有主副二堡,主堡在上方,面积约2万平方米,依山势而建,呈不规则形。副堡在主堡的西南方山嘴上。面积约五千平方米。据说此即为宁安寨,尚未找到其他佐证。

## 金海陵建宫兴土木
## 张中彦伐木开陇道

六盘山香水峡至今宁夏隆德山河镇，转而向南至秦州（天水）的古道称秦州道，是宋金时期张中彦所开。

张中彦，宋、金将领，字才甫，镇戎军张易堡（今宁夏固原原州区张易镇）人。父亲张达，官至宋太师，封庆国公。兄张中孚金封崇王加开府仪同三司。

张中彦，文武兼备，多才多艺。北宋时因父荫而少年得志，先后担任泾原副将，知德顺军事。宋建炎四年（1130年），与其兄泾原路统制张中孚、镇戎军知事李彦琦一同降金。在参加金军征伐熙、河、阶、成等州的一系列战斗中有功，授彰武军承宣使，由本路兵马钤辖升为都总管。以后又代替李彦琦为秦凤经略使。金天会末年（1137年），任凤翔经略使。金天眷初年（1138年），金以河南、陕西地归还南宋，张中彦与兄长张中孚一起回归宋廷，被留在宋京临安（今浙江杭州）。历任龙神卫四厢都指挥使、清远军承宣使、提举佑神观、靖海军节度使。金皇统年间（1141—1148年），金兵再次占领河南、陕西等地区。兄弟二人又被金廷提名索回，先后担任金国静难军节度使、彰化军节度使、凤翔尹、庆阳尹兼泾原路兵马都总管和宁州刺史。

张中彦精通土木工程技术。金正隆三年（1158年），金国海陵王要大兴土木营建汴京（今河南开封）新宫殿，张中彦自告奋勇，在六盘山区原始森林中选伐巨木。张中彦是本地人，自然熟知六盘山森林状况，山中道路。对采伐木料，运输方法也胸有成竹。那么六盘山森林状况、道路状况到底怎么样呢？

距今7000～9000年前，即在新石器时代，确曾存在以六盘山为主体的山地森林、森带草原。以地理位置而言，范围较广，包括如今宁夏泾源县二龙河林场小南川，固原市和尚铺、大湾，隆德县苏台，海原县五桥沟及关桥等地，而以六盘山南部为集中。从地理位置及历史上天然林分布区域，联系现实残存的天然森林植被，可以印证历史上曾存在由最南端的大雪山直到西华山、南华山；由六盘山主脉东西伸展至黄土区边缘，均为山地森林和森林草原。现今的六盘山林区，只不过是古林区退缩于南隅的高山之巅而已。古森林的树种有云杉属、冷杉属、落叶松属、圆柏、连香树。以云杉所占比重最大，占40%，冷杉占10%，落叶松占20%，其余30%为圆柏、连香树。六盘山丘陵沟壑区还生长着沙棘树。十年龄沙棘树可做椽，五十龄沙棘树可做梁，且木质坚而不脆，光滑虫不蚀，成林区黑压压一片，故历史上称黑森林。

六盘山海拔2300米以上的阴坡、半阴坡，普遍分布山地普通灰褐土和山地淋溶灰褐土，这正是历史上寒温性针叶林长期作用下形成的土壤类型。

六盘山四周邻近诸山，生长以云杉、冷杉为主的寒温性针叶林；海拔2400～3000米的阴坡，分布青海云杉林，为该树种分布的最北缘。海拔2200～2700米的阴坡山地为青杄林所分布。地处六盘山南端山地，海拔2000～3350米的地带，则分布云杉、巴山冷杉、秦岭冷杉、太白红杉等组成的寒温性针叶林带。

上述种种，六盘山区应曾为以云杉为主的寒温性针叶林分布区，且为山地上部主要的森林植被类型。

| 六盘山森林

在寒温性针叶林分布带的下部，阔叶树种中有古老植物连香树。在海拔 1700～2300 米还分布着辽东栎林。在中更新世以后，辽东栎在某些地域占优势。在冰期与间冰期的交替中，辽东栎以其较强的适应性和变异性而保存下来。全新世时，它已完全适应于现代的气候条件，扩大其分布区，而为暖温带落叶阔叶林区域北部广泛分布的森林群落。辽东栎这一树种在六盘山古代森林中已占有一定位置。因此可以说六盘山区的古代森林是以云杉为优势与冷杉、落叶松组成的寒温性针叶林带分布于海拔较高处，六盘山北部则以圆柏占优势，在山体下部分布以辽东栎及其他树种组成韵落叶阔叶林，或松类林、连香树混生于沟谷阴湿之地的落叶阔叶林中，形成葱郁繁茂的古林区。

就其各朝代而言，商、西周是我国奴隶社会的鼎盛时期，农业和手工业已发展到相当高的水平，创造了举世闻名而灿烂的青铜文化。春秋时期是我国奴隶社会逐渐解体，封建社会逐渐形成的时期，铁工具开始使用，促进了农业的发展，也加剧了对森林的砍伐破坏。因而，当时古籍中提出了许多关于保护森林、永续利用的卓越见解。如《孟

| 六盘山局部

子·梁惠王》一书指出："斧斤以时入山林，材木不可胜用也。"《荀子·王制》中也说道："草木荣华滋硕之时，则斧斤不入山林，不夭其生，不绝其长也，以生息、繁衍。"春秋五霸之一的秦穆公，称霸西戎，向西发展，溯渭河而上，开伐渭河流域的森林，发展农业。泾河上游是原始游牧民族义渠居住地，对于森林的影响甚微。此时期，六盘山区的森林，如《山海经·西次二经》的记载，"高山，其木多棕，其草多竹，泾水出焉"（高山即指六盘山）。此以木、竹和泾河之源作为识别该地的自然地理特征，表明两千多年前六盘山仍保持了原始繁茂的森林。

秦始皇开郑国渠，引泾灌溉。西汉时"泾水一石，其泥数斗"，可见引泾之举，旨在淤地肥田。秦灭义渠设北地郡，并在今宁夏固原彻秦长城，改变当地原有的生产方式，大量涌入农业人口，开垦草原，并砍伐六盘山、子午岭之木。秦汉时马连河旧名"泥水"（《汉书·地理志》）。可见土壤侵蚀的严重程度。虽然如此，在生产力低下时期，开垦规模有限，对森林的砍伐并未影响繁茂森林资源的自然增长。六盘山仍是草木深邃、原始天然森林之地。正如西汉班彪（23～25年）登陇作《北征赋》，其中一段"跻高平而周览兮，望山谷之嵯峨。野萧条似莽荡，迥千里而无家。虬焱发以飘摇兮，谷水潍以扬波。飞云雾之沓沓，涉积之皑皑。雁邕邕以群翔兮，鹍鸡鸣以哜哜"（南朝梁萧统《文选》卷9）。其词写到登今固原眺望，对于六盘山的自然环境做了"野萧条似莽荡"的描绘。

南北朝时期，游牧民族逐渐内迁，迁居所至，农业区复变为草原区，以放牧为主，泾河上游尤为突出；其开发利用自然植被强度低，常低于自然恢复增殖水平。泥水河更名白马河（《太平寰宇记》卷33《庆州》引），显然与马连河河水中的泥沙大为减少有关。表明自然植被的恢复。

据《魏书》《刁雍传》，北魏太平真君七年（446年）薄骨律镇（在今宁北）镇将刁雍，为运军粮五十万斛自河西（今宁夏青铜峡至银川一带）到沃野（今内蒙古乌拉特前旗）事，上疏太武帝在"牵屯山（今米缸山，此处当泛指六盘山）河水之次，造船两百艘"，立得太武帝嘉纳。其为何近舍贺兰山之木，远求今固原，而且所造之船如何送入黄河，此可能是贺兰山历经秦汉屯垦引黄的耗费，致使浅山已无造船巨材。而固原仍如以往，材多松木，造船可顺清水河而下，进入黄河付于运粮。如清水河现代比降达1/300，且注入黄河处有陡坡砥岩，确系不利秀舟。但六盘山森林茂密、树木巨大和清水河水量丰富则是公认的。唐宋时期，在黄土高原及其他地区开辟了广大农业区。宋朝期间，甚至陡峭山地也被开垦，人称"云下田"。开山辟田，破坏了大量森林。但此时期对于地处僻壤的六盘山则影响较少。关于唐宋时期六盘山森林的记载，仅散见于一些诗文集和传记中。如《全唐文》卷514，朱庆余《望萧关》所述，萧关（今海原李旺附近）"树木带箭麋"。按《辞海》"麋"可通眉，箭眉是对松柏枝叶的形容，说明唐代树木多松柏。当时六盘山森林分布至李旺、关桥一带，远远超过如今森林分布区。其大山乔林仍葱茏。据《宋史》卷325《刘平传附刘兼济传》，北宋刘兼济"知陇干城，夏人寇边，众号数万，兼济将兵千余，转战黑松林，败之"。陇干城即今宁夏隆德县城，黑松林之地应在隆德县以北，即

西吉县葫芦河流域至隆德县一带。如此,唐宋时期六盘山仍是森林繁茂,郁郁葱葱。

  11世纪初,西夏王李元昊,在天都山(今西华山)大修宫苑,所谓"南牟内有七殿",规模宏伟。1081年宋军攻占而焚毁,1082年夏使梁乙理迅即修复(《续资治通鉴长编》卷162、819)。现今童山濯濯的西华山于九百年前竟能承受如此巨大而反复的木材耗费,可见,当时森林之茂盛。

  张中彦砍伐的巨木,主要是沙棘木、冷杉、松属、圆柏等种类。砍伐的木料大头凿孔、穿绳、顺势扛进山的溜套,滑到山的谷底,沿谷运出。高山的谷,其实要比运输的道高得多。张中彦"构崖架壑,起长桥十数里,以车运木,若行平地,开六盘山、水洛之路,遂通汴梁"。史书中"构崖架壑""起长桥""开六盘山、水洛之路"寥寥数字,但做起来并不容易。事实上,张中彦是在悬崖上架设木栈道,底铺箭竹编的竹笆,才"以车运木的"。

  这些木质栈道按秦汉以来中国固有的传统方法建造,主要有挑梁、横梁、斜梁、栈道板、踏步板、望柱、栏杆、斜撑等构件。多选用油松、水楸、漆木、山槐、山榆等耐磨硬木制作。挑梁一般长2米左右,里端楔入崖壁方形桩孔中。孔径约50厘米,深70厘米左右。内部略大,用倒楔夹紧以承受栈道荷载。受力较大部位的挑梁,往往于其下部崖面增设辅助梁一根,以短柱或斜撑支顶。挑梁外露部分1.5米左右,间距1~4米不等,视需要而设。梁面两端各置平行于崖面的横梁一道,以竹编串固定,上面铺设栈道竹笆以箭竹固定。挑梁梁头立望柱,柱下有榫头楔入梁头的卯口中。各部之间又以箭竹固定。柱间安装栏杆。栏杆多为签子式,也有少量直棂式和栏板式,高一米左右,编以竹篱笆。

  次年二月,张中彦在黄河上架设浮桥,打造大船,为从黄河水路向汴京运送巨木做准备工作。他亲自制作船模,"长仅数寸,不用胶漆而首尾以卯自相钩带,称为'鼓子卯',诸匠骇服,仿照制造"。船只

六盘山出土三古木

造好以后，如何把巨木运到船上一时难倒了大家。他却又想出一个巧妙的方法，即在船旁的河岸边，先铺土为斜坡，上面厚厚地铺上新收割的秸秆，用大木固定好，泼上水，乘早晨冰霜冰冻之时，顺利地把巨木滑到船上，省工省力，圆满完成了运送木材的任务。

# 刘都护顺昌战兀术
# 众豪杰川陕抗金兵

陇山之干六盘山西麓，山前积扇区称陇干川，宋大中祥符七年（1014年），曹玮筑域名陇干城。泾原安抚使王尧臣向宋廷言边事说："渭州陇干、羊牧隆城、静边、得胜四塞在六盘山外，内则为渭州藩篱，外则为秦陇襟带，土地饶沃，生齿繁多，择路分都监一员知军，专提举四寨以为备御。"庆历三年（1043年），以陇干城置军，因为德顺军是四寨之首，又称关陇锁钥，因此是宋、金、夏争夺的首要目标。频繁的战争，使德顺军人侠义好武，而时势又造就了如郭成父子，曲端、刘锜，吴家兄弟父子以及姚仲的英雄业绩，成为南宋知名抗金将领。

郭成（？—1130），字信之，宋朝将领。郭成年轻时应募当了"弓箭手"。熙宁七年（1074年），王韶发动了对吐蕃部落的战争，郭成从军，立下了军功，得到了供奉官的职位。不久交趾入侵，北宋苏碱战死，遂发动反击，郭逵指挥二十万大军南下，在富良江大破敌军，俘获敌将太子洪真，交趾割地投降，郭成也跟随着南下参与了此战，战后被提拔为内殿承制。被派到著名的将领泾原军指挥官刘昌祚手下服役。

宋神宗五路大军讨伐西夏，郭成被刘昌祚任命为一支八百人的先锋军，西夏军三万人防守磨脐隘口，宋军在此和西夏军展开了激烈的战斗，宋军先用牌刀手攻击，然后神臂弓弩手跟在后边射击，最后郭成的先锋军投入战斗，杀死七百多名敌军骑兵，俘获六十多人，战后宋军直抵灵州，再次和西夏军会战，西夏有一名武士企图单挑，被郭成当场击杀，立了头功，受到晋秩四等的奖赏。

绍圣四年（1097年），章楶修建平夏城（今宁夏固原原州区黄铎堡古城）以堵死西夏人进攻的通道，章大帅的幕僚们推荐了郭成。章楶见郭成身材魁梧，言谈举止不凡，提拔他为泾原军第十一正将。西夏军攻打平夏城，三十万大军西夏太后亲自统军，名将阿埋具体指挥攻城，妹勒负责攻击援军。西夏太后扬言要捉住郭成。西夏军东抵葫芦河，西抵石门峡九羊寨，联营百里，声势浩大，"飞石激火，昼夜不息"，西夏军还开挖地道，建造一种叫作对垒的战车攻城，但郭成坚守城池，西夏兵无法越雷池一步。在西夏人进攻的同时，宋军由种家军种朴和姚家军姚雄带领的秦凤路军、环庆军等诸路人马组成一支联合部队也赶到了平夏城附近，但这些人马却裹足不前。郭成大怒，冲入中军帐，对着指挥官姚雄呵斥道："平夏城关系泾原一路的安危，平夏一丢，泾原就危险了，你们坐拥精兵，前来救援赴危难，应当和西夏人决一死战，为何懦弱不前！"

姚雄可是一世之雄，被郭成一骂，有点沉不住气了，当即决定披挂出战。就在此时，种家军的统帅种谔的儿子种朴发话了："你错了，我们并不是怕死，只是我相信郭成，相信他一定能守住，西夏军人数众多，我们现在仓促救援非但不能解围，一旦战败，城中必然士气低落，可能城池反而不保。"种朴的话是对的，战后有人问起郭成，郭成表示当时最担心的不是守不住，而是宋军仓促救援，中了西夏人的圈套。种朴于是让郭祖德先去打探一下。郭祖德带几千骑兵到没烟峡登高一看，只见整个峡谷是西夏兵。突然西夏伏兵杀出，郭祖德被敌军包围，经过激战好不容易才逃了回去，郭祖德不得不承认种朴的意见是对的，但他还是倔强地表示要带人杀进去。种朴又劝了一阵他才作罢。战斗持续到了第十三天,郭成指挥大军不断用神臂弓射击,晚上派军骚扰,西夏人楼车被大风吹毁,西夏太后披头散发仓皇逃窜。种朴和姚雄的军队此刻又伏击了西夏人,西夏损失了将近一万人。郭成和折可适、种师道一起带领一万名骑兵,兵分六路直取天都西夏军阿埋和妹勒指挥所。西夏军毫无准备,仓促应战,但宋军兵少,西夏军一层层地围上来,把宋军包围住,折可适战马受伤,郭成立即把自己的战马让给折可适,并命令折可适突围,自己留下作战,还要求折可适照顾好自己的家眷。折可适死活不愿,坚持自己步战,要郭成撤退,自己留下。结果两人谁也没有撤退,宋军官兵看到后大受鼓舞,无不以一当十,杀得西夏军溃不成军,俘获了妹勒和阿埋。此战斩西夏军数千,俘获牛羊十万。至此,平夏战役以宋军大胜、西夏惨败结束。

崇宁元年(1102年),郭成五十六岁,在平夏城的战场上去世。在料理郭成的后事时,廉访使王孝竭把郭成的事迹上报朝廷,称他既是一员"名震西部"的著名战将,又是一位"轻财好施"的廉吏。"帝悼之甚,赠以金帛,官其子婿"。高宗批示:"郭成尽忠报国,有功于民,宜载祀典。"

庙宇建成时,高宗皇帝又御笔亲书"仁勇"匾额,悬挂于庙门之上。

郭浩(1087—1145),字充道,宋朝名将郭成的儿子,南宋初期"蜀中三大将"(吴璘、杨政、郭浩)之一。北宋徽宗时从军,北宋末累迁至安州团练使。

徽宗时,郭浩曾率领百名骑兵来到灵州城下,夏国以一千名骑兵来追赶他们,郭浩亲手斩杀两名骑兵,提着首级返回。有一次。郭浩跟随种师道进军修筑茸平寨,敌军占据水源,郭浩率领几百名精锐骑兵夺取。敌人攻打石尖山,郭浩迎着敌阵前进,被流箭射中左肋,不去拔箭,奋力大呼:"活捉贼人!"将士们奋勇拼杀,大获全胜。郭浩从此名扬边关,升任中州刺史。钦宗即位,郭浩因种师道推荐,被皇上召见,他上奏道:"金军长期在外,一心想着回归。请求派轻兵从

小路驰往滑台，等他们渡到一半时，就可发动攻击。"郭浩之策没有被采纳。皇上询问西边事务，郭浩说："臣在任时已听到警报，担心夏人会乘机侵占边地，希望朝廷选派将领设置守备。"不久西夏军队果然进攻泾原路，夺取了西安州、怀德军。

宋建炎二年（1128年），金军攻取长安，泾州守将夏大节弃城逃跑，郡人也投降了金军。郭浩正好在半夜时来到郡中，他只率领了两百人，捉到金兵，但放他们返回，说："替我告诉你们的将领，我是郭浩，想要交战就立即来决一死战。"金人久闻郭浩的大名，吓得马上撤兵逃走。宋绍兴元年（1131年），金军攻破饶风岭，进入凤州，攻打和尚原。郭浩与吴璘前去救援，斩杀俘获敌人数以万计。

次年，他随经略陕西大臣张浚，参加了与金人的富平城战役和和尚原战役，都有斩获和战功。后调任知金州（今甘肃兰州榆中南）兼永兴军路经略使。郭浩到任后，立即收容难民，开展生产自救，发动兵民开荒种田，解决了兵食军费供给和地方难民的生活问题，并把节余的十万缗钱，解送朝廷。宋绍兴十四年（1144年），郭浩被宋高宗召见，封为检校少保，郭浩谦让而不敢受。次年病逝在任上，终年五十九岁。追赠检校少师，加封"恭毅"。金州百姓为郭浩建庙，以示怀念。

曲珍（1031—1089年），字君玉，北宋将领。曲家世代为当地土著大姓，族内有练习武艺的传统，当西夏小股军队侵扰的时候，在没有官军支援的情况下，曲家召集族人武装，也能赶走他们，很受朝廷器重。

曲珍自幼苦练武艺，骑马射箭样样精通，有"百步穿杨"的硬功夫。有一次，他和叔父到边塞游玩打猎，突然被夏兵团团包围，俩人一看形势不妙，便奋力厮杀，曲珍勇武异常，杀开一条血路，冲出重围。但是，当他回头一看，叔父仍被敌人包围，他便再次冲入敌阵，手持短刃，英勇搏斗，救出叔父。这件事在地方上一时传为美谈。

那时，关陇正是多事之秋，国家急需将才。秦凤路都钤辖刘温润赏识曲珍的才能，便想试一试他的本领。有一天，刘温润拿出一把宝剑，悬赏说：如果有人在百步之外射中一个铜钱，便以宝剑相赠。许多年轻人跃跃欲试，结果屡射不中。曲珍拨开人群，举起弓箭，一发中的，大显其才。刘温润就让他跟随自己身边参加作战。曲珍在与党项人的战斗中身先士卒，屡陷敌阵，数立战功，刘温润提拔曲珍担任绥德城（今陕西绥德）监押。

曲珍在抗击夏兵的战斗中建立军功，闻名天下。后来，将军郭逵、赵离领兵南征，曲珍被任命为第一将，肩负重任。这支军队来到右江地区，安定了广源（今越南北部高平北）等三州十二县，安置那里男女老少三万六千多人，取得了辉煌的战绩。在这次军事行动中，曲珍的功劳最大，因此升任西贡院使。不久，曲珍身染病患，回到京城，宋神宗亲自派人看望、问候他。接着，宋神宗又嘉奖曲珍，赐给他弓箭、鞍马，命有关官员免除他家乡的徭役和租税，提升他为鄜延路钤辖、副总管，又改怀州防御使、龙神卫四厢都指挥使。

宋元丰五年（1082年），宋朝军队在夏国边境修筑永乐城（今陕西米脂城北无定河东岸），这时的曲珍担任守城任务。不久夏军争夺永乐城，宋军死伤惨重。城池被夏军占领。曲珍逃了出来，被贬为皇城使。宋元祐初年（1086年），曲珍被重新起用，任环庆路副总管，当时夏军号称四十万大军攻击泾原。曲珍率领部队假装后退三百里，在曲律山设伏击败夏军，俘获和斩杀了近一千八百个敌人，解除了来自夏军的威胁。曲珍因为这次功劳升任阁门祇侯。

曲珍本是西北山区的一位农民，又没有多少文化，为什么能带兵打仗，并能战无不胜呢？原因在于他善待士兵，把跟随他的士兵当作自己的兄弟子侄一样看待，所以全军上下团结一致，服从他的指挥，人人甘愿当他的忠实部下，与他共同战斗。曲珍在宋元祐四年（1089年）去世，年五十九岁。

刘锜（1098—1162年），字信叔，德顺军人，宋"南渡十将"之一。北宋泸州军节度使刘仲武第九子，少时生活于军营，年龄稍长，即随父抵御西夏，辗转于陇右战场，以箭法精熟而著称。

徽宗宣和年间，由高俅推荐入朝，官拜阁门祗候。建炎初年，高宗录用旧臣子弟，以刘锜为陇右都护，经略于西夏的战事，为夏人所畏惧，张浚宣抚陕西，命为泾原经略使兼知渭州。富平之役失利后，退驻德顺军，因部将李彦奇降金，贬知绵州兼延边安抚。绍兴三年（1133年）复职，旋为宣抚司统制，与吴璘分守陕蜀。会使者以其声名奏闻高宗，召还朝廷授江东路副总管。绍兴六年，提举宿卫亲军。刘锜将王彦部下前护副军（即八字军）及解潜部下马军整编为前、后、左、右、中、游奕六军，分十二将统辖，训练成一支精锐战旅。

绍兴八年前后，刘锜扈从高宗于金陵、合肥、京口等地，主管侍卫马军司。绍兴十年（1140年）五月，金主败盟兴兵。刘锜料金人必先占东京取顺昌，遂率所部及殿司三千人星夜沿江急进。距顺昌三百里，谍报金人已占东京，刘锜和众将舍舟陆行，先入顺昌，急派骑兵迅速

刘锜

迎取先锋游奕两军及老幼辎重。大军在城中会齐时，金游骑已到陈州。刘锜见顺昌城中粮草颇备，决计守城，遂令众将："今东京虽失，幸全军至此，有城可守……吾意已决，敢言去者斩！"（《宋史·刘锜传》下同），又派人凿舟沉船以示决无退意。又将家属安置寺中，门堆柴草，要守护人等"如有不利，即烧我家"。于是士气大振。刘锜派遣侦报探马，搬迁城外居民，分拨四门守将，亲督士卒修葺城墙，用伪齐所造痴车及民房门扇加修"羊马垣"，严阵以待。时金骑兵已渡颍水到达顺昌，刘锜设计捕捉住千户阿里，得知金大将韩常在距城三十里处白沙涡扎营。当夜派一千人劫营，首战告捷。金三路都统葛王袤领兵三万与龙虎大王会师，兵临城下。刘锜在"羊马垣"后，命士卒放箭，金兵退却，刘锜督队出击，金兵淹死在颍水者不计其数。顺昌被围四天，金兵越聚越多。主力在距城二十里东村扎营。刘锜派骁将阎充领五百壮士夜闯敌营。金兵大乱，互相残杀，横尸累累，天明退至老婆湾。

金兀术得知顺昌失利，亲率大军十万增援。刘锜召集众将议事。有人提议，今已获捷，可乘势船载全军撤回。刘锜审时度势说："金兵甚近，我军若动，敌兵乘后，前功尽弃。敌兵若占两淮，江浙必然震动。"众将感奋，愿以死战。刘锜差曹成等二人假装坠马被金兵俘获。兀术探问顺昌帅虚实，曹成回答说，刘锜是太平边帅子，喜声伎，其守东京，为图逸乐。兀术大喜，弃置攻城鹅车炮具，驱兵顺昌，扎营西北，连亘十五里，夜不解甲，鼓震山谷，将士假寐马上。刘锜按兵不动，夜间肃然，鸡犬不闻，又派人在颍水上游及草中撒毒，当时天气炎热，金兵人马甚渴，多饮水中毒。数天后，敌兵锐气已挫，刘锜决定先击兀术，派耿训下书，约来日会战，并"愿献浮桥五座，济而大战"。

次日，刘锜兵果造五座浮桥。金兵渡桥攻城，刘锜兵蛰伏不动。敌渐困乏，刘锜派数百人从西门突然出战，又以数千人出南门直扑兀术阵。兀术以三千牙兵督战，铁骑"铁浮图"正面冲突，常胜军"拐

子马"两翼包抄。刘锜兵用刀斧乱砍马足，标枪专刺铁骑"兜牟"。天黑时金兵败退。弃尸毙马，血肉横野，车旗器甲，堆积如山。兀术损兵十之八九，鞭挞韩常以下将佐，退至陈州，收拾重宝珍器撤还。不久，秦桧请命刘锜撤兵还太平州，宋室遂失去了收复失地的良机。

第二年，兀术复签两河兵，攻陷庐州、和州，高宗下诏会兵淮西。刘锜先期自太平渡江，占据东关险要，阻击金兵。兀术移兵柘皋镇，刘锜对阵石梁河。这时宋诸路军皆至，刘锜率兵攻右阵。金人又用拐子马从两侧夹击，宋兵执长斧奋砍。金兵败退，刘锜等引兵追至东山，金兵一见，惊呼："此顺昌旗帜也！"望风败逃。柘皋大捷后，遭朝廷议和派妒恨，刘锜被贬，先后在荆南府、潭州任地方官。

绍兴三十一年（1161年），金主调兵六十万南下，列举南宋诸将姓名，问敢于相抗者。提到刘锜姓名，无人敢应一声，金主完颜亮亲引军与刘锜对垒。当时刘锜为江、淮、浙置制使，节制诸路军马，兵驻清河口。金兵用毡裹船只运粮，刘锜派善游者潜水凿沉粮船。金议留精兵和刘锜相抗，以重兵入淮西。属刘锜节制的大将王权不听调遣，不战而逃，刘锜退兵扬州。金万户高景山进攻扬州，刘锜派部激战于皂角林，斩高景山，俘数百人。此时刘锜已六十三岁，身染重疾。只得留其侄刘汜以一千五百人塞瓜州渡，李横以八千人固守，自己回镇江养病。知枢密院事叶义问督师江淮，至镇江，见刘锜沉病不起，以李横替代。金兵逼瓜州，刘汜兵先败退，李横孤军不能抵挡，左军统制魏友、后军统制王方战死，全军覆没。李横、刘汜仅以身免，刘锜愤懑至极。之后，被召还都，居别试院。绍兴三十二（1162年）年闰二月，呕血而死。赠开府仪同三司，后谥"武穆"。

吴玠（1093—1139年），字晋卿，少刚毅，善射骑。北宋末年从军，靖康初，西夏犯德顺，率百人斩获甚多，升泾原第二副将，迁泾原路副总管。

宋高宗建炎二年（1128年），金军进犯陕西，直趋泾原。吴玠受陕西制置使曲端之命率军迎击,在青溪岭击退金兵,东进,收复华州(今陕西华县),迁忠州刺史。宣抚处置使张浚督巡川陕,闻吴氏兄弟勇略,命为统制。

宋高宗建炎四年(1130年)秋,金军大举进攻,张浚合五路之师战于富平,右翼的赵哲却擅离所部,弃众先逃,致宋军全军溃败。

富平之战后,吴玠为都统制,与弟璘守大散关以东和尚原。宋高宗绍兴元年(1131年),金军乌鲁折合自阶成出大散关,率数万骑两路欲会师和尚原。玠以数千军卒驻防原上,乌鲁折合以劲骑先期进至北山,玠分军两队,一队战,至日中,乃将另一队投入战斗,金军不支,伤亡甚众,败走数十里。

兀术闻报震怒,亲督十万之众,跨渭水造浮桥,结连珠营,垒石为城,进攻和尚原,玠命部将选劲弓强矢轮番迭射,又遣别将,从间道绕出敌后,断敌粮道。再遣弟骑兵三千设伏于原北神堂夜袭,连破十余营。兀术中箭而逃,退至燕山。

宋高宗绍兴二年(1132年),吴玠兼宣抚处置使司副统制,节制兴、文、龙三州军马,命其弟璘固守和尚原,自率主力驻军河池。宋高宗

吴家将

绍兴三年（1133年）春，金州失守，知兴元府刘子羽闻金州失陷，急召吴玠入援。玠率军自河池出发，日夜驰三百里，大战于饶风岭。宋军弓势猛发，大石进压，接连六昼夜，敌尸积如山。金人绕关后，轻兵夜袭，两面夹攻，吴退保西县，刘子羽亦退屯三泉。金军因饷运不济，引军北还。吴玠因功加封检校少保充利州路、偕成凤州制置使。

宋高宗绍兴四年（1134年）二月，金兀术与大将撒离喝等督师十万长驱南下，攻仙人关。玠命弟璘，弃和尚原退守仙人关以东之杀金坪，置寨扎营，分守要隘，互为掎角之势。金兵凿崖开道，循岭东下，人披重铠，铁钩相连，鱼贯而上，猛力攻关。宋军据险死守，以驻队矢迭射，死者层积。翌日，吴氏兄弟乘金军疲惫，直捣敌营，金兵死者无数，连夜逃遁。朝廷诏授吴玠为川陕宣抚副使。

宋高宗绍兴九年（1139年），升为四川宣抚使，陕西阶、成等州皆听节制。不久病卒于仙人关，谥号武安，开府仪同三司，宋孝宗立，追封涪王。

吴璘（1102—1167年），字唐卿。玠弟，少好骑射。喜读兵书，常随兄作战，英勇果敢，积功至阁门宣赞舍人。

宋高宗绍兴元年（1131年），金大将没立、乌鲁折合会兵攻和尚原，吴璘奉兄命守和尚原箭关，力挫敌锋，受命统制和尚原军马。同年秋，金帅兀术亲督十万大军，进攻和尚原，吴璘与兄率军死守，引精兵三百设伏于原北之神垄，连破敌寨十余座，兀术中矢而逃，"自入中原，其败衄未尝如此也"。宋高宗绍兴三年（1133年），吴因此擢升为荣州防御使，知秦州，节制阶、文。饶风关战后，受兄命弃和尚原退至仙人关以东之杀金坪，宋高宗绍兴四年（1134年），兀术与撒离喝率步骑十万至仙人关下。吴璘急领兵入援，奋战七昼夜，金兵大败，从此金人多年不敢窥蜀。吴璘被授为定国军承宣使，熙秦鄜延路经略安抚使，知熙州。宋高宗绍兴六年（1136年），为行营左护军统制，宋高宗绍兴九年（1139年）初，升为都统制。

其兄病故于仙人关,由他代为领兵,加授神龙卫四厢都指挥使。秋,宋金议和,金归还河南陕西地,吴璘与杨政两军分屯陕蜀交界之地,郭浩军进屯延安。吴璘派少数军兵赴秦州,留主力驻守阶州、成县一线要地。

宋高宗绍兴十年(1140年),金以全部兵力分路大举南侵。西路军由蒲州渡过黄河,占领长安,直趋凤翔,远近震惊,上下惶恐。推吴璘之主力屯驻河池,陕右之军皆隔于敌后。吴璘率军迎敌,力挫金兵,他下书约金军会战,先以弱军坚守阵地,抵御金军冲击,当敌势衰之时遣骁骑反击,金军望风披靡,璘又驱兵追击,破敌于扶风。宋高宗绍兴十一年(1141年),与金胡盏、习不祝战于陇州之刘家湾,璘以叠阵法大败金人,降者万人,进而收复秦州及陇右诸郡。次年,吴璘觐见,拜检校少师,擢阶、成等四州经略使。不久,分利州路为东西两路,吴璘为西路安抚使,坐镇兴川(今陕西略阳),节制西部阶、成等七州军马。

宋高宗绍兴三十一年(1161年),金主完颜亮亲率十万大军,渡淮南入侵。遣大将合喜为西路元帅,引军出陕西宝鸡南之大散关,进袭凤州黄牛堡,时任四川宣抚的吴璘,不顾重病,亲至仙人关督军,并调内地诸军兵马分道北进御敌。翌年春,经过一段相持之后,吴璘率师反攻。他先以主力进击大散关,复派部将姚仲攻取巩州(今甘肃陇西),惠逢攻取熙河(今甘肃临洮、临夏北),宋金两军在大散关相持六十余日,关终不能破。于是改变策略,回师转攻德顺军,初战不利。后璘亲临督战,金军败逃。"璘入城,市不改律,父老拥马迎拜"。四月,金军围攻原州(今甘肃镇原),吴璘挥师凤翔,命姚仲率军往援,因金军先至,姚仲战败。璘度金军必进兵德顺,遂率军疾驰至城,夹河筑垒固守。不久,金军十余万果至,血战连日,伤亡甚众,宋军阵地如故。十二月,宋孝宗诏吴璘班师。宋孝宗隆兴元年(1163年)正月,吴璘弃德顺军,遭金军掩杀,伤亡甚众。拜少傅。乾道元年(1165

年），诏拜太傅，领宣抚使。镇守兴元。吴璘退回汉中，秉承故兄之志，增修褒城古堰，兴修水利，溉田数千顷，积极发展和恢复农业生产，为民称道。宋孝宗乾道三年（1167年）卒，赠太师，追封信王，谥武顺。

吴璘忠勇刚直，一生戎马倥偬，史载有兵法两篇云："金兵有四长，我有四短，以我之短制彼之长。以分队制其骑兵，以轮番迭战制其坚忍、制其重甲，以劲弓强弩制其弓矢，以远制近，以强制弱，知己知彼，立于不败之地。"

吴挺（1137—1193年），字仲烈，吴璘子，以门荫补官，宋高宗召见，对答称意，超授右武郎，浙西都监兼御前祗侯。

宋高宗绍兴三十一年（1161年），金军背盟南侵，宣抚使吴璘统领三路兵马抗金，挺效力军前，破金军于治平寨，复与金军援兵转战竟日。绕出敌后，督兵死战，金军败走。升为荣州刺史，不久拜熙河经略安抚使。宋高宗绍兴三十二年（1162），吴挺奉命与都统制姚仲率东西两路军进攻德顺（今宁夏隆德），金军左都监以平凉全部兵力来援合喜，又遣精兵数万自陕西凤翔来会。姚仲驻军六盘，挺率军直奔瓦亭，活捉千户耶律九斤、李宙等一百三十七人。金军集中兵力奔赴德顺，吴璘自秦州督师，据险要构筑壁垒，并治夹河战地。金大军到来，吴挺率数百骑诱敌至所治战地，宋军蔽冈阜而出，金军不能支，乘夜逃去，遂复德顺军。

七月，金军合兵十多万人，进袭德顺，吴璘统军急驰往救。挺受命，治东山堡战地，金人伤亡甚众。拜武昌军承宣使，寻加神龙卫四厢都指挥使。熙河路经略安抚使、中军统制。后因朝廷议和，吴挺父子退守汉中。

宋孝宗乾道元年（1165年），升都统制。宋孝宗乾道三年（1167年），拜侍卫司步军指挥使，节制兴州军马。父死后，起复金州都统，金、房、开、达安抚使，改利州东路总管。

服除后诏为左卫上将军。朝议组建神武中军五千人以属御前，命挺为都统制，他力辞之，拜主管侍卫步军司事。宋孝宗淳熙元年（1174年），授任兴州都统，定江军节度使。原在宕昌置互市，所得良马甚多，故西路骑兵称雄天下，嗣后日衰。挺至，首陈利害，诏许岁市七百匹。当初，武兴所部诸郡，漫不相属。挺奏以十军为名，自北边至武兴列十军称踏白、摧锋、选锋、策选锋、游奕，武兴，以西至绵（即今四川绵阳），列左、右、后三军，而以前军、中军驻武兴。宋孝宗淳熙四年（1177年），入朝觐见，除知兴州、利州西路安抚使。密修皂郊堡，增二堡，整饬兵器。宋孝宗淳熙十年（1183年）冬，特加检校少保。当时成州、西和饥荒，他全力赈济，救活千万饥民。宋光宗即位，"御笔奖劳"。西和、阶、成、凤、文、龙六州器械求修，挺裁减冗费，招工整修，以为临战之用。他领兵虽严而能分其缓急，士卒所以不困。郡东北二谷有水，他督众修堤，以防水患。宋光宗绍照二年（1191年），大雨成灾，暴水入城，他一边抢险救灾，一边增筑长堤，百姓幸免于难，诏问"备边急务，即建增诸之策，由是粮糗不乏"。绍照四年（1193年）春，因病乞致仕，诏加太尉，卒年五十六岁，赠少师、开府仪同三司。

姚仲（生卒年不详），字良辅，于北宋末年从军。随吴玠弟兄转战于秦陇。宋高宗绍兴四年（1134年）二月，金人犯仙人关，吴玠以万人与其激战于关前，金兵破第二隘，又拼力攻营之西北楼，姚仲时为统领官，率兵登楼死战。楼已倾斜，仲以帛为绳，曳使复正。金军用火焚楼柱，仲取水灭之，金军终未得逞。

宋高宗绍兴十年（1140年）五月，金人攻凤翔府之石壁寨，姚仲奉吴璘命前往抵御。仲奋身督战，又败金人。宋高宗绍兴十一年（1141年）九月，吴璘与金统军胡盏、习不祝在刘家湾作战，金军屯刘家圈，占据险要，姚仲与王彦同率所部，悄然渡河向岭上进发。适逢大雾，金军毫未觉察，宋军突然万矢齐发，金军大惊，仓促迎战，俘获人马数千，降者万余。

宋高宗绍兴三十一年（1161年）九月，金军又背盟攻宋，金都统

京兆府黑釉瓷坛

制徒单合喜由凤翔攻大散关。此时姚仲为保宁军节度使、兴元诸军都统制，戍守兴元（今陕西汉中），仍受四川宣抚使吴璘节制。十月，姚仲遣忠义统领王俊率兵至周至县东洛谷口大破金兵。金军以重兵据大散关，相持不下，吴璘因病暂还兴川，留姚仲在仙人原节制军事。宋高宗绍兴三十二年（1162年）二月，姚仲奉命率六千四百人攻巩州，三日三夜，未能克，退至甘谷城（今通渭县南），留米刚驻守，自引军围攻德顺军，遣副将赵铨、王宁攻克镇戎军（今宁夏固原原州区），遣忠义统领段彦破平守关，收复了原州（今甘肃镇原），仲攻德顺军却逾四旬不能下，吴璘遂遣李师颜代之，德顺军收复后，奉命相机图复泾、渭等州，五月，姚仲率军至原州北岭与金军决战。仲由九龙泉上北岭，令诸军张弓搭箭依次前进，辎重队行在最后。天亮以后，与金将完颜璋、习尼烈所将之万余金兵相遇，仲以卢仕敏兵为前阵，所统军六千四百人为四阵，姚仲兵为后拒，根据地势排列，与金人屡战。自辰至未，阵面开合数十次，辎重队失去指挥，随阵乱行，阻碍各阵之间的相互呼应，五阵皆大溃，人马死亡枕藉道路，幸姚仲在后督众死战，姚仲率残部退至开边寨。宋军损失惨重，将领阵亡三十余人。

六月，吴璘至大虫岭，召姚仲至军前，令夔州安抚李师颜夺其兵，欲斩以殉，劝止，乃下于狱，不久又送文州拘管。

## 宋金兵争夺德顺军
## 蒙太祖力拔笼竿城

六盘山下德顺军，宋时以笼竿城所建。南下秦州径直入川，东越陇山可通关陕，北连高平长驱宁朔，西走金城直达西域。阻河朔，挡陇口，襟带秦凉，拥卫三辅。历代泾渭有惊，大兵必云集德顺。南宋建炎元年（1127年）十二月，金东西两路军同时南侵，其一部先自沧州（今河北）渡河攻棣州（今山东惠民）宋守军姜刚拼死拒守，不能拔。

德顺军古城遗址

金遂议集中兵力攻汴梁。但由于宋军留守宗泽，增修守备甚严，东京城外千里坚壁清野，兵无粮草可供，于是金兵扰濒河州郡，而宗泽遣统制官刘衍趋滑州，刘达趋郑州，金兵无力攻拔。

宋建炎四年（1130年），金兀术转兵陕西，欲先下蜀，然后东西合势以取江南。宋遣大将张浚进驻兴元（今南郑），经营川陕，与襄、鄂、江、淮形成战略防御上的长蛇之势，相机自陕西进图中原，以牵制金人。德顺州为川陕门户，于是首当其冲。九月，富平之战，宋兵失利。刘锜退守德顺军。十一月，金兵逼进，张浚以经略副使刘锡守德顺，移辎重于兴州。次年二月，金兵围德顺，刘锡逃遁，德顺被金人占领。宋吴玠、吴璘扼大散关、仙人关一线，与金对峙。

宋绍兴八年（1138年）五月，金人因在川陕不得志，派大臣蒲卢虎、挞懒议和，归还宋河南、陕西等地。德顺州又归宋有。七月，兀术诛杀两大臣，复南侵。绍兴十二年（1142年），宋秦凤、熙河十二路被金人占领，德顺军复为金有。绍兴十九年（1149年），金完颜亮弑金熙宗自立。绍兴三十一年（1161年），南迁於汴，大举南伐，以都监徒单合喜为左元帅进兵大散关。四川宣抚使吴璘在大散关击败合喜后，乘势攻克秦州、洮州、陇州。分居于大散关、和尚原、神叉口、玉女潭、大虫岭、石壁寨、宝鸡一线。徒单合喜乞求济师，诏令河南援兵入泾原。德顺成为双方争夺的主要军事目标，吴璘派其子吴挺及知文州节制军马向起相机进取。吴挺、向起在德顺州附近与金人接战，金人败退于德顺州所属之治平寨。宋军统领刘海及将官曹建从背后袭击，斩金将泼察，夺得治平寨。次年三月，吴璘命姚仲舍巩昌，围攻德顺。金人据德顺，坚壁厚垒，金丹州刺史赤盏

桃形神仙镜

胡速鲁以四千兵增守,姚仲攻四十多天,不能成功。吴璘以武当军承宣使知夔州李师颜替代,以吴挺节制军马。吴挺在瓦亭战胜金兵,扫清了德顺外围敌兵。金人派都统图克坦喀齐喀、副都统张中彦自凤翔增援,徒单合喜也亲率泾原兵接济;统军都监石扶选将兵万人自河州过德顺与合喜合兵。吴璘恐士有怠志,亲领兵二十万赴德顺。合喜遣万户完颜习尼列、大良顺、宁州刺史颜盏门各将本部兵,与顺义军节度使乌延蒲离黑、迭勒合兵破围。金前锋特里失乌也溪、王和尚等出城讨战,宋偏将率一万五千人来迎,宋兵败,金兵追至城南小溪。吴璘亲率大军至,迭勒、蒲离黑复出城力战,日暮,金人收兵入城,吴璘兵临城下。

次日,吴璘率数十骑绕德顺城观察地势,城北夹河地,傍山平坦。吴璘治理战地,斩将肃纪,派吴挺率数百骑诱金兵入战地。金兵一通鼓响,士卒从壁垒内跃出,突入宋兵阵中。宋兵退至夹河战地,以一当十,战至日暮,士卒奋力搏斗,金兵败退入壁垒。黎明,吴璘出兵,金兵坚壁不出。当晚,风雪交加,金兵连夜逃走。吴璘入德顺城,市不改肆,百姓拥马拜迎。吴璘还军河池,命姚仲守城。

安西王府遗址出土文物

蒙古军队攻打金德顺州

四月,吴璘命统制官卢任闵、姚志由姚仲节制,相机图复泾、渭等州。姚仲拥兴元、祥州、河池、秦州等地共九千兵驻德顺州。当时原州(今宁夏固原)被金兵围急,吴璘又命姚仲领德顺之军赴援。姚仲兵败,原州失守。

原州失守后,陕西五路新复州郡,"皆系于德顺之存亡,一旦弃之,利害甚重"。吴璘知金兵必再争德顺,急驰赴城下。金徒单合喜、完颜璋、习尼烈领兵十万来攻,万户豁豁领精兵从凤翔继至,吴璘占北山险要,又派吴挺筑东山堡据守。

八月,宋、金两军在城东接战,宋兵沿东城退至北城,上北岗布排叠阵,以长枪居前做冲锋式半跪,长枪队后依次布强弓、劲弩、神臂弓、两翼布骑兵、步兵居中,拒马置两肋,金兵相距百步,神臂弓齐放;相距七十步,强弓齐放;再近强弩发射。金兵稍退,长枪手跃起突入阵中,金兵败走。

九月初,徒单合喜遣统军尼河领兵七千与宋军复战。吴挺据东山堡,恃壕放箭,金兵不得前。遂造大车,士兵匿藏其中,填隍而进,吴挺命令士兵以巨木置道上,金大车受阻不能前进。城北宋军与金兵酣战，金兵死伤二百余人。宋兵焚烧金兵攻城器具。金兵停攻东山堡，并兵赴北原。吴璘据险要布三阵，金人遣迭勒从后路攻击，吴璘兵败退，中军李庠战死。

次日，宋兵乘天阴雾晦，分兵四路偷袭金兵，战于德顺城东，离而复合者四次。宋兵又退北岗占据险要，金人挥兵急击，宋兵大败。十一月，徒单合喜驻军水洛城，东自六盘山至石山头分兵把守。十二月，诏吴璘班师，吴璘知圣命难违，弃德顺河池，遭金人掩击，亡失三万零三百人，部将数十人。新复十三州复为金人所有。

蒙古太祖十六年（1221年），诏谕金德顺州投降。金廷慌恐，诏令陕西坚守平凉、镇戎、泾原、德顺等处要害。选陕西骑兵增京畿之卫。秦、巩、德顺诸州，四品以下职事官主将及军官、义军将校，"能战却敌，善诱，降人，取附近州县者，予本处长官、散官随职迁授"，虽重赏而无勇士。元太祖二十二年（1227年）三月二十四日，成吉思汗兵至隆德，拟取德顺。德顺州节度使爱申深知凤翔武进士马肩龙胆识过人，相商御敌之计。马知德顺难守，为报知己，慨然应诺。

爱申、马肩龙领义兵、乡兵共九千人守城。蒙古主派大将按竺迩领兵占东山高地及北城夹河险要处，竖旗指挥。东山可望见城中虚实，蒙古军从薄弱处望旗而进，守攻二十昼夜，北墙突破，爱申战死。马肩龙在东城闻讯，拔剑自刎。成吉思汗拔德顺。闰五月，避暑六盘。

## 凉殿峡大汗召处机
## 六盘山蒙主留遗诏

1226年6月,成吉思汗率师渡过黄河攻取临洮,夏四月攻克德顺军(今宁夏隆德),闰五月登临六盘山。此时的六盘山层峦叠翠,清凉如春,成吉思汗决定兵驻石峡(今凉殿峡),避暑消夏。石峡古木虬蟠,箭竹丛丛。成吉思汗见景顿生感慨:"人生苦短,难比树木,安得长生不老,永牧天下?"成吉思汗的一个近臣见状,告诉他,山东栖霞山有一个叫丘处机的道士,能使人长生。成吉思汗一听,亲自

成吉思汗

起草了一封邀请函，并派侍臣刘仲禄千里相邀。

丘处机，字通密，小名丘哥，号长春子，世称长春真人。1148年，出生于登州栖霞县（今山东栖霞），从小父母双亡，遍尝人间辛苦。他只身栖息于村北的公山，靠亲戚接济生活。

1166年，年仅十九岁的丘哥入道于海昆仑山（今山东牟平东南）烟霞洞，用一年时间在洞中苦修。一天，他听说全真教的创立人王重阳（1112—1170年）来到了宁海，就赶去拜王重阳为师。

1170年，王重阳病死，丘处机等几位弟子扶灵柩回王重阳老家陕西终南安葬，随后便到各地传法。在"全真七子"的带领下，全真教迅速发展起来。

1188年，丘处机受金世宗召赴燕京（今北京），奉旨雕刻王重阳像，还奉旨主持了金世宗的诞辰"万春节"醮事，对金世宗做出了"持盈守成"的告诫，从此丘处机在金朝名声大振。

1216年，丘处机拒绝了金朝的邀请，1219年，他又拒绝了南宋的邀请，理由都是："我的行动取决于天，不是你们这样的人（指南宋使臣）能够知道的。到了留不下来的时候，我就去了。"其实，丘处机时时刻刻关注着战局，早已看出金和南宋败局已定。

成吉思汗派来的使者刘仲禄也很精明，说话是绵里藏针："真人名扬四海，皇帝特下诏书，让我来请真人，说无论多久，必须要完成这个任务。"还说他们一路走来，有的地方将领要带成千上万的军队来迎接丘处机，被刘仲禄一一回绝了，最后只是带了二十个人来迎接丘处机。这话明显带有威胁的意味。丘处机一看没有退路，遂决定西行会见成吉思汗。同时，他也想借机为民请命，劝蒙古大汗少杀无辜。

1222年四月初五，在走过了大约三万五千万里路后，丘处机总算见到了成吉思汗。

成吉思汗与丘处机初次见面就直截了当地问丘处机："您远道而来，有没有带来长生之药给我？"丘处机回答："我只有养生之道而无长

生之药。"

道家以炼丹为要，历代皇帝都想长生不老，以永享其福，所以，很多方士也迎合了皇帝的这一心态，不断号称自己有长生不老之药，秦皇汉武都被他们愚弄过。所以，当丘处机说自己没有长生不老之药时，体现了不谄媚的本性，并抱着必死之心。

谁知这恰恰符合成吉思汗崇尚诚实的性格，成吉思汗对丘处机的回答不但不以为忤，反而"嘉其诚实"。他命近臣耶律楚材速将丘处机所言一一记录在案，以便训诫诸子和将臣，并令护卫人员称丘处机为"神仙"。

此后，丘处机多次向成吉思汗论道，重要的有三次，即农历九月十五日夜、十九日夜、二十三日夜。对于丘处机的论道，成吉思汗很满意，甚至像个小学生一样"温颜以听"。对率领千军万马，纵横亚欧大陆，不可一世的成吉思汗来说，这一点不能不让人刮目相看！丘处机论道的重点，实际主要有三点，即节欲保身、好生恶杀和敬天爱民。其中，养生之道八字以蔽之，即"外修阴德，内固精神"。所谓"外修阴德"，就是要好生恶杀，"恤民保众，使天下怀安"；"内固精神"则要节欲，"省欲保神"。

除了告诉成吉思汗修身养命之方，丘处机还费尽口舌讲述"治国

石雕龙柱

保民之术"。当时成吉思汗正在征伐花剌子模国（今乌兹别克斯坦一带），几乎每天都有战斗。丘处机就经常劝他说："若想得到天下，关键在于不要嗜杀。"

为了让成吉思汗能欣然采纳这个建议，丘处机还不断以身边小事来劝诫成吉思汗。因为蒙古人很害怕打雷，恰好有一次，成吉思汗过桥时，桥突然被雷劈断了。丘处机随即便说，这是上天在警告。

还有一次，成吉思汗打猎射杀一只野猪时，突然马失前蹄，可野猪却不敢扑向成吉思汗。事后，丘处机便入谏说："上天有好生之德，陛下现在圣寿已高，应该少出去打猎。坠马，正是上天告诫陛下。而野猪不敢靠近，是上天在保护着陛下。"成吉思汗对此十分信服，直言左右人说："只要是神仙的劝告，以后都照做。"虽然丘处机开出的这些"秘方"，并非成吉思汗真正所需，最终也没有完全得到他的认可，但还是在一定程度上减轻了蒙古统治者对汉人的残酷杀戮。后来的康熙帝曾对此赞道："一言止杀，始知济世有奇功。"

到1223年春，丘处机已在成吉思汗身边待了一个年头，完成了此行的心愿，于是决定东归。成吉思汗虽十分不舍，但最后还是允准了。

临走之前，成吉思汗"赐牛马等物"，被丘处机婉言谢绝。为了表达对丘处机的深厚感情和高度关切，成吉思汗干脆下令免除丘处机门人一切差发（即赋税徭役）。为了沿途照顾、保护丘处机，成吉思汗还派遣手下将领率骑兵五千护送他返乡。

此后，归心似箭的丘处机仅用了四个多月，就走完了来时的路。当年八月回到宣德（现河北宣化）朝元观。1224年二月，丘处机定居燕京太极宫（后更名长春宫，今北白云观）。

丘处机离开后，成吉思汗想起他对自己的言传身教，依然念念不忘。又发了三道圣旨，询问他的情况，并说："朕常念神仙，神仙勿忘朕！"

正是在成吉思汗的大力支持下，全真教得以迅猛地发展起来。丘处机不仅掌管了天下道教，还取得了相当于蒙古国国师的地位。而凭

着成吉思汗给的虎符玺书，丘处机还解救了大批中原人，使两三万被蒙古掠夺为奴的人重获自由。1227年丘处机病逝。

这年，成吉思汗在六盘山养病，他的妃子向他进奏："大汗，您越高山，渡大河，长途远征，只想平定诸国，但有生之物皆无常，一旦您大树般的身躯突然倾倒，您那织麻般团结起来的百姓交谁掌管？谨奏告所思及之言，请大汗降旨。"

成吉思汗觉得有道理，降旨说："也遂虽是妃子，但她说的话很对，我竟没有想到要选继承人。"

成吉思汗三十九名后妃，地位最尊贵的是结发妻子大皇后孛儿台旭真。她生了四个儿子：长子拙赤（有的书作术赤）、次子察合台、三子窝阔台和幼子拖雷。他们都在蒙古帝国中担任要职，均带领相当数量的蒙古骑兵，并在征战中树立了权威、增强了实力。成吉思汗替他们各自选择了一项特殊的职务：他命长子拙赤掌狩猎，这是蒙古人的重要游乐，很受他们的重视；次子察合台掌札撒和法律，既管实施，又管对犯法者的惩处；窝阔台负责智力、谋略的事，治理朝政；拖雷负责军队的组织和指挥，及兵马的装备。可以说成吉思汗的这四个儿子分管了蒙古汗国的礼乐、司法、朝政、军事四方面的大权。

尽管蒙古汗国没有立嫡长子为太子的传统。但四兄弟当中，拙赤毕竟年长并功绩卓著。所以，成吉思汗首先询问他的意见。然而，拙赤还未回答，察合台抢先大声嚷嚷起来："父汗让拙赤说话，莫不是要传位给他？我们怎能让这蔑儿乞惕野种管治？"

察合台称自己的兄长为"蔑儿乞惕野种"。这句话如针尖一般刺激了拙赤。原来，拙赤的出生一直很有争议。当年，铁木真的力量还不够强大的时候，孛儿台旭真被蔑儿乞惕人俘虏。并被收娶为别人的妻子。数月后，铁木真借助札木合、王汗的大军消灭了蔑儿乞惕部，孛儿台旭真得以返回成吉思汗身边。而拙赤就是孛儿台旭真在返回的归途中所生。因为时间的凑巧，正好是九个月的时间。拙赤究竟是孛儿台旭真在被俘前所怀还是被俘后怀上的,一直众说纷纭。这关系着拙赤是不是成吉思汗儿子的重要问题。尽管成吉思汗对待拙赤和对待其他三个儿子没有任何差别。但无论拙赤本人还是另外三个儿子,都免不了有自己的想法。

拙赤也是个血性的蒙古汉子,怎受得了察合台这样当众的侮辱,站起来就揪住察合台的衣领,说:"我从来没有听到父汗对我有另眼相看的话,你怎么能把我当成外人?你有什么本领胜得过我?你只不过脾气暴躁而已!"

接着,拙赤提出了挑战:"我同你比赛远射,如果我败给你,我就割断拇指扔掉!我与你比赛摔跤,如果我败给你,我就倒在地上永不起来!"

说到这儿。拙赤向成吉思汗请示:"儿臣愿听父汗圣裁。"

两人就这么僵持着,成吉思汗却没有马上表态。

旁边的阔阔搠思出面劝说,他虽然表面上指责察合台鲁莽,不可

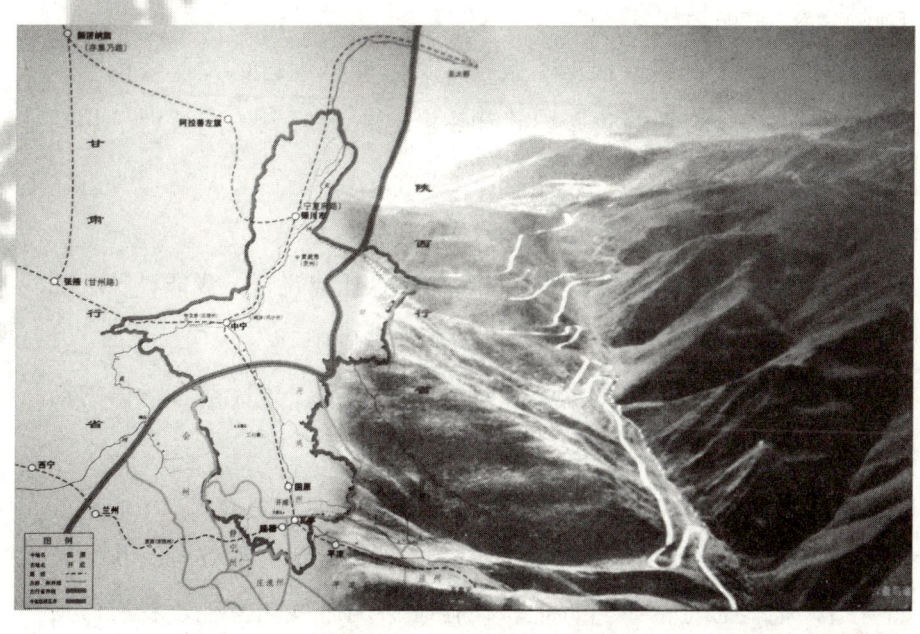

元代交通路线示意图

以这样责怪热爱你的母亲，令她伤心，但暗中却点出拙赤并非成吉思汗之子。阔阔搠思是成吉思汗的老部下，但现在正受命辅助察合台。

成吉思汗这才说道："怎么可以这样说拙赤呢？拙赤不是朕的长子吗？以后不许说这样的话！"

察合台听父汗说话了，不再揪扯，转而笑着说道："拙赤的气力、本领就不用说了。父汗的长子是拙赤和我两人，我们愿意一起为父汗效力。谁如果躲避，大家一起把他劈了；谁如果落后，大家一起砍断他的脚后跟。"他虽是这么说，但还是暗中下套，不愿意拙赤成为新汗王，于是提议："窝阔台敦厚谨慎，我们大家都推举他吧，让他在父汗的身边，接受继位者的教育。"

成吉思汗的儿子们当中，察合台与窝阔台之间有着亲密的情谊。窝阔台本人则以公正、坚强、宽宏大量、聪明能干而著称。

成吉思汗要为国家确立新的继承人，其基本原则就是从诸子中挑选最贤能者。他认为窝阔台确实是合适的人选。但仍然不急于表态，他问拙赤："你是什么态度？"

这种情况下，即便拙赤不服气。又怎能再为自己说什么话呢，只好回答："察合台已经说了。我和察合台二人愿意一起效力，共同推举窝阔台。"

接下来，成吉思汗问窝阔台："你是什么意见？"

窝阔台自然非常高兴，说："父汗降恩让我说话，我能说什么呢？我能说自己不行吗？今后我尽自己的能力去做吧！"

成吉思汗对窝阔台的表态很满意，点头说："窝阔台，你的话正合我的心意。"

然后，他将目光转向小儿子拖雷，问拖雷有什么意见。

拖雷毫不迟疑地回答："我愿辅佐父汗指定的继位者。我会在他的身边，把他忘记的事告诉他，在他睡着的时候叫醒他。我愿做应声的伴从，做策马的长鞭，愿为他长途远征，愿为他短兵搏战！"

成吉思汗发出爽朗的笑声："说得好！"于是郑重地降旨："台撒儿的子孙让一个人掌管，阿勒赤歹、斡惕赤斤、别勒古台的子孙都让一个人掌管。朕的子孙也让一个人掌管。大家如果不违背朕的旨意，不毁掉朕的旨意，你们就不会有过错，不会有失误。"

就这样，成吉思汗把继承人拟定为窝阔台。

1227年，7月，成吉思汗病危，一天晚上，他忽然做了一个奇怪的梦，据此，他意识到自己将不久于人世，于是派人将驻兵于附近的儿子窝阔台与拖雷召到身边，郑重地立下临终遗嘱："吾儿，父殂至寿终矣。赖长生天之助力，吾已为汝等建此大帝国。自国之中央达于四方边极之地。皆有一年行程。设若汝等欲保其不致分解，则必同心御敌，一意为汝等之友朋增加富贵。汝等中应有一人承大位，吾死后，汝等应奉窝阔台为主，不得违我遗命。察合台不在侧，应使其勿生乱心。"

此时，成吉思汗的四个儿子中，拙赤已去世，窝阔台最大的威胁者消失了。察合台一直拥护窝阔台，成吉思汗死后仍然如此。拖雷本人也多次强调自己对窝阔台的拥护。所以，窝阔台的继位似乎是毫无悬念的。

按照游牧民族"幼子守产"的习惯法，在成吉思汗逝世后，小儿子拖雷实际上继承了成吉思汗本人所统领的诸部及大部分军队。就以12.9万的漠北自由民骑士为例，成吉思汗诸子诸弟共分得2.8万，其余的10.1万人都属于成吉思汗，成吉思汗死后则全部属于拖雷。这便意味着虽然按照成吉思汗的遗嘱，窝阔台将成为整个国家的汗王，但其本人实力却远低于弟弟拖雷。这一看似矛盾的处理，体现了成吉思汗的另一观念，即：他认为汗位是属于整个黄金家族的，而不只属于自己。所以，在自己的财产继承上，他遵循"幼子守产"的习惯法。但在汗位的继承上，他不愿意以"幼子守产"的方式进行，而采取以贤能而定的方法。如此处理，在成吉思汗看来，就是将公与私分别按各自的原则处理，是最妥当的。

1227年，成吉思汗在六盘山病逝，幼子拖雷按照幼子守产的旧俗，暂时摄政，全面管理蒙古国。

按理，成吉思汗既然已经在生前确定汗位继承人，监国摄政的拖雷就应该及早召集忽里勒台（注：蒙古宗王大会，拥有选举大汗的权力），在大会上正式推举窝阔台为大汗，履行一下法定的程序。但是，直到1229年春天，在汗位虚悬了两年后，拖雷才召开忽里勒台，使人不得不怀疑监国摄政并握重兵的拖雷在这二年当中是不是做了有利于自己的布置。

据史载：1229年春天的这次选汗大会相当和谐圆满，窝阔台继位的过程十分顺利。

但事实真相是，会议预定开四十天，前三天照惯例，大张筵席，狂欢滥饮。此后便开始讨论汗位问题。经过三十七天的争议，仍"议犹未决"。时任监国的拖雷本就不情愿窝阔台即位，而他作为忽里勒台大会的主要召集人和主持者，内心对忽里勒台大会本就怀有异议，所以，他的计谋在一个"拖"字，不愿交出大权。拖雷给亲王们做了很多工作，所以，很多人在忽里勒台上依旧推选拖雷当大汗。

拖雷手握重兵，又有幼子守产的习俗做依据，但是，察合台等人则坚决反对窝阔台放弃汗位继承权，两方面依旧争执不下。

重臣耶律楚材深明其中奥妙，知道旷日持久的争议可能会造成内讧，从而影响统一大业，故而挺身而出，禀奏拖雷"宜早定宗社大计"，拖雷对曰："事犹未集，别择日可乎？"耶律楚材以今日正是吉日，请求立断，错过"无吉日矣"。

众人一向敬服耶律楚材，闻此言纷纷附和，拖雷见人心所趋，自知敌不过众人，只好退让，表示支持乃兄继位。窝阔台就此正式登上汗位。

拖雷为避免一场宫廷内乱，主动退让，是顾全大局之举，但不等于他就此放弃了争夺汗位。因为按照蒙古"兄终弟及"的原则，他仍有机会做大汗，何况术赤系宗王依然支持自己而且自己大权在握呢！这些都为后来血雨腥风的斗争埋下了伏笔。

1232年，在讨伐金朝的过程中，窝阔台得病后没几天，便昏迷不醒，近侍者召巫士前来占卜。一天，窝阔台忽然睁开眼，要水喝，又问巫师吉凶如何，巫师道："可汗片刻可愈，必须以亲人代之。"当时恰好拖雷来探病，请求代兄事神，巫师取来一施过咒语的水，拖雷饮毕，立即死亡。

拖雷之死，朝廷上下颇有议论，或言神祇显灵，或言别有阴谋。史官记载此事时，一方面给拖雷之死蒙上一层神秘的色彩，一方面又大肆渲染拖雷代死饮用咒水之事。

蒙古人极度迷信，这一点是毋庸置疑的。因此，当时窝阔台病重而由此通过巫咒之水来转移病害、由其亲人饮之代死的提议，道理上是说得通的。只是目前关于拖雷之死的争议，主要在于拖雷当时饮下的所谓巫咒之水，到底是窝阔台乘机在其中下了毒，还是真的只是水质不干净。

所谓巫咒之水会比较脏，是大有可能的。如有些做法是把烧纸后剩下的灰烬用水兑开了喝，烧的过程中如果含有杂质。经过氧化作用形成可溶于水的有毒物质，那当然是有可能导致人生病而致死的。另一方面，即使没有什么有毒物质，但这样的水含菌量比一般的饮用水要高，如果当时拖雷有伤风感冒的小病在身，身体抵抗力下降，喝下不卫生的水而致死，亦非奇事。

另外，西方的史书所载，却是指拖雷死于饮酒过度而致的酒精中毒。蒙古人酗酒的情况很厉害，蒙古上层贵族中似乎不少人都是这样死的。

还有一种说法认为，拖雷的死亡也许是归于功高震主之祸。灭金之战是拖雷军事生涯的巅峰。灭金的功劳使窝阔台心里十分不舒服，甚至畏惧。也就是在这种背景之下，巫师与窝阔台合作演了一台戏，暗中在咒水中放了毒药。拖雷饮咒水时没丝毫防备，中毒后于几天后死去。

拖雷死后，窝阔台封锁消息，直到返回蒙古草原后才予以宣布，这种举动只能说明他心里有鬼。据说，拖雷临死前说了几句话，意在乞求窝阔台手下留情，不要再加害他的妻儿。

拖雷之死，并没有这样的结束，他的妻子该登场了。

拖雷的妻子唆鲁和帖尼是一位非常聪明干练的女性。她在听到拖雷的死讯后曾哭闹道："我那心上人，他为谁牺牲自己？他为谁而死？"可见，她是怀疑拖雷的真正死因的。这位能干的女性并没有就此罢休，她苦心抚育四个儿子长大成人，并且注意收揽人心，赢得了各方面的爱戴。面对这位聪明的弟媳，窝阔台只得放弃了削弱拖雷系力量的打算。

但是，对窝阔台毒杀自己丈夫的行为，唆鲁和帖尼是不会善罢甘休的。有种种迹象表明，窝阔台也是被唆鲁和帖尼以牙还牙，投毒致死的。

唆鲁和帖尼有个姐妹，叫亦八哈，她的儿子是个厨师。按照唆鲁和帖尼的安排，亦八哈每年都要带着儿子从她的驻地前去侍候窝阔台，为他安排宴席并在席间为他斟酒。在窝阔台即位后的第十三个年头（1241年），亦八哈像往年一样携子来充当窝阔台的上酒人，这时，窝阔台因为酗酒过度而在睡梦中死去。到凌晨时，他的妃子、大臣都指控亦八哈和她的儿子，说他们在酒中下毒毒死了大汗。可窝阔台的族兄弟按赤台却说："这是什么蠢话？亦八哈的儿子是上酒的宝儿赤（厨坪），台罕（指窝阔台）则经常酗酒，为何我们要诽谤台罕，称他死于他人之手？他的大限已到，不要再说这些话！"于是，人们这才解除了疑虑。

虽然大多数史料都称窝阔台是饮酒过度而死，但我们确实无法排除唆鲁和帖尼故意安排人长期潜伏，在得到窝阔台的充分信任后再下手毒杀他的可能性。虽说此后窝阔台被人害死的舆论逐渐销声匿迹了，但蒙古汗位之争以后却愈演愈烈，从贵由（窝阔台之子）到蒙哥、忽必烈（二人均为托雷之子）的继位都颇费周折，宫廷斗争屡屡出现。

# 六盘山平定浑都海
# 阿难答皈依伊斯兰

窝阔台做了十二年的大汗之后，在1241年十一月病死，由其长妻乃马贞氏执政，后来她的儿子贵由做了两年大汗。贵由死后，由拖雷的长子蒙哥继承了汗位，从此蒙古大汗以及后来的元朝皇帝从窝阔台转移到拖雷系。

元宪宗有两个同母弟，一是忽必烈，宪宗令其统治沙漠以南之地。另一个是阿里不哥，宪宗令其统治沙漠以北之地。两人都有相当大的势力。

宪宗末年（1260年）正月，蒙古主派兵进攻忠雅，进逼夔州（四川境）。后来，派人往合州劝降，使者被宋守将王坚杀掉。宪宗遂做长久围困之计，又恐后方空虚，命令大将军珲塔哈（浑都海）率兵两万驻守六盘山；令奇尔台布哈驻守青居山，并令耨埒在涪州（四川境）之蔺市搭造浮桥，截断宋军援路。二月，会师围攻合州。七月，元宪宗负伤，殁于钓鱼山。殁后，由阿里不哥监国。同年，阿蓝答儿同六盘山守将珲塔哈、脱火思、脱里察等，密谋拥立阿里不哥。此事被元燕妃探知，遂派使者告诉忽必烈。忽必烈召集将佐商议。郝经说："阿里不哥已行赦令，令脱里赤为断事官、行尚书省，据燕都，按图籍，

号令诸道，行皇帝事矣。虽大王素有人望，且握重兵，独不见金世宗、海陵之事乎！若彼果决，称受遗诏，便正位号，下诏中原，行赦江上，欲归得乎？愿大王以社稷为念，与宋议和，许割淮南、汉上、梓夔两路，定疆界岁币。置辎重，以轻骑归，渡淮乘驿，直造燕都，则从天而下，彼之奸谋僭志，冰释瓦解。遣一军逆蒙哥罕灵舆，收皇帝玺。遣使召旭烈、阿里不哥、摩哥及诸王驸马，会商和林（今蒙古人民共和国杭爱山东）。差官于诸路抚慰安辑，命王子珍戬镇守燕都，示以形势。则大宝有归，而社稷安矣。"忽必烈遂与宋合约，自湖北武昌轻骑北上，驻军燕京（今北京）近郊。三月，又至开平。廉希宪得知阿里不哥已令刘太平及大将果拉噶往陕西行尚书省事，恐其勾引关中、六盘，动摇秦蜀，即请忽必烈派遣赵良弼往陕西并巡视六盘山。

这时。元诸王合丹、木哥、塔察儿等同元诸臣僚奉命齐聚开平，只有阿里不哥未到，忽必烈即自立为皇帝。令巴崇、廉希宪、商挺为陕西、开成等路宣抚使，赵良弼为参议司事。按照蒙古的传统惯例，选汗的忽里勒台应在鄂嫩河、克鲁伦河之地举行，而且必须有各系的宗王参加。忽必烈在汗地自行集会选汗，显然与传统惯例不合。阿里不哥留守和林、大斡耳朵，见忽必烈自立为帝，即行分派心腹，换置将佐，大量散发金银，犒赏士卒。又令刘太平、果拉噶前往陕西拘收钱谷，与手握重兵驻守六盘山的珲塔哈、成都的明里火者、青居山的乞台不花等暗相结纳并约定自关中发兵。阿里不哥在和林举行大会，宪宗诸子阿速台、玉龙答失及察合系的宗王拥立阿里不哥为汗。六盘山的珲塔哈同阿蓝答儿劫六盘府库，举兵响应，三秦、陇上人心惶惑，举土骚动。

五月，刘太平、果拉噶、廉希宪等也将入陕；刘太平等乘驿先入长安，图谋事变。第三日廉希宪到达长安。他先发制人，首先宣布忽必烈的旨意，令人前往六盘山安抚军队。蒙古国家军队的主力缘由宪宗率领伐宋。宪宗死后，由大将哈剌不花率领退驻六盘，与珲都海会合驻守。这时，六盘驻军不下四五万人，因此六盘驻军的举动举足轻重，成为忽必烈与阿里不哥争夺的重点。不久,忽必烈抓到六盘派来的密使,经廉希宪审讯,尽得刘太平与六盘往来的实情。廉希宪便以六盘为忧。商挺说:"为六盘,有三策:悉锐而东,直捣京兆(西安),上策也;聚兵六盘,观衅而动,中策也;重装北归,以应和林,下策也。"廉希宪问道:"彼将何从?"商挺对曰:"必出下策。"于是廉希宪大集僚佐说:"主上命我辈,正为今日。"即派兵掩捕在长安的刘太平、果拉噶等。复令刘嶷往成都诛杀明里火者;汪惟正往青居山诛杀乞台不花。忽必烈又诏令陕西、四川宣抚使八春节制诸军。又令巩昌权总帅汪良臣统率陕西汉军,防御六盘。

浑塔哈见长安有备,加之蒙古军眷恋北方,遂于八月,尽领六盘之众,西渡黄河,奔往甘州(今甘肃张掖),阿蓝答儿奉阿里不哥命令,自和林率兵南下,复与浑塔哈合军南下,诸王哈丹率骑兵与八春、汪良臣会师,遂分兵三道相拒。双方列阵相对,汪良臣乘天刮大风,令军士下马,用短兵冲其左侧,扰其后阵,溃敌右翼而出;八春直捣正面,哈丹勒率精骑,截敌归路。遂在甘州以东删丹大战,杀浑塔哈、阿蓝答儿。六盘之变遂平定。

穆斯林长老教导蒙古王子学习伊斯兰文化

至元九年（1272年）冬，忽必烈封皇子忙哥剌为安西王。至元十七年（1280年），忙哥剌病逝，其子阿难答袭承王位，其所辖居民大多数为木速蛮（信仰伊斯兰教的穆斯林）。阿难答自幼被托付给一位穆斯林抚养，因此，阿难答对伊斯兰教的信奉非常虔诚，他不仅对伊斯兰教经典《古兰经》十分精熟，并且对阿拉伯文也非常精通。他的阿拉伯文写得很好。阿难答在其所辖地建立清真寺，经常念诵《古兰经》，大力提倡伊斯兰教，在其统率的军队中传播伊斯兰教，其军队大部皈依了伊斯兰教，阿难答还下令对蒙古儿童行伊斯兰教的割礼，从而使宁夏回族的来源中又加入了蒙古人的成分。

银瓶（蒙元时期、王都统宅造）

　　阿难答皈依伊斯兰教，受到了以尊崇佛教为国教的元朝政权的蒙古贵族的责难，并向元成宗铁穆耳告发了阿难答的行为。元成宗听后十分生气，派使臣规劝并阻止阿难答，逼迫他改信佛教。阿难答对伊斯兰教的信仰坚定不移，拒绝了元成宗使臣的劝说。不久，元成宗将阿难答软禁在京城，强迫他闭门反省思过，静心向佛。其后未久，元皇太后阔阔真了解到阿难答在唐兀之地很有威信，颇得人心，且他又手握重兵，管辖西部大片土地，若采取强硬手段，可能会激起军民不满而发生事端。遂让元成宗释放了阿难答，对他的信仰与传播伊斯兰教的行为不加干涉。从此，伊斯兰教便在西部蒙古军队中和宁夏、陕西、甘肃等地

金碗（蒙元时期）

开始公开传播。阿难答还曾命令可马喇丁编写两部"回回历日"供其所用,所用纸张还要用上等"回回纸扎"。

元大德十一年(1307年),安西王阿难答因争夺帝位失败而被杀。但由于他大力提倡伊斯兰教,以至其统率的蒙古军队大部皈依了伊斯兰教。这些皈依了伊斯兰教的蒙古军队,天长日久,与当地其他回回人融合在一起,成为固原回族的组成部分。

## 忽必烈开城建上都
## 铁木耳谋反终王位

元世祖至元九年(1272年)十月,封皇子忙哥剌为安西王,以京兆、六盘为封地,驻兵六盘山。1273年三月,以皇子安西王分治秦蜀,于开成设立王府。

"开成"命名的含义深广。1251年,蒙哥即大汗位后,命弟忽必烈总领漠南汉地军国庶事。忽必烈受命后,命刘秉忠于滦河上游选地

忽必烈

建城，营造宫室，名为开平。中统四年（1263年），以开平为上都。元建大都（今北京）后，上都为夏都。元代，历代帝王"巡幸两都，岁以为常"。每年春夏之交，元帝离开大都到上都开平去游猎避暑，入秋以后又从上都回到大都，称为"时巡"。开平与开成的命名有必然的联系。

至元十三年（1276年），进军四川的宗王南平王秃鲁领兵数千人调防至六盘山镇守。次年，元世祖命安西王领兵北伐，藩王秃鲁趁机起兵于六盘山叛忽必烈。时赵炳为安西王相，自京兆领兵讨伐。赵炳命别速带和汪惟正领兵北进，经平凉至六盘，秃鲁先据西山，汪惟正分兵左右翼，击溃秃鲁兵，汪惟正领兵追击，逾三山至硝河，擒燕只哥，秃鲁被俘。汪惟正以平叛有功，授开成路宣抚使。至元十五年（1278年），秃鲁所部兵又叛，赵炳等领兵平息。

终元之世，北边诸王势力的叛乱活动没有停止过，有时仍然对元廷构成严重的威胁。1269年，窝阔台之孙海都据守塔拉斯河谷叛变，以他为首的西北诸王的反抗元廷的军事斗争一直延续到1310年。西北部一直是忽必烈及其继承者放心不下和十分注意的地区，六盘山地区

安西王府遗址

成为防范西北诸边王的重要军事基地。直至泰定四年（1327年）三月，湘宁王八剌失里由六盘山移镇上都。

忙哥剌受封为安西王后，拥有一方螭纽金印。至元十年（1273年），忽必烈赐其秦王封号，再赐一块兽纽金印，并命令为安西王在长安和六盘山分别兴建安西王府和开成王府。安西王府为冬宫，开成王府为夏宫。由此，安西王就成为号称"一藩二印，两府并开"的一方雄藩。

忙哥剌时，安西王府统辖地域广大，包括今陕西、四川、青海、甘肃、宁夏、西藏等省区全部，以及山西、云南、内蒙古等省区的部分地区。

京兆的安西王府与开成王府相比，有两大区别：一是安西王府建筑相对集中，建有高大墙垣保护，而开成王府建筑分散，占地广大，"土木之工，雕楹绘塘；朱待统疏，匹帝之宫"，其规模超过安西王府。二是王府选址的地形条件有很大区别。开成王府位于坡地，各建筑之间似无规整的分布规律可循。而安西王府位于浐河下游西岸的平原上，呈长方形，有明显中轴线。开城王府"依山"，而安西王府"傍水"，这与两者之间"避暑""越冬"的设计初衷在一定程度上互相吻合。

至元十年至十五年（1273～1279年）年间，元军与南宋军队在四川等地仍处于交战状态。这一时期，六盘山东麓的开成王府直接控制着四川的战局。而到了战火平息之际，京兆安西王府在自然环境、交通区位、历史文化、商业贸易等各方面，其重要性高于偏处一隅的开成安西王府。

开成安西王府位于今宁夏固原原州城南二十公里处六盘山北段东麓。南北长约三千五百米，东西宽500～1000米，按现在地名自南而北主要分黑刺沟、北家山、开城村、长虫梁和瓦碴梁。另在附近银平公路东侧的梁峁上有平民墓葬区。北家山设有安西王府的御苑。长虫梁有王府宫墙和宫殿。宫城平面呈"凸"字形，由主城和瓮城构成，坐北朝南。城垣周长约一千六百米，面积约十六万平方米。主城东墙长约四百七十五米（含角台与门址），南墙长约三百二十八米（含角台与门址），西墙长约四百五十四米（含角台与门址），北墙长约三百四十一米（含角台），墙基宽9～16米不等。东、西和南三面辟门。东门位于东墙南部，门道外侧有凸出墙体的门阙。西门位于西墙中部偏北处。西、东门向外均有宽24～32米、长约百米的土路面。南门位于南墙中部，门道内有踩踏活动面，上有砖石块。瓮城平面长方形，其形制相对主城很小，处于主城南墙中部外，围护主城南门，由东、西和南面墙垣构成，在南面墙的中部正对主城南门位置开瓮城南门，其门道东西宽约十三米。

六棱形铜权
（蒙元时期）

开城安西王府的建筑规模格局符合元代宫殿的建筑形式，即讲究对称和装饰。中央建筑物处在地北中轴线上，其他重要建筑物沿中轴线对称分布于中央建筑物的两侧。从建筑物基址发现色彩绚丽的琉璃饰件与石刻品，既反映了当时建筑的辉煌壮观，也表明了当时建筑的等级规格、皇家气派。在城内留有大面积的空旷地带，符合蒙古人的习俗要求，体现了少数民族的建筑风格。城四角的独特角台形制及宫城附置长方形小瓮城，与元大都、上都城门外筑瓮城的做法相似。

忽必烈对安西王府的修筑非常重视，诏令定西王宫室的建造由有修建城邑经验的赵炳主持，悉听炳裁制。

忙哥剌受封以后，在京兆、六盘两地分别同时大兴土木，修筑安西王府、安西王相府。对于安西王府，根据忽必烈的旨意，听任为宫邸，尽量满足忙哥剌修筑安西王府的要求，从规格、等级都给予优待。在经费方面也全力予以支持。至元十年（1273年），诏建京兆、开成王城，宫邸费用不足，取之朝廷，多至一百三十万褚币。

安西王的经费十分可观。一为岁赐。岁赐，缎一千匹，绢一千匹。

江南户钞,至元十八年(1281年),分拨吉州路六万五千户,计钞二千六百绽。二为封地收入。按照规定,由诸王的代表(为达鲁花赤一员)监督分地分户所在路府州县的课差五户丝,王府不能私征。先全部收交官府,然后按照应得数,再转归于王府。三是盐课。《元史·食货志二》载:"国之所资,其利最广者莫若盐。""有旨,以解州盐赋,给王府经费。"山西解州盐赋,为安西王府经费。四为屯田收入,屯田收入部分为安西王府经费。此外,尚有朝廷额外的恩赐,安西王辖区内的诸侯王、郡牧、蕃首也经常孝敬贡奉安西王金银珠宝财物。

安西王的官府、属吏,分为两套班子。一是王相府及其所属官员,王相府兼管军民之政,总揽全局。王相是安西王的咨询、顾问办事大臣,王相府是王府的执行和办事机构,有一套官僚组织,王相之下有左、右丞,首令官,令史,郎中令等。另一是王府及其所属官员,王府的最高官员是王傅,主要管理王府内部诸事,一般不干涉地方军政。

安西王王相府,首任王相商挺,为忽必烈潜藩京兆时的旧臣,忽必烈嘱托商挺,安西王年纪轻,黄河山陕交界迤西的事情全部委托于你。

忙哥刺初封安西王,向王相商挺问治理之道,商挺进十策:睦亲邻,安人心,敬民时,备不虞,厚民生,一事权,清心源,谨自治,因根本,察下情。安西王忙哥刺采纳挺灼见。安西王广招贤士,元代大文学家姚燧为秦王府文学。至元十一年(1274年),安西王奏求忽必烈让廷臣参知、北京行中书省事李德辉为自己王相。授赵炳京兆路总管,兼府尹,并让赵炳监督安西王府史卒,有不法之徒,大胆陈奏,绳之以法,后又加封赵炳为王相。

至元十六年(1279年),王相赵炳入朝,忽必烈问及关中及王

瓷猫枕
(蒙元时期)

相府情况，赵炳奏转运使郭琮、郎中令郭叔云等窃弄威柄，恣为不法，盗用官钱等事情。忽必烈改封赵炳为中秦大夫、安西王相，兼陕西五路西蜀四川课程屯田事。赵炳回到陕西，转运使郭琮等得知赵炳告发了他们的不法行为，事已暴露，假借嗣王阿难答旨，给赵炳罗织罪名，将赵炳全家拘禁，投入监狱，企图灭口。当时阿难答在六盘安西王府，郭琮等把赵炳等转移囚禁于平凉崆峒山，监视极严。

赵炳被囚，其子赵仁急赴京师向忽必烈上诉，忽必烈立即命令近侍火速到六盘山解救赵炳，将郭琮及其同伙械京。到六盘山后，郭琮用酒灌醉使者，并遣人毒死赵炳于平凉狱中，忽必烈听到这个消息，抚髀叹道："失我良臣！"械系郭琮等百余人到京，朝廷怀疑有隐情，忽必烈亲自鞫问，了解到真实情况，将郭琮等百余人全部处决。王府侍女奚察察尔参与其事，奚察察尔被当作替罪羊杀掉。临刑，为求生，透露了一些真情。并涉及另一王相商挺。原来主谋是阿难答母故秦王妃，她纵容郭琮私自妄为。商挺被捕，诸儒纷纷为商挺说情。数年后，忽必烈才答应释放商挺，商挺从此一蹶不振。

赵炳被害，商挺被捕，另一安西王相李德辉应诏前往贵州平定叛乱期间病故。王妃凌驾于王相府之上，草菅人命。赵炳被害事件透露出王府与相府的矛盾。矛盾的焦点是安西王府与朝廷在陕西利益的争夺。

至元十七年（1280年），忙哥刺病卒，忽必烈撤销王相府，仅留王府管辖安西王领地，结束安西王兼辖陕西五路西蜀四川河西吐蕃等处的历史使命，恢复陕西四川行省。以前任王相府右丞伯不花开省京兆。行省设立后，安西王府仅领有京兆安西王城和六盘山开成路等地，其余归属行省。阿难答嗣位的诏令，未见记载，其原因恐怕是安西王位已经失去原来的意义显得无足轻重，仅仅是有分地的封号。至元二十年（1283年），安西王相府首令官、令史，吏属一体转入行省地方官府，裁撤王相府官吏。

同年十一月，撤销开成路屯田总管府，入开成路，隶京兆宣慰司，

将安西王相府所管开成路屯田事划归地方政府。

大约在此时,阿难答袭安西王位,弟按摊不花袭秦王印。至元二十年(1283年)五月,敕以陕西按察司输罚钱于秦王。至元二十一年(1284年)二月,拔屯兵七百余人赴安西三处屯田,给以牛具。从这两条诏文来看,安西王和秦王已经分别即位。至元二十二年(1285年)二月,元世祖忽必烈为皇孙阿难答立衍福司,设立官制,这可能是对其削权以后的安抚措施。至元三十年(1293年)正月,安西王阿难答想恢复安西王一世时的部分权力和待遇,请仍旧设常侍,元世祖忽必烈不允。八月,忽必烈下令"给安西王断事官印"。十二月,诏令"以铁赤、脱脱木儿、咬住、拜延四人并安西王傅",但仍不允许设安西王相。至元三十一年(1294年)正月,忽必烈死,铁穆耳继位,号成宗。阿难答乘铁穆耳新立,不断给他施加压力,要求恢复安西王原来的权势。元贞元年(1295年),阿难答亲自到京师觐见成宗,要求重新设立王相府。成宗没有应允。安西王阿难答等都说所部贫困,朝廷赐给安西王钞二十万绽,又给安西王山后民米一万石。二月,阿难答又命其王傅铁赤等,"复请立王相府",成宗当即拒绝,令安西王所需由陕西省供给。六月,安西王所部出征军家属乏食,成宗又给粮两千石赈济。十一月,给安西王甲胄、弓箭等兵器十五万八千件。成宗极力抚慰安西王。次年正月,安西王王傅铁赤、脱脱木儿等又至京师复请立王相府。成宗回答说,就按你们请示的办,可以设立王相府,但只能行王傅事。这就是说王相府的王相只有王傅的权力,只能管王府内的事,可谓换汤不换药。

安西王要的是征收赋税和管理军站的权力。没有达到目的,又提出一个要求,报请成宗批准在六盘山兴庆园池建延厘寺,以纪念忽必烈和皇后。元贞二年(1296年),成宗批准动工,至大德七年(1303年),历时三年竣工。元成宗为修建延厘寺,加赐黄金二百五十两,褚币五万贯,米一千四百五十石。建筑规模及样式,仿大都(北京)

敕建诸寺的形式，规模略小，命名曰延厘寺。

大德十年（1314年）八月，开成路地震，安西王宫及宫民庐舍皆坏，压死故秦王妃也里完等五千余人。成宗给钞一万三千六百余绽，粮四万四千一百余石。

大德十一年正月，成宗病死，阿难答企图拥兵自立为帝。左丞相哈剌哈孙与可沙不花得悉这一情况，密遣使报北边怀宁王海山（后继位为武宗）和出居怀州的亲王爱育黎拔力八达（后继位为仁宗）。海山、爱育黎拔力八达拥太后自怀州入京师，杀死立阿难答的阿忽台等人，迎海山。五月，皇帝海山于上都继皇帝位，是为武宗。武宗废皇后伯要真氏。又捕安西王阿难答等人均赐死。

至治三年（1323年）八月，诸王月鲁铁木儿，按梯不花，孛罗等杀死英宗。九月，也孙铁木儿继位，是为泰定帝。至治三年（1323年）九月，以阿难答子铁木耳继安西王位，泰定帝追治反叛余党，月鲁铁木儿因与铁赤等谋反，被流放到云南。不久放还。遂降开成府为州。

安西王的设置历三世而告终。

明洪武元年（1368年），明军占领元大都，元灭亡。次年，明大将徐达从隆德西来，翻六盘山占领开成，今平章俞通源立栅守开成，自己领兵奔袭元豫王，所获豫王人口车辆送开成州。九月，徐达命令断事严某主管开城州，以前州判马思忠同治州事。正统六年（1441年），降开城州为县，隶平凉府。景泰三年（1467年）闰九月，在故原州城设固原守御千户所，迁开城县于千户所。景泰五年（1469年）十月，升千户所为固原卫，弘治十五年（1502年），升开成县为固原州，结束了开成的历史，自元至元十年（1273年），改原州为开成路并设府辖开成县，至明弘治十五年（1502年），升开成县为固原州，开成历史约二百三十年。

## 逐残元徐达定西北
## 悟"亢龙"大帅求还乡

至正二十七年（1367年）十月，明征虏大将军徐达同副将军常遇春，率兵二十五万，北取中原，东下济南。洪武元年（1368年）二月，克复东昌，山东略定。三月，又下汴梁（开封）。四月，在洛水北大破元兵，围攻河南，元梁王阿鲁温投降，河南悉平。这时，明太祖朱元璋亲至开封，令都尉冯胜西破潼关，元将李思齐败奔凤翔，张思道逃奔鄜城。明军进驻华州。七月，徐达又奉命北征，克通州，元顺帝北逃。八月，朱元璋又至北京，令徐达取山西。洪武二年（1369年）正月，明军连下大同，山西略定。

在陕西，元将哈麻图方踞长安，李思齐驻军凤翔，张思道驻军鄜城，张良臣驻军庆阳，互通声援，犄角相应。三月，徐达率轻骑直捣长安，张思道狼败逃窜，常遇春部直逼凤翔，李思齐复奔临洮。这时，徐达师进驻凤翔，召集诸将，商议进取之策，大家说："张思道之才不如李思齐，而庆阳易于临洮，请先由邠州直取庆阳。然后从陇西攻临洮。"徐达说："不然，庆阳城险而兵精，猝未易拔也，临洮北界河、湟，西控羌、戎。得之，其人足备战斗，物产足佐军储。蹙以大兵，思齐不走，则束手就缚矣。临洮既克，于旁郡何有。"于是决议西进。

四月二日，徐达大军遂过陇州，兵次故关山。六日，克秦州。十一日遂至巩昌，进迫临洮，李思齐不战而降。复破兰州。二十一日，徐达大军至静宁，元知院杜伯卜哈遁去。令将攻下隆德县。二十二日，徐达大军度六盘山至开城。侦知元豫王驻军西安州，遂令俞通源在开成立栅驻守，移兵趋西安州，次于海喇都。又令右丞薛显率兵五千，往袭元豫王，元豫王遁走。五月一日，徐达师至红城（今宁夏同心东南），右丞薛显自鸣沙（中卫）送元降将至红城大营。

　　四日，徐达率大军出萧关，两下平凉，直抵泾州，以逼庆阳。张良臣既降又叛，徐达令指挥陈寿守原州，黄旺守泾州。大会诸军，包抄庆阳。俞通源部由临洮东趋泾州，北折庆阳，略定庆阳西面；顾思部略定北面；傅友德部略定庆阳以东。又以偏师驻扎灵州，以遏其冲；陈德部略定南面。徐达亲统大军，当其正面，大军云集，铁堑长围，将庆阳围了个水泄不通。王保保为使对庆阳的包围有所牵扯，遂令韩扎儿攻破原州，明指挥官陈寿被陷没。遂于当夜，又陷落泾州，丁千户退保灵台。八月三日，徐达又令温汉臣署原州同知，刘伯温为原州

刘伯温

判官,并令指挥刘广与铁甲冯驻守原州。二十一日克庆阳,斩张良巨父子。这一胜利,使围攻凤翔的贺宗哲撤围,越六盘山西遁。二十五日,徐达大军由庆阳至驿马关,遂至原州。傅友德等率兵来会。九月,徐达师至平凉,令严某知开成州,又令前州判马思忠同治州事。因为贺宗哲自安定犯掠兰州,徐达令冯胜率步骑一万七千人取道静宁往击,贺宗哲闻讯明大军将至,即由迭烈渡黄河北遁。平、庆、临、巩等地已平,明大将军徐达遂自平凉还京师。

推背图

扩廓帖木儿(以下简称扩廓)占据太原,见明军攻克通州,元顺帝北遁扩廓。乘明军不备,准备北出雁门,暗由居庸关入袭北京。徐达召集诸将商议:"扩廓远出,太原必虚。北京有孙都督在,足以御之。今乘敌不备,直捣太原,使进不得战,退无所守,所谓批亢捣虚者也。彼若西还自救,此成擒耳。"于是进击太原。当时扩廓领兵方至保定,闻知明军来袭,果然回军自救。

扩廓部下有一将,名叫豁鼻马,向明军暗约投诚,自请暂存扩廓军中,作为内应。后来,徐达拣选精骑,黑夜往袭,扩廓方在灯下翻阅文书,惊慌失措,赤足跨孱马,领十八骑,逃奔大同,明军遂连下太原、大同,扩廓无处存身,西奔宁夏,南踞陇山以西。

是年七月,扩廓因张良臣叛明,声援庆阳,令韩札儿南破原、泾州,以挠明师。旋被驻守驿马关征虏右副将军冯胜击败,又被陈德破于古城,收其降卒八万余众。

八月,明军破庆阳,斩张良臣,徐达北回。留顾时率领轻骑,往定西部边地,首先在六盘山击败贺宗哲,并经略隆德、静宁、会宁,驱逐扩廓出塞，西边方定。

洪武三年（1370年）正月，朱元璋因王保保在西北为患甚烈，便决意第二次征剿。命右丞相徐达为征北大将军，率冯胜、邓愈、汤和为西路军，自潼关出西安，直捣定西，以取王保保；命浙江省平章李文忠率东路军，出居庸关，入沙漠，以追击元顺帝……四月，徐达率军至甘肃定西，王保保退守定西沈儿峪。明军与王保保军隔沟列阵对垒……四月初九日，徐达整顿军队与王保保展开决战，诸将悉力拼杀，在川北乱坟间给王保保以歼灭性打击，擒获元郯王、文济王及国公阎思孝、平章韩札儿、虎林赤等王公官吏一千八百六十五人，吏卒八万四千五百余人，马一万五千二百八十匹及驼驴骡牛羊杂畜不计其数。仅王保保带着妻儿数人北逃，以木筏渡黄河，经过宁夏，投奔和林（今属蒙古国）。徐达曾派都督郭英追至宁夏，不及而返。洪武八年（1375年）八月十七日，王保保病死。

此次北征，迫使元朝残余势力北撤，明朝西北和北边相对稳定了一些。

西北平定，洪武帝命徐达暂在六盘山屯耕养马。一日，刘伯温从原州专访，二人坐定，刘伯温说："大元帅手握大兵三十万，战将千员，蛰居六盘山弹丸之地，将如何养兵？元帅兵权在握，难道不惶恐不忌讳吗？"徐达低头不语，口不能答。刘伯温说："我有师傅在六盘山修行，我和你是不是可以卜问前程？"徐达收拾行装，备齐礼品，和刘伯温去北窑寺（疑今北联池）访问刘伯温的师傅铁冠僧。

铁冠僧，生卒年不详，元末明初隆德县辅德里人。年少剃度出家，号玄真。后游于华山，在空峰幽谷洞养性，自名灵虚子。后人假以铁冠教刘伯温之言，撰成《透天玄机》。《透天玄机》序载："真乃隆德僧人，能经养精练气，详识三元之气数，周天之劫数，祸福青凶，盈虚清长及一切天文地理，阴阳顺逆无不通晓。""曾以天文地理、奇门遁甲、阴阳逆算、星斗分野并推测中华外夷一切吉凶及一万五千

年三元劫数,尽教于伯温。"(北京师范大学出版社《推背图点注详析》,第137页,李连斌编注)。

铁寇僧见刘伯温引大元帅谒见,也不说什么,只命徐达卜卦。徐达得"乾"卦。铁寇僧说:乾是天的象征,是六十四卦中的第一卦,一个纯阳之卦,它暗示着阳刚的力量是推动万物运转的主导力量。它的爻辞和龙有关:

初爻的爻辞:"潜龙勿用"意为"龙潜水下,应韬光养晦"。

九二:"见龙在田,利见大人"则指"龙现于陆地,有利于拜见贵人"。

九三:"君子终日乾乾,夕惕若厉,无咎",是在说明"君子白天应勤奋努力,到了夜晚仍不可掉以轻心,即使遇到危险,也能化险为夷。"

九四:"或跃在渊,无咎"暗示"龙正处在进退自如之时,无论腾跃而起,还是沉于深渊,都不会有灾难发生"。

九五:"飞龙在天,利见大人"象征"龙终于跃入高空,将大有作为"。

《透天玄机》

上九："亢龙有悔"意旨"龙升上极限，必有灾祸"。徐达何等睿智，如何不懂含义。

从初爻到上九，仅"乾"这一卦就暗示了徐达如何从默默无闻的"潜龙"到功成名就的"飞龙"，再到高处不胜寒的"亢龙"的过程。在这个过程里，即蕴含了韬光养晦的智慧——"潜龙勿用"，也包含了励志行建的修身之法——"终日乾乾，夕惕若厉"，还表达了对物极必反的警示——"亢龙有悔"。

于是徐达上书洪武，请求回乡养老，洪武虽没有立即批准，但心里的想法徐达和刘伯温十分清楚，他们预防着一定会发生的"烹走狗"的一幕。

铁寇僧一番话去掉故弄玄虚的神迷成分，实际就是他以自己的观察告诉功高震主的大臣的急流勇退，避祸全身。

## 朱元璋数下迁徙令
## 大槐树百姓领川资

"问我故乡在何处，山西洪洞大槐树。祖先故居叫什么，大槐树下老鹳窝"。数百年来，这首民谣在中华大地广为流传，妇孺皆知。数以亿计的中国人认为他们先祖的故乡在山西洪洞的一棵大槐树下。这究竟是怎么一回事？

元朝末年，黄淮流域水灾不断，饥荒频仍，民族矛盾激化，爆发了红巾军大起义，元政府予以残暴镇压，激战十余年，两淮、山东、河北、河南等地百姓十亡七八，原本人丁兴旺之地变得道路阻塞、人烟断绝。明初"靖难之役"的拉锯战，更是雪上加霜，许多地方出现千里无人烟的局面。

与中原邻省不同，元政府统治的中心腹地山西，却幸免天灾战乱的祸害，风调雨顺，经济繁荣，使得这里人丁兴旺，加之大批难民落足，山西尤其晋南成了人口稠密的地区。为了发展经济，巩固政权，明初从洪武至永乐十五年（1368～1417年），五十多年的时间里，明政府一共组织实施了八次大规模的移民活动。

移民处原有一座创建于唐贞观二年（628年）的寺院——广济寺，寺院规模宏大，殿宇巍峨，僧众济济，香客不绝。寺旁植有一棵"树身数围，荫遮数亩"的汉槐，汾河滩上的老鹳在树上构窝筑巢，十分壮观。

树下，车马大道横穿而过，四方行人络绎不绝，是个交通要地。由于洪洞地处人口稠密的中心地带，又地势开阔，四通八达，便于集中驻扎移民，因而明政府就在广济寺设局驻员，专办移民事务，大槐树下成了移民的聚散之地。

迁出的移民主要分布于河南、河北、山东、北京、江苏、安徽、湖北、湖南，少部分迁往晋北、陕西、甘肃、宁夏，这些移民后来又转迁到云南、四川、贵州、新疆及东北，如此长时间、大范围、有组织、大规模地将一方之民散移各地，在中国历史上也仅此一例。

当年，移民们就是在槐树下领取"凭照川资"后上路的。临行之时，移民纷纷折槐为记，频频回首，最后看到的只有大槐树和老鹳窝，大槐树和树上的老鹳窝，就成为移民惜别故土的标志。随着岁月的流逝，后人们已记不清到底迁自何县何村，唯有大槐树深深刻在了一辈又一辈人的心里，成为他们共同的记忆故乡。

明朝的移民首先是具有政治性和军事性质的移民。

与历代王朝初兴之时一样，为削弱地方势力，巩固中央王朝的统治，朱元璋自明朝建立伊始，就开始将各地贵族、富户迁往京师，地处北部边疆的山西也不例外。明初，故元"四大王"（元朝的宗室后裔）长期盘踞山西中北部，威胁着中原的安全。山西北接蒙古，群山环绕，是阻挡草原铁骑问鼎中原的天然屏障。

明洪武三年（1370年）六月，"四大王"袭扰大同、武州等地，太原卫指挥使桑桂率军将其击破，在追击中，俘获三大王脱忽的帖木儿，旋即押送京师南京。此后，明朝调集重兵围剿"四大王"，却屡屡受挫。于是，朱元璋决定采取坚壁清野的战略，大规模迁徙山西北部居民。

洪武六年（1373年）九月，朱元璋以山西北部"屡为胡虏寇掠"，命指挥使江文迁徙当地居民八千二百三十八户、三万九千三百四十九

朱元璋数下迁徙令 大槐树百姓领川资

朱元璋

人前往安徽中立府（后更名为凤阳府）。这是明初山西第一次大规模移民。

坚壁清野的同时，朱元璋继续加紧围剿"四大王"。军事上的接连胜利，似乎印证了"移民空边"的正确性。于是，朱元璋决定继续迁徙山西中北部边境居民。朱元璋双管齐下，"四大王"渐渐陷入困境。

洪武二十一年（1388年），"四大王"无路可逃，遂前往晋王府主动投降，被朱元璋安排随同平西侯沐英戍守云南。至此，山西境内的蒙元势力已基本肃清，山西的政治性移民也基本上结束了。

"移民空边"其实是把双刃剑，朱元璋在切断蒙古军补给的同时，也给自己军队的给养带来了困难。为此，朱元璋不断增设军屯，向边防要塞实施军事移民。

洪武二十五年（1392年）八月，朱元璋命人在山西各地大举征兵，前往大同等地屯田。洪武二十八年（1395年）正月，朱元璋命山西马步官军往塞北筑城屯田。仅这两次征调，就有十几万山西人移往晋北、内蒙古南部以及河北西北部地区。

政治性移民结束的时候，经济性移民才刚刚开始。

早在洪武九年（1376年），朱元璋就曾下令："迁山西及真定民无产者于凤阳屯田"，还派人给移民送去冬衣。这次移民的数量不详，由于仅限于无产者，估计规模不大。

真正大规模的经济性移民是从洪武二十一年（1388年）开始的。这年八月，户部郎中刘九皋上书朱元璋，建议移山东、山西百姓到河北等地垦殖。朱元璋批复说："山东地宽，民不必迁"，徙山西泽、潞二州民之无田者，往彰德、真定、临清、归德、太康等闲旷之地，随着移民运动的迅速推进，迁出地很快就超出了泽、潞二州的范围。

截至洪武二十八年（1395年）十一月，彰德、卫辉、广平、大名、东昌、开封、怀庆等七府山西移民总数已达十万余户，五十多万人。加上真定府、归德府、顺德府等地，洪武年间山西移民总数至少六七十万人。

朱元璋死后，政府组织的山西移民仍未结束。由于靖难之役主要发生在以山东德州为中心的华北地区，数年兵灾使刚刚恢复元气的河北、山东等地尸骨遍野，荒野千里，与元末相比有过之而无不及。于是，明成祖朱棣即位后，为解决河北等地人口过少的问题，再次从山西组织大规模移民。

虽然移民次数与移民规模都远不及洪武时期，但据统计，永乐时期，山西移民总数仍然在十万以上。

就六盘山区域而言，军事性移民有：洪武二年（1369年）正月，迁山西马步官兵两万七千六百人在六盘山筑城屯田。固原一带的军屯士兵修筑了头营至八营堡寨。今头营镇南屯、上北屯、下北屯等村名，都是当年军屯的名称流传至今。洪武三年（1370年），元万户八丹归附明朝，安置在今开城等处。洪武十一年（1378年），凉州故元蒙古官吏两千人归降，朱元璋命平凉府安置六盘山一带。

老百姓迁移无具体记载，但六百多年来，落足于西海固的大槐树

山西大槐树移民图

人,就西吉县而言,马建乡王家大湾、田坪乡碱滩和三合乡王垴村王氏,皆源于洪洞县的王家滩之地。马建乡刘家沟、田坪乡路家沟和苏堡乡东岔的刘氏,由甘肃通渭、会宁迁入,祖籍山西平阳府一带。苏堡乡李家章、白城乡嘴头、红耀乡大堡子和田坪乡万羊李家李氏,明初由朝廷军屯实边,从洪洞县移民站迁来。红耀乡二方河、新营乡小甘井和白城乡石砚子村的宋氏,由通渭迁入,源于山西平阳府。苏堡乡蒙家集、白城乡腰庄和将台乡五沟村的杨氏,皆是明初由朝廷军屯实边迁入,源于山西平阳府。三合乡张家新堡子、平峰乡南湾、新营乡万达川和西滩乡西滩村的张氏,由甘肃庄浪迁入,源于山西洪洞县。新营、田坪、白城、红耀、三合和平峰乡的康氏,源于洪洞县庙儿村。偏城乡大庄马氏,由甘肃天水迁入,源于山西汾州。

源于平阳府洪洞等县,而后陆续落居于隆德县的有,陈靳乡陈氏、靳氏,高阳村高氏、杨氏,城关乡吴山村吴氏、金山村金氏、董山村董氏,沙塘乡李盘家张氏、李氏,马家河马氏,神林乡阎家庄阎氏,辛家湾辛氏,联财乡周家嘴周氏,好水乡红土路赵氏,黄家垴黄氏,观庄乡谢家堡谢氏,上梁乡魏家沟魏氏,温堡乡建国的杜氏、温氏,山河乡

大槐树

菜子川朱氏，崇安乡大漫坡万氏，奠安乡梁堡梁氏，杨沟乡杨沟村杨氏、孟氏等。

民国《固原县志》记载，县城内张、李、赵、刘、王、韩、田、白、杨、陈等姓氏，明初山西屯边迁入。南郊乡羊坊村陈氏，开城乡五里村李氏，红庄乡宋家洼宋氏，河川乡康家村康氏，头营乡头营村杜氏，黄铎堡乡王氏、韩氏等，多是由屯边迁入。

辗转流徙，落居于彭阳县的大槐树人有古城镇刘高庄刘氏、高氏，彭阳乡双磨村赵氏，城阳乡刘和村刘氏、柳氏，白岔村黄氏，冯庄乡冯庄村冯氏，王洼乡王洼村王氏，孟塬乡山沟庄杨氏、孟氏，草庙乡刘湾村刘氏，红洞乡红河村韩氏、魏氏等。

至今，大槐树人不会忘记当年被捆绑着跋涉千里的艰难困苦。据说现在他们脚左趾甲复形，背手走路，称小便为"解手"，就是当年移民时所遗留下的痕迹。当初，移民诏令颁下，大槐树人哭爹叫娘，不愿离开故土，而官兵强迫他们登记发放凭照，凡登记者，即令脱掉鞋袜，在脚小趾甲处砍一刀，作为标记，以防漏登和逃走，所以，不少人脚小趾甲处还留有复形痕迹。背手走路的形成是，移民时，为防

止其逃跑，将移民一一反绑起来，然后用绳索连成一串串，押解着上路。初绑时绳索入肉，疼痛不已，渐渐麻木，失去知觉。这样长时间反绑上路，久而久之，习以为常，便形成了背手走路的习惯，至今许多人还喜欢背手走路。同时，在反绑长途押解过程中，每当小便，便要请示官兵，就要解开绳子。时间长了，就简化为"解手"。从此以后，"解手"成了小便的代名词。

长风似旗，岁月如歌。六百多年过去了，落居于西海固一带的大槐树人，生生繁衍，民多众广，筚路蓝缕，自强不息，开发建设着这方乐土，为固原的经济发展和社会文化建设做出了一定的贡献。

# 设总制提调边镇军
# 筑高墙防御蒙古兵

朱元璋建立明朝以后，元顺帝北走，回到了草原旧地，元朝的军队没有被彻底消灭，对大明王朝构成了极大威胁。洪武帝采取了"高筑墙、广积粮"的政策，修筑长城，建立九大边镇，严密防守。

明正统以后，国力衰弱，蒙古南下扰掠，陕西地方官员上奏朝廷说：陕西近年常遭孛来、毛里孩南侵，民军被害，财畜一空。邻近军将又以据守自己的地盘为重，各拥重兵旁观坐视，朝廷屡屡发兵征讨，来犯之敌退回北地，等大军班师，边报又至。乞敕兵部会同廷臣从长计议，从文臣中推选一员充总制，武臣一员充总督，常镇陕西，节制陕西、宁夏延缓三边军务。这个建议虽然没有被采纳，其实是三边总制设置的发端。

成化四年（1468年），固原满四构变，始命左督御史项忠总督固原等处军务，然事毕则止，未有专职。这是固原未有定制的总制。

成化十年（1474年）正月，刑部主事上奏朝廷，陕西八府三边，镇守总兵、巡抚、都御史不相统一，有事各自处置，有警不相救援，宜推文武兼济者总制三边，副将以下悉听调遣。兵部尚书会同太傅等九卿廷议认为，固原、平凉为三边总会之所，进犯者屡由此入，宜置

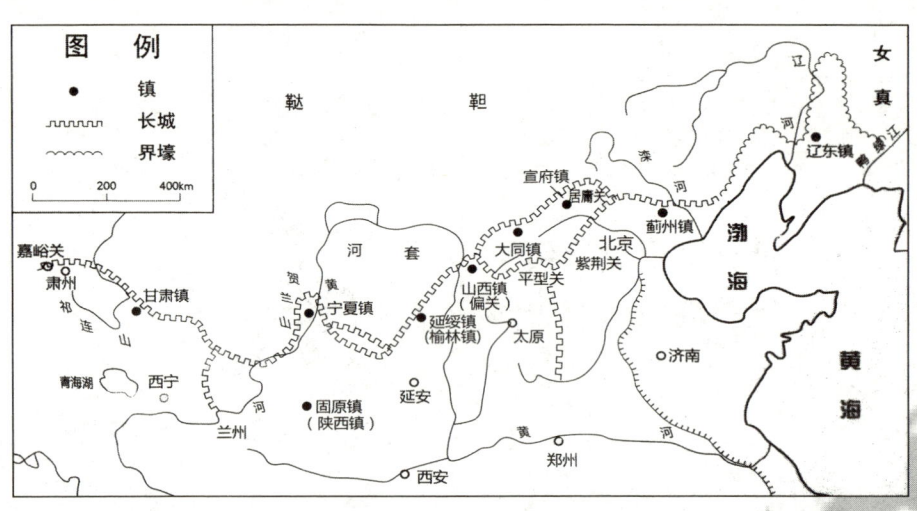

明长城及九边重镇示意图

立总府。宪宗下旨,令王越驻扎固原总督诸路兵马,为三边总制设固原之始。王越称病回朝后,马文升代王越总制三边军务。不久马文升任兵部右侍郎,总制空缺。

"弘治十年(1497年)冬,寇犯甘肃。朝廷复议总制官。……吏部尚书屠墉以越名上,乃诏起原官,加太子太保,总制甘凉边务兼巡抚。"弘治十年(1497年)冬,王越卒于任上,三边总制再罢,弘治十四年(1501年),火筛部由花马池入固原、平凉,边情紧急,朝廷命提督右都御史史琳率参军神英以京营兵三千火速驰边,节制诸路,三边总制复置。正德九年(1514年),总制、总督并设,嘉靖时改总制为总督。自嘉靖十八年(1539年)始,三边总督平时驻固原,防秋时驻花马池,陕西巡抚移驻固原。至明末先先后有五十六人共六十五次出任三边总制(总督),三边总制不仅是固原历史上重要军事设置,同时对固原的政治、经济文化、社会严生了深远的影响。

明时,固原是九边总镇之一。大明建立,"国家建都燕京,三面临虏,边防大计,视古加详,初以辽东、大宁、宜府、大同、陕西、宁夏为六镇,复益以蓟州、榆林、固原为九镇。每边各设重兵,统一大将,副以偏碑,监以宪臣，镇以开府，联以总管。无事则画地防守，有事则犄角为援，地势兵力可谓备目周矣"镇的设置为镇戍兵制。明代中期后，随着卫所制的衰退和外患的加剧，镇戍兵制逐渐居于主要地位。弘治十五年（1502年），固原已正式设立三边总制府，刑部官员巡视陕西后，向皇上上奏，请令固原自为一镇，照广西梧州先例，总兵官及太监常驻固原，提出固原设镇的建议。弘治十七年（1504年）十一月，蒙古万骑入侵，朝廷命镇守陕西武安侯郑英驰援固原。次年十月镇守移住固原。正德初年（1506年），固原正式成为一镇。镇守总兵为武职大臣，以都督同知佥事衔任，与监军太监一同镇守，操练军马，安抚百姓，修理城池，防御贼寇。固原镇防守范围二百余里。

固原镇辖陕西都司（驻西安），并督理固原、靖虏、环庆、兰州、洮州、河州、岷州、西固城、防州、文县等驻军，原设兵额七万九千余人，马三万五千余匹。

固原不但设九边总镇，还设有州、卫。

明初，州、县设开成，固原只设巡检司。景泰元年（1450年），筑固原城，调洮，泯、临、巩等卫官军于固原操守，令都指挥荣福往来提督。景泰五年（1454年），升固原守御千户所为固原卫，下辖3个千户所，共有官兵8853人，其中今原州境内设镇戎千户所。千户所"城周三里，高阔各3丈，池深阔与城等，东南二门"。官兵1106人，马队281员，步兵825人，屯田300顷。治所在今原州区七营北嘴古城。

固原总制、镇、卫、所，主要是为防御北面"套虏"南入。明正统时的蒙元贵族阿渠，成化时的孛束、毛里孩，弘治时的小王子，火筛，嘉靖时的卜菟等经常渡过黄河，南下直入固原，危及关中。

蒙古部从漠北进攻固原，主要有两条路线：一为东线，由盐池、灵武一带突破边墙，经同心韦州、豫旺直向固原；一为西线，由贺兰山赤木口推进，沿中卫、中宁一线过黄河，沿清水河南下固原。蒙古鞑靼贵族常于每年秋高季节，突破河东边墙防线，攻掠宁夏、固原等地。

成化六年（1470年），鞑靼部的孛鲁同斡罗出，联合乜克里部大贵族乩加思兰、孛罗忽等人据河套。延绥守军，遂向朝廷告急。宪宗命朱永为将军，率军御敌，又命王越参赞军务。此后，朱永以战捷报告，王越等都有升赏，但孛鲁等仍不时掠扰。成化七年（1471年），朱永上战、守二策，经大臣商议，认为如今粮匮马乏，难以进剿，宜严饬边将，谨慎防御，方为万全。因此，令吏部侍郎叶盛前往巡边，同延绥巡抚余子俊、王越等议筑边墙，设立台堡，筹划防御事宜。十二月，朱永即被招回，命王越部督延绥军务。这时，毛里孩人犯延绥，延绥参将钱亮等在安边营御敌，王越不予救援，都指挥柏隆、陈英战死。

成化八年（1472年），明廷复议对毛里孩入掠战守问题。多数大臣认为，河套不灭，三边终究无宁日。前方防御兵力已超过八万，因将权不一，迄无事功。为今之举，"宜派大将，专力视事"为当。五月，便令武靖伯赵辅为平房将军，并饬延绥、陕西、宁夏三镇兵都受其节制，王越总督军务。

六月，赵铺、王越率军刚至榆林，乩加思兰取道花马池，深入固原、隆德、静宁、巩昌、临洮、平凉等地大掠。一月之间，劫四千余户，杀掳人畜三十六万四千有奇。七月，又在庆阳境内，杀掠人畜。

十二月，孛罗忽和乩加思兰突入安边营、花马池，深入固原开城，大掠安定、会宁、隆、静，南至通渭、秦州、平凉，纵横几千里。这时，王越以轻骑袭击红盐池，鞑靼方回，遂以大捷向朝廷报告。

成化十年（1474年）正月，经阁僚集议，决定在固原设立总制府，控制延绥、宁夏、陕西等三边军务。并今从总兵，巡抚以下，听其节制。遂授王越为总兵官，"提督三边军务"，刘献廷在《广阳杂记》中说："明三边总制驻扎固原，军门为天下第一"。

弘治十四年（1501年）春，达延汗（亦称小王子）同鞑靼火筛等，率领部从数万人犯，右都御史、三总制史琳等告急。朝廷令成国公朱晖佩大将军印，同李俊、杨玉、李澄、马仪、刘宁五将军各统所部前往，并令太监苗逵监军。

朱晖率领大军还没有到达,鞑靼已饱掠而去。朱晖同史琳、苗逵领军直扑河套,鞑靼已将其族帐远徙,朱晖扑空,仅斩三人,获牛、羊、驼、马一千五百余头。

明军从河套归来,喘息未定,鞑靼小王子已率十万之众,出其不意,进犯花马池,直冲固原孔坝沟(固原七营)。陕西都指挥鲁麟不能抵敌,退至黑水口城(原州黑城)。这时,小王子大军五万自韦州进趋镇戎所(原州八营),鲁麟令都指挥杨林率兵北上邀击,行至孔坝沟,遇敌大军,鲁麟驻守黑水口城,北距孔坝沟仅三十余里,哨探不通,明军死者七百余人,小王子遂南入固原、开城,直抵平凉抢掠,关中大震。平凉、庆阳两府守将谨驻守城防,不敢出战,朱晖也是拥兵自保,不敢救援。

自从鞑靼大掠固原、平、庆后,明朝的一些言官及执政大臣交章论奏,认为秦纮素有威名,虽老,尚强,建议起用。弘治十四年(1501年)九月,遂起用秦纮为户部尚书兼右副都御史、总制陕西三边军务。

秦纮到固原任职后,视察了孔坝沟明军阵地,收掩阵亡官军六百八十人的骸骨,并报告明廷抚恤、追祭,奏录死事指挥朱鼎等五人,抚恤死亡者家属。同时惩办了杨琳等四名败将,对一些不称职的守将进行了调整。并在固原训练丁壮,兴办屯田,申明号令,三边士气方稍振作。

秦纮认为固原是自陕西北往"套寇"的通途,其南有六盘山,又是元世祖开拓中原的主要基地。而固原,包括镇戎在内,主客兵只有一万八千余名,但却分守散驻于二十四个大小城堡。兵分势弱,敌知虚实,出没自由。应增加守备力量。三月,他奏调分守延绥西路左参将曹雄为固原总兵,李能充任固原游击将军。

开城地据兵冲之要,为平、庆、临、巩门户。秦纮因嫌城池矮小,残破不堪,兵力单弱,物资匮乏。于是拓治城郭,招徕商贾,并向明

朝廷建议，于当年五月，升陕西开城为固原州，仍属平凉府。固原北有豫望城、石峡口及双峰台，这几处地方，皆蒙古人寇总路，宜当加修，分兵防守；东则与环县、庆阳，北则与韦州烽火相通，互为应援。此为限制敌人入犯的第一道关隘。稍南有西安州、镇戎所、海剌都、打剌赤、黑水口、干盐池、撒都城等处，犬牙交错，随山修堡，其险固皆可依以为限，此为限敌人犯的第二道关隘。再往南，则有固原卫、靖虏卫、平滩堡、一条城、东山城、白杨城、分布守御，此为限敌第三道关隘。再往南则有水龙沟、虎山沟、金佛峡，麻掌沟，海子口，此皆为贼深入腹里之路，都是山间蹊径，修筑城堡墙垣，用力不多，此为限敌之第四道关隘。秦纮并将修筑的处所，划图具奏。此事下到兵部覆按具奏，朝廷便令秦纮斟酌先后缓急，依次用工，并于此时，又扩筑了固原州城。

固原北部绵延千里，有闲田数十万顷，旷野靠近边界，无城堡可守。秦纮于花马池以西至小盐池（今宁夏盐池惠安堡）之间一百公里的地方，每十公里筑一屯，屯堡周围一百六十多米，每堡派五百名士兵据守。固原以北也筑屯堡，招募百姓屯种，每顷每年收赋五石，一年可得五十万石。

秦纮在三边地区修堡，砌边墙，铲崖堑三千二百余公里。由此大振军威，三边防务为之一新。

秦纮在都三边军务期间，还推演古法，造兵车，造火器；修筑了豫旺、石峡口、双峰台三城，又为金佛峡、海子口等七个城堡修筑了石头城墙和铁皮包裹的关门。时固原通盐利，讲马政，一时商贾云集，物货流通；还修孔庙，办儒学，发展地方教育。任职三年，延绥、宁夏、固原、陕西四镇平安无事。弘治十七年（1504年），朝廷召秦纮还朝，第二年九月病逝，享年八十岁，赠少保，谥襄毅。

嘉靖六年（1527年），固原州士民思念秦纮的功德，在州城南择地三亩，为他修了一座公祠。

明·璎珞宝塔（位于彭阳县冯庄）

弘治十八年（1505年）十二月，小王子复以五六万骑入掠。明指挥官刘经战死于镇戎所。十七日，小王子将万骑掠花马池，明参将霍忠等兵溃，小王子遂毁边墙，进围豫旺城，转侵固原，任玺及操守指挥陈辉与之战于干盐池，阵亡十八人。小王子率军便由葫芦峡口、镇戎所寇掠黑城、坂井等堡，至静宁、隆德、会宁等处，杀掳人畜甚多，并进至乱马川（今宁夏海原、西吉境），明指挥张瑛、把总张元宇率军迎敌，张瑛中流矢，死亡十八人。小王子掳掠甚众，出锦鸡口。总制杨一清调延绥、宁夏、陕西、庄浪兵邀击，但各军心力不齐，竟不成功。固原总兵官曹雄军，被敌军隔断，声息不通。杨一清见事紧急，亲自率领一队骑兵，从平凉昼夜兼程，赶赴曹雄军中，筹划防务，并令多张旗帜、鸣炮，以疑敌兵。当鞑靼犯隆德时，杨一清令军中多发火炮，响震山沟，鞑靼以为明大军已到，"引众循旧路北窜"。

正德二年（1507年）三月，杨一清因病辞职，由工部尚书才宽继任。正德四年（1509年），才宽御敌于花马池，中伏阵亡，又调杨一清总制陕西三边总务。

同年八月，杨一清升任户部尚书，以刑部左侍郎张泰继任，后又继之邓璋、陈天祥。

正德十三年（1517年）二月，因陕西沿边吃紧，用彭泽提督三边军务。五月，彭津请求退休，明武宗许之。从此以后，直到正德十六年（1522年）的四年间，三边总制，一直无有人选。世宗嘉靖元年（1522年）正月，调兵部左侍郎李钺兼右佥都御史、总制"三边"军务。李钺刚到固原，恰值鞑靼来犯，各镇援兵尚未集结，为了使其不明虚实，下令大开诸营门，昼夜不闭。鞑靼认为是明军在诱敌，不敢进逼，只用炮远远轰击，遂引众撤退。李钺乘此间隙，令各镇修缮城堡，加强烽堠报警，并广储蓄，选练壮勇，充实边备。不久，鞑靼复入固原、平凉，直犯邠州（今陕西邠县），李钺除令游击时陈、周尚文等各率所部在鞑靼归途设伏外，并令东路延绥众将多设埋伏，以待敌兵。鞑靼以平凉、邠州等地无有所掠，复至延绥，被伏兵打败。

嘉靖三十一年（1552年），明世宗即位，改元为嘉靖。在北部的防务上，嘉靖注意人选。命兵部侍郎李钺兼右佥都御史、总制三边军务。嘉靖三年（1525年）六月，因为李钺升为右都御史总督漕运，特命兵部尚书金献民兼右都御史、总制三边军务。同年十一月，吏部右侍郎孟春谏言，请敕兵部集议，举有才望的大臣二人，总制陕西三边。后经众议，俟金献民召还后再议。嘉靖四年（1526年）正月，"提督"陕西三边军务、兵部尚书金献民引疾请求退休，"上优诏褒留"。遂起用少傅杨一清为兵部尚书，总督陕西三边军务。十一月，杨一清复为吏部尚书，又起用王宪为兵部尚书、总督陕西三边军务。他到职后，着手整顿"三边"军备，以固原镇戎所至平虏所九十里，平虏至五州一百二十里，"道路辽远，守望阔疏"，遂于嘉靖七年（1528年）二月添筑镇戎所迤北的一些小堡寨，并拓修了固原附近的按门堡（固原北一百六十余里，双井乡有按门口，疑是）。

嘉靖九年（1531年）十二月二十五日，总制陕西三边、兵部尚书王琼奏言："固（原）、靖（远）、环（州）、兰（州）东西相去一千二百里，止以一参将分守，且与镇守都督同居一城，防御未便。"

又说:"兰州见在修边,而矿徒未绝,请以固原参将移守兰(州)、靖(远)地方,仍听镇、巡官节制,兰州所设守备当为裁革。固原总兵不宜下侵细事,当如旧复设守备为便"。又言:"平房城(即豫旺城)北威戎堡、伍岔沟与沙湖、黄河相连,旧有沟渠,年久湮塞。自伍岔渠西南至贺兰山大水口并平房城外,沟堑俱宜挑挖深阔,筑堤垒高丈许。临山墩西有沙石处宜修砌石墙,下置'暗门',并东路伍岔渠墩亦置'暗门',以通哨探。沿沟每三里盖房一座,为巡军栖止之所。再于沿沟尖塔儿墩并新兴墩各筑一堡,及将镇朔堡展筑宽大。查勘近山镇北诸堡无田缺水处,屯军量移耕收,公私两便。"此事经兵部复议,按照王琼建议实施。

嘉靖十二年(1533年)十一月,吉囊率领部众入犯镇远关,被宁夏总兵官王效同、延绥副总兵梁震于柳门打败,追至蜂窝山,吉囊的部众多人被明军挤压在水边淹死,先后斩杀一百四十余人。

嘉靖十三年(1534年)三月十九日,吉囊率部又犯响水波罗堡(宁夏境),大将任杰用伏兵击破,三边总督、兵部尚书唐龙以大捷上报。

同年八月十八日,吉囊以十万骑从花马池大举进掠。宁夏总兵王效与延绥副总兵梁震拦击,便从定边营迤东干沟入犯固原及海剌都(今宁夏海原境)等处。固原总兵刘文同、参将崔天爵仅有一万八千余众,无法抵御,吉囊便分兵大掠安定(今定西)、会宁。王效率本部八百余众,在鼠山败敌于安定,再破敌于灵州(宁夏灵武),先后斩杀一百五十余人。

嘉靖十九年(1540年)七月九日,总督陕西三边、兵部尚书刘天和奏报:"平房城(豫旺城)将士侦知,(套)虏候月满渡河,我军按伏迎战,虏败走,河上伏兵起,又败之,多赴水死者,斩首二十八级"。

吉囊得知明朝诸镇兵悉被分布守边,内地空虚,遂于同年八月二十一日,与其子率数万之众,自延绥西路定边营入寇,进攻固原,恰值大雨连旬,道路泥泞,吉囊的骑兵不能冲驰,弓矢不能使用。但明军诸将畏缩不前,三边总制刘天和斩指挥官两人。又起用被革职的

总兵周尚文和陕西总兵官魏时督兵分道邀击,敌兵方退,吉囊率众回经黑水苑(今宁夏固原黑城),魏时带队尾追,周尚文等尽将精锐夹击,自巳至申,三战不决。吉囊的儿子,号称小王子,骁勇轻率,率领劲壮三十余人冲击明军中坚,被击毙于阵。吉囊军心动摇,引军撤退。宁夏总兵任杰与副总兵陶希皋复将精锐截击于铁柱泉(今宁夏盐池境内),吉囊率其残部于九月十二逃出塞外。

嘉靖十九年(1540年)十一月,三边总督刘天和升调南京户部尚书。遂令右副都御史、巡抚宁夏杨守礼为右都御史、兵部尚书总督三边军务。

杨守礼到职后,见固原、宁夏一带边墙残破、吉囊不时入犯,于嘉靖二十年(1541年)五月十二日,上奏固原等地边务。其一陕西延(安)、宁(夏)、陕西边报不息,而固原、安(安定,即定西)、会(宁)孳牧繁庶,虏尤垂涎。其防守之计,莫如修池城筑墩台。其二宁夏、固原与虏为邻,所恃者为边墙。宜按弘治时先例,于二镇各委专官修葺。其应用军夫,宁夏千人,固原五百人,各于军内分拨。

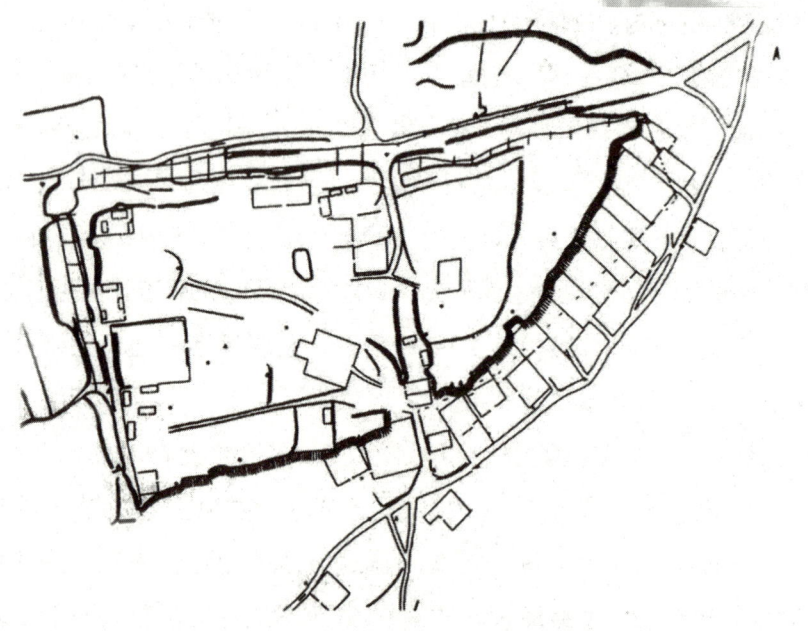

**明开城县故城平面示意图**

这事很快得到朝廷同意,如所议而行。嘉靖二十五年(1546年)七月,俺答率领十万骑西人保安,大掠延安、庆阳、环县,又分兵万骑掠绵、义。三边总督曾铣率领参将李珍等用围魏救赵的战术,奔袭马梁山后敌巢,斩杀百余人,俺答方退。九月又犯宁夏,十月,犯清平堡,游击高极战殁。

曾铣,原是兵部右侍郎,提督雁门等关、巡抚山西。1546年,以原职调为总督陕西三边军务。同年十二月,和陕西巡抚谢兰、张向行等,提出修复边墙的建议。自成化间都御史余子俊修边墙,东自黄甫川起,西至定边营止,延袤一千五百余里,岁久倾颓,余址间存,嘉靖九年(1530年),总督尚书王琼修花马池边墙一道,自宁夏横城接筑至定边营,三百余里。而自定边营至黄甫川一带,依旧无墙,连年房人,都从此是道。应当修缮。曾铣修筑的边墙,西自定边营,东至龙州堡,计长四百四十余里,为西段。自龙州堡而东至双山堡,计长四百九十余里,为中段,自双山堡而东至黄甫川,计长五百九十余里,为东段。

隆庆初年,明朝与蒙古贵族间紧张的敌对形势逐渐发生转变。双方认为紧张的敌对关系,无论对明朝,还是对蒙古族都是有害无利的,只有在和平的环境里才创造出繁荣来。当时宣大、山西总督王崇古认真分析形势以后,认为双方应息兵互市。

隆庆五年(1571年)三月,明朝廷封俺答为顺义王。六月,又授吉囊的儿子、河套部长吉能为都督同知。八月,即允许河套互市。九月,"三镇贡市成"自是"边境休息",东起包括固原在内的"三边",而西至嘉峪关,数千里间,军民乐业,不用兵戈,使当时的明朝每岁省费用十分之七。

自总督王崇古倡议与蒙古族"互市"以来,后历戴才、石茂华、董世彦、郜光先,都能很好地实施"互市"的对外政策,使"四镇总会"的固原镇也日趋安定,狼烟顿息。

在明代西北边防中、延绥、陕西、宁夏三边地处边外前沿,固原镇地处"堂奥",因此,三边总制(总督)驻节固原,居中调度指挥。

自成化年以来，先后在宁夏镇以东修筑了河东弥浑沟高垒长城、固原镇内边长城。宁夏花马池一带，地势平坦，历来是北方蒙古骑兵进入关中的要道。明白弘治以来，大凡入掠固原、平凉等地者，都由花马池进入。花马池虽然有一道边墙，但低薄易毁，离花马池仅二十里，蒙河套兵折墙入境，明驻守军以竟闭门不出，因此修筑边墙十分必要。

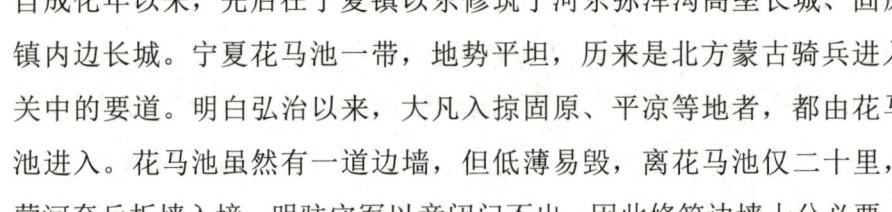

正德元年（1506年），杨一清总制陕西三边，向朝廷提出修复边堑，以固边防；建设已所，以壮边兵的建议，朝廷批准杨一清修边。但宦官刘瑾认为劳兵伤财，从中作梗，修筑固原镇边墙的计划只完成一小部分王琼任陕西三边总制，于嘉靖九年（1530年）命固原镇守都事刘文领官兵八千多人，修筑固原镇边情。边墙修筑按地形分段进行。下马房以东至响石沟一带，挑沟深两丈，宽二丈五尺，南边堑上筑墙，高三丈。下马房以西至海刺都、西安州一百二十五里地段，随山就势，沿山崖铲削陡。西安州向西至干盐池一带旧有边墙进行了整修。在花马池与延续定边营相接的地方，深据沟堑。花志池边墙筑墩，每墩孟铺房一所，调兵丁驻守并筑了下马关城。

固原镇自秦纮筑边墙延裹千里，北套部大举入掠，不能抵御。杨一清筑花马池城，东路蒙古兵很少入掠，王琼修下马关城，中路之患稍减。唯西路自徐冰水至黄河岸六百里，地势辽远，经验保障。嘉靖十六年（1537年）刘天和总制三边军务，修筑徐冰水至鸣沙州边墙干沟干涧六十余里，至黄河岸一百二十五里，挖筑壕堤一道，并修筑了连城女墙。至此，固原镇共修筑边墙五百余里。其中杨一清修筑四十余里，唐龙修筑四十里，王琼修筑一百三十里，王宪续修五十七里，刘天和修六十里并复修鸣沙州长临一百二十五里。张衍时又添修敌台墩铺，边墙臻于完美。

固原镇修筑的边墙，其军事意义自不待言，修筑边墙给人民造成的巨大灾难。明李梦阳在《朝饮马送陈子出塞》中说，因筑边丁夫半死，愁云日暮：

朝饮马，夕饮马，水咸草枯马不食，行人痛哭长城下。
城中白骨借问谁？云是今年筑城者。
但道辞家别六亲，宁知九死无还身。
不惜身为城下土，所恨功成赏别人。
云年贼掠开城县，黑山血迸单于箭。
万里黄沙哭震天，城门昼闭无人战。
今年下令修筑边，丁夫半死长城前。
城南城北秋草白，愁云日暮鸣胡鞭。

战争自有他铁的法则，有人说战争是政治的继续，是不同文化的碰撞，其实战争是弱肉强食的血淋淋的生存斗争。人们厌恶战争，反对战争。如果把战争说成两种不同文化的碰撞。难道人们要云厌恶两种不同文化而反对其碰撞吗？明固原沿边敌来十城九闭，边墙岂能抵挡得了？李梦阳在《胡马再来赠陈子昂》诗中说得好，"从来贵德不贵险"。诗云：

冬十二月胡马来，白草飒飒黄云开。
沿边十城九城闭，贺兰之山安在哉？
传闻清水不夏守，游兵早拒黄河口。
即看烽火入甘泉，已沼将军屯细柳。
云年穿堑长城里，万人出齐千人死。
陆海无毛杀气蒸，五月零冰冻河水。
当时掘此云备胡，胡人履之犹坦途。
闻道南侵又西下，韦州固原今有无？
从来贵德不贵险，英雄岂可轻为漠。
尚书号令速雷电，将士谁敢前号呼。
逐令宵旰议西讨，兹咎只合归吾徒。
我师如貔将如虎，九重按剑赫斯怒。
惜哉尚书谢归早，不睹将军报平虏。

## 明朝廷固原设监苑
## 杨一清西北理马政

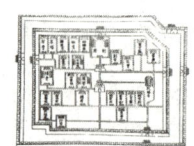

明初以来,为了对付退却到漠北的蒙古骑旅,明王朝既置九边重兵,缮葺北边长城,同时也积极筹措马政,以保障边镇官军骑操备御的急需。由于蒙古北据,从北边采办马匹非常有限,内地则不仅马匹甚少,而且多矮小瘦弱,不适宜于戎战,加之担虑蒙藏两族交通联结等诸多方面的因素,明朝马政的重心逐渐移向西北。明初西北马政与内地不尽一致,总体说来,可分为官牧、孳生和市马、贡马数端。

洪武三十年(1397年),明朝在陕西和甘肃分别设置行太仆寺,职西北各卫所营堡官军马匹的驯养调拨,划定牧马草场,并且规定在边镇附近各封王不得将草场据为己有,对盗耕草场的人要依律问罪。陕西行太仆寺所属有平凉卫、庆阳卫、秦州卫及固原卫。行太仆寺设卿一员(从三品),少卿一员(正四品),寺丞无定员(正六品),主簿一员(从七品)。

永乐四年(1406年),明朝在陕西和甘肃又各置苑马寺,职掌西北各边监苑官马的牧养孳生。陕西苑马寺所属有长乐、灵武、同川、威远、熙春及顺宁六监,各监下辖四苑。马寺设置官员同行太仆寺例,各监设监正一员(正九品),监副一员(从九品),录事一员,各苑设圈长一员（从九品），苑有五十夫，一夫牧马十匹。

对行太仆寺和苑马寺官牧马匹，明初尚规定每年春秋两度差造官员"阅视其增耗、齿色"，三年一次差遣官员"稽比"（即核查马匹数额、比较前后壮瘦），若是发现官牧马匹较原来瘦损，或者有倒失而不及原额的现象，寺监苑圈各级官员下至牧夫，要依照兵部律例，受到不同程度的处罚，倒失官马数额要严格责令市买补足。

明朝西北边镇各寺监苑官牧马匹，来源有采买近边民间种马、盐池中马、与番族易马和诸番贡马等项，其中主要来源于西北番族（即以藏民为主的西北少数民族）。早在洪武初年，明朝就开始与西北番族互市，起初是用内地普遍通行的钱钞市马，但是当时藏民的货币观念还比较淡漠，以致"马之至者益少"。鉴于这种情况，洪武八年（1375年），明太祖遂命内使赵成用丝绸、绫绢、布帛和茶叶，前往河州等处招谕番人易马，丝绸布帛，特别是茶叶对从事畜牧、以肉酪为食的番人尤其必需，所以他们也就乐于以马换茶。

为保障西北边镇官军马匹的源源供给而大规模地与番族互市，洪武、永乐年间，明朝先后设置了河州、洮州、秦州、西宁、甘肃等茶马司，同时推行番族纳马"金牌勘合"制。河州、洮州、西宁三卫所属番族皆颁给金牌信符。人符分上下号，下号颁给番族，上号藏于朝廷内府，规定"每三年一遣廷臣召各番合符，以应差马，交纳易茶"。并且相应制定了茶马易例，洪武十六年（1383年）初定为上等马每匹给茶40斤，中等马30斤，下等马20斤。稍后规定上等马80斤，中等马60斤，下等马40斤。洪武二十三年（1390年），确定为上等马120斤，中等马70斤，下等马50斤，这一易例遂成明朝定制，以后再也没有多大变化了。"金牌勘合制"的推行，促进了明番双边贸易，各茶马司易马数呈直线上升趋势。仅据《明实录》记载，洪武九年秦河二司易马止171匹，十二年则增至1691匹，十三年单河州一处易马达2050匹，二十五年河州等处易马额更升至10340匹，三十一年曹国公李景隆再

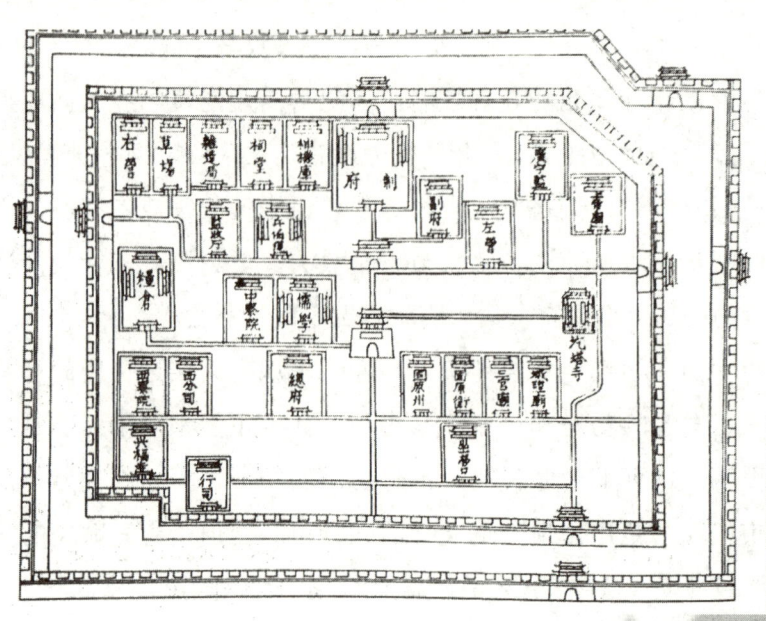

固原州城图（录自明嘉靖《固原州志》）

往西番易马 13500 余匹。

除此之外，西番各族和寺院番僧也多向明廷贡马。

贡马数额并没有明确的规定，或数匹，或数十匹，或百数匹乃至致百匹不等，这较之与前述"差发"纳马诚然微不足道，但是作为一种常例，毕竟也是个非常可观的数目。据张雨《边攻考》统计，西番400余族竟有半数左右是贡马族。加上熟番贡马，明朝通过贡马这种渠道得到马匹是不可低估的。贡马和"差马"一样，主要是供给延绥、宁夏、甘肃三边官军骑操备御，具体的做法是，骟马和多数儿马送太仆寺，以随时保障各卫所营堡急时之需；骒马和部分儿马则送苑马寺，督促所属监苑配种孳生。

明朝初年，由于官牧机构健全，制度谨严，加之官得其人，以及番族纳马、贡马渠道的畅通，仆苑牧养官马常年保持致万匹之多，西北马政确实呈现出仆苑两旺以致"足充边用"的局面。

固原州城模型

宣德、正统以降，西北马政渐趋荒毁。究其弊端，大体有如下数宗：一是寺监苑大量被裁革。洪永以来，数十年西北各边的相对安宁无事，使明朝对马政筹理的热情多所降温，正统初起便陆续裁革了甘肃苑马寺及其所属全部六监24苑，陕西苑马寺所属也只剩下长乐和灵武二监，同川、威远、熙春、顺宁四监及其所属16苑亦俱遭裁革。二是诸监牧马草场锐减。据杨一清奏称，陕西诸监草场原额13万，3700余顷，到弘治后期只存66800顷，确实是"存者已不及半"。造成牧马草场锐减的直接原因，首先是寺监苑大量裁革以致所属草场因之废弃；其次各边豪贵的强行侵占和百姓的随意耕垦。三是寺监位卑，官不得人。杨一清说："数十年来，士大夫重内轻外，又见两寺衙门无权，多不乐为。用人者因而俯就之，凡遇缺员，苟取充数，积习既久，遂为迁人谪官之地，人人得而轻之。"就是地方上的布按二司官员，也藐视仆苑二寺，"耻与之同事，不容并列"。弘治时兵部尚书刘大夏在谈及这方面弊端时，也说："在外寺监一近年各卿佐多用谪逐官及有过累者，府卫下僚多易视之，故自待亦轻，政务因以废弛。"四是倒损马匹日益增多，洪武时对倒失马匹严格责令"买补"，所以上至寺卿、寺丞，下至圈长、牧夫都不敢不慎守其职。遗憾的是，这种责任制在后来并没有得到很好的贯彻。宣德二年（1427年）对倒失马匹"俱免陪补"的诏谕，则更起了无异于鼓励玩忽职守的消极作用，以致官马倒损的恶化程度更为加剧。弘治六年至弘治十三年，单是陕西各监苑官马倒死和亏欠孳生驹达19400余匹，弘治十三年至弘治十六年又陆续倒失3383匹，亏欠孳生驹3773匹。五是"金牌"制坏"纳马"寡至。永乐时曾停止金牌勘合，宣德十年（1435年）一度恢复，正统十四年（1449年）则最终废止。造成金牌废止的原因，一是私茶泛滥面值低便宜，番人乐于同私茶商贩交易，这就严重削弱了官茶易马的垄断地位；二是茶马司常以"敝茶给番族"，致使"番人抱憾，往往以羸马应"，应纳"差马"随之日减；三是宣德以来，番族屡屡遭到河套蒙古的侵扰，所持金牌大多在骚乱中散失，虽曾补给，但又随给随失，客观上造成金牌勘合纳马的阻断。

　　应该强调，上述各种弊端及其导致这些弊端的诸多因素，往往交织在一起相互作用和相互影响，从而引起一系列连锁反应，把西北马政推向濒于荒毁的境地。特别是茶马司易马受阻，势必造成仆苑二寺马匹来源的萎缩，而仆苑缺马，则又势必导致无马可牧的监苑与草场，或遭裁革或被废弃，边镇官军骑操备御马匹的保障供给随之也就出现困难。到弘治后期，这种连锁性的恶化反应愈演愈烈，致使"各边缺马，动辄来京奏讨"，弘治初年以来的十数年间，朝廷不得不送发各边购买马匹的马价银多至数十万两。就在西北马政极不景气的时候，杨一清走马上任，肩负起全面整顿饬西北马政的重任。行前，孝宗叮嘱说："尔须查照兵部奏准事例，考究国初成法，亲历各监苑，督委都布按三司能干官员，踏勘牧马草场，果有侵占者，即令退还；查点养马军人，果有逃亡者，即令拨补；见在种儿骒马实有若干，设法增添，务足原额；倒死亏折马驹，随宜追补；量为分豁，布置已定，责令该管官员如法点视比较，毋致倒失亏欠，尔不时往来提调稽考；各寺监等官，有圕茸不职者，尔即具奏黜罢或起送别用，另选才能以充任使，其有

尽心职务功绩昭著者，具奏旌擢；其西宁等处各茶马司，茶易番马，甚济国用，近来亦渐亏耗，令并以付尔，尔须一新旧规，务令茶课充盈，私贩息绝，番人乐归，官市番马，充实厩牧。"这番话非常重要，一来它实际上规定了整饬马政的大政方针，其基本点就是要恢复"国初成法"，痛革宿弊以根本改变西北马政的不景气局面，二来也反映了孝宗皇帝对西北马政的高度重视，赋予杨一清督委都布按三司的很大权力，这对全面整饬马政的顺畅进行起一定的保障作用。

次年八月，杨一清赴陕西到任。在任期间，杨一清恪遵孝宗皇帝的嘱托，整饬马政也就紧紧围绕下述几方面逐渐展开。

清复牧马草场。杨一清莅陕后，清醒地认识到兴废补敝之初，改弦更辙之际，整饬马政"事多干涉军卫有司，必得委用都布按三司官员分理，乃能济事"，于是，他会同陕西布政司右参政车霆，按察司副使王寅和都司都指挥佥事房怀等地方军政官员，亲临幸存的长乐、灵武二监及所属清平、万安、开城、安定、广宁、黑水六苑，清查被耕占的牧马草场，凡是发现有耕占草场者，即令退还监苑。由于杨一清的躬亲督理，加之有都布按三司的协同配合，牧马草场的清查恢复进行得相当顺利。到弘治十七年，仅仅只用了一年左右的时间，便清查出荒熟牧地"12万8473顷12亩"，新开武安苑（原属威远监）草场"2900余顷"，使陕西各监苑牧马草场大体恢复到原有数额。

拨补恩队军人。明朝以恩军和队军专事牧马，恩军由各处有罪人犯充发组成，队军则由各卫军人内选拔。明初西北马政最盛时，按当时定例估算，陕甘二苑马寺所属牧马恩队军人有2400名。寺监苑大裁革后，陕西苑马寺所属仍有"1220名"，但到弘治十六年却止剩"745名"。杨一清考虑到随着茶马贸易的修举和寺苑种马的孳生，牧马恩队军人的数额就得相对有所增添，否则"畜养乏人，难收蕃息之效"。他同时考虑到三边卫所营堡防边备御尚且缺人，难能从中拨调，从内地腹里军卫中解补却又随到随逃的具体问题，所以他建议把各处逃往

明代禹王庙铁塔　　位于固原市原州区清河镇雷祖庙村,已毁

各监苑以避差役的流民编为牧马恩军。他说,这些流民"年久不当差役,又无官司管束查考,往往别生事端,及至被人告发,却行调躲,因无户籍,无所挨提。岁复一岁,为数渐繁。……今不为之所,将来恐贻他患。此等流民,论法俱该问罪发遣回还原籍当差,但念其故乡生计已失,无可复之业,而此地依栖既久,有可恋之资,必尽法处之,非死则散而为盗"。他认为将这些人编为恩军的好处是,"官有畜养之役,民无驱逐之苦。且其耐贫寒,习畜牧,比与新拨队军万万不同。公法私情,似为两便"。不难从这里看出,杨一清确实是深谋远虑,既考虑到解决恩队军人的缺员问题,又顾全到消除流民无羁所带来的隐患,这不能不说是非常高明的。在不到半年的时间里,杨一清招募流民并改编军人"两千三百余名",陆续拨补到各监苑,连同各苑旧有数额,牧马恩队军人超过了三千人。

择擢卿寺官员。针对寺监位卑权轻和官不得人的时弊,杨一清从"人存而后政举,任法不若任人"的认识出发,把慎重选择卿寺官员看作是复兴马政最为紧要的事情。他认为马政的荒废,固然与寺监苑的大量裁革和牧马草场的急剧削减有关,但是,尚存的监苑和草场如果官得其人,牧养得法,那么保障各边征操备御所需官马仍然应该是不成问题的,遗憾的只是"监牧非人,牧养无法"。以致马政坐待颓废。所以,他建议朝廷迅速改变那种把卿寺之官视若布按二司统属的做法,使"二司之于二寺,视如一体,不至轻侮阻"。再者,必须改变用迁人谪官充任卿寺官员的做法,凡遇卿寺缺员,少卿于各省参议佥事内,寺卿于各省参政副使和本寺少卿内推举有才能者升任。对那些牧养有方以致马政兴举的卿寺官员,要依照太仆寺卿并少卿事例擢升任用,"推举在京相应堂上官或巡抚都御史"。即便是监苑较低级的官员,也要从出生于北方、年轻力壮并且素知养马的人中间选拔充任,他很有见地地说:"昔以迁谪视之则其势自轻,今以推擢视之则其势自重。"经杨一清的一番努力,官得其人,职专其任的局面逐渐得以恢复。《国朝列卿记》称杨一清"择材任使,旌别淑慝",奏请罢黜了一些不称职的卿寺官员,明确迁贬赏罚,"故宫劝政举,宿弊以革"。

添置马营城堡。明初以来,各监苑多不曾设置衙门城堡,以致监苑官员多赖租赁民房居住,或者寄宿窑洞。各苑也不曾起筑营房马厩,以致所牧官马,往往不论冬夏昼夜露野,官马在冬季因此而冻死损伤的情况相当严重。宣德末年以来,河套蒙古又长期侵扰各边,抢掠官马,杀掳军民,单是弘治十四年(1501年),由于官马无处收避,被河套蒙古抢掠而去达三千九百余匹。鉴于这种情况,杨一清认为添置马营城堡势在必行。他说:"筑城堡则人马有所保障,置马厩则马匹不至横伤,修营房则贫军有所依栖,建公廨则牧官可修职业。……城堡既立,非惟监苑人马可保,或遇虏患,附近军民丁口头畜亦可收避"。他还特别建议朝廷将各苑队军中挑选精壮各一二百名,设为"操夫",给予弓矢盔甲,在无坊牧马的前提下,抽出闲暇时间操习武艺,专门用来防守马营城堡。他说这样做的好处是,"虽为牧马而设,亦可壮边域之声势,资紧急之应援",又说"练之既久,未必不为克敌之兵,是于牧马之中而得千军之用"。这实际上就是自古以来"寓兵于农"

思想的活用，用他自己的话来说就是"藏兵于马"。在杨一清的躬亲督理下，两三年内起筑马营城堡十九处，修建苑监公署、仓廒、马厩、室宇四千一百余所。这对于保障监苑官员、牧马军人安其居，乐其业，牧养官马免遭寒伤冻死和掳掠抢夺，危急之时附近军民有所收避，无疑是有积极意义的。

稽考官军马匹。鉴于官军骑操马匹倒失严重，杨一清深入卫所认真查询，他认为官马倒失严重，主要是由于管军官员没有严厉督察军人用心喂养所致，其次是某些官员随意扣应该支付给官马的粮食草料，再就是各处假公营私，对私人的买卖营运滥给官马应付的情况相当普遍。同时，洪武三十年（1397年）所制定的行太仆寺专掌卫所营堡提调马匹，比较孳生，亏欠倒损勒令赔补的成法，久又废止，这就难能避免官马亏欠倒损日益严重的弊端。所以，杨一清建议朝廷迅速恢复洪武三十年定制，重申行太仆寺的职掌与权限，依照太仆寺稽考京营骑操官马的则例，每年行太仆寺主要官员，不时亲赴各卫所营堡点视、比较官马，特别强调亏欠倒损官马严责赔补的做法，以保障各卫所营堡官军骑操马匹"实济边用"。如果地方及军卫官员敢有无理阻挠者，准允行太仆寺官员奏明朝廷，依律问罪。杨一清奏准朝廷，即行着手纠正时弊，"孳牧之规，稽考之法粗皆就绪"的局面很快出现了。

修复茶马旧制。杨一清把"金牌"制坏以致"纳马"寡至，提高

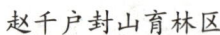

赵千户封山育林区

到坐失"制西番以控北虏之上策"的高度来认识。他说这不但意味着各边缺马难能得以补充,而且也不能不担忧西番作为明朝防范蒙古的藩篱将无所依托。他认为造成"纳马"寡至的因素是多方面的,对待番人必须采取抚驭的稳妥政策,即便是那些长期拒不前来纳马换茶的番族,也绝不能感情用事地随意加之兵威,关键是在于必须严厉禁绝通番私茶商贩,使番人必需之茶只能从官府得到,这样就不难达到"系番人之心而制其命"的目的。于是,他上奏朝廷条陈修复茶马事宜。一是恢复"金牌勘合"制,具体的做法是清查金牌旧额,晓谕西番应纳差发马各族,使知朝廷修复旧制;先期组织运送官茶至各茶马司,以免番人前来纳马却无茶可偿而使番人失望;敦促各处兵备和守备官员核实西番土官,如果有长期不曾袭替的,奏请准允各袭原职;对前来纳马的番族,除依例给茶外,厚加犒赏,如果不足应纳马数则准次年补纳;对那些经再三抚谕仍然招调不来纳马的番族,适当调集汉土官军前往诛剿,目的是"以警其余"。二是委任专门官员巡禁私茶,鉴于通番私茶商贩的猖獗,东起潼关,西至甘肃,南抵汉中,无处没有他们的活动,杨一清认为必须委任专门官员督理,否则巡禁私茶难收成效。所以,他奏准选择任用有魄力的能干官员常驻临洮府,专一往来各处巡视,严禁私茶,痛革私茶通番的积弊,巡禁官员一年一换。三是重申私茶禁令,对偷越边境兴贩私茶和在腹里卖茶给朝贡番人者,发配南方烟瘴地方永远充军;在西宁、甘肃、河州、洮州贩卖私茶一百斤以上三百斤以下者,发配附近军卫充军,贩卖三百斤以上者则发配边卫永远充军;在腹里府州县兴贩私茶五百斤以上者,发配附近军卫充军;军将官纵容兴贩和巡捕官员失职者,降职一级问罪,受贿赂者则从重论处。他说,严肃私茶禁令,使人人畏法,这样就可望遏制私茶泛滥,否则贻患将来,后果将是难以预料的。

此外,杨一清还奏请在茶马贸易尚未顺畅之前,暂先支用太仆寺马价银四十二万两,于平凉、庆阳、临泾、巩昌等地收买种马七千匹,

送苑马寺孳生,以暂缓符监苑官牧马匹缺少的紧张状况,又奏请增开盐池中马则例,将商人领盐引所得银两,发送庆阳、固原等处宵库寄放,遇各边缺马,酌量给发缺马卫所买马以应紧急。

  这些建议、奏请和措施同样也得到明朝政府的批准,推行实施也进行得相当顺利。杨一清赴陕到任四年间,招调番族纳马一万九千零七十余匹,增开灵州大小盐池课引五万九千余,得银二万零七百余两,可用以买马三千五百匹。

  但是,杨一清数年艰辛经营所带来的西北马政的繁荣局面,并没有维持多长时间。武宗初宦官刘瑾弄权,杨一清不附刘瑾,正德四年(1509年),因为得罪刘瑾而削职落官并被投下"锦衣狱",幸赖名盛当时的大学士李东阳等人的全力保释,杨一清才得以幸免于难。然而,杨一清那些整饬马政行之有效的措施,再也没有得到很好地推行实施,西北马政重又伴随着明朝政治的愈益腐败而日趋荒毁了。

## 满四儿反明据石城
## 项总督破险回京师

六盘山北延,至今西吉和海原交界月亮山,山势如月,是葫芦河的发源地,也是和海原天然分水岭。山势回环,中突兀一山,"只一条路走将进云,两边石块生得狼牙虎爪一般,走到山上一望,四周石壁有数十丈,更无别路可来,山顶平旷,可以住得。前面还有座小山,山顶中都筑着墙,高两三丈,有小门,宛然是个城,城中有几个水池"(明白话本《型世言》)。这就是明满四暴动占据的石城。满四据石城的事《型世言》写道:

固原镇有个土鞑满四儿,他原是个鞑靼。他祖把丹率众归降,与了个平凉卫千户。宗族亲戚随来的,精壮充军,其余散在平凉各县,住牧耕种射猎,徭役极轻,殷富的多。满四是个官舍,家事又有,收罗一班好汉杨虎力、南斗、火敬、张把腰,常时去打围射猎。一日,赶到石城,身边见一个雪色狐狸,满四一箭射去,正中左后腿。满四纵马赶去,直赶入深山,一路追去,只是追不着。刚赶到平地上,马一个前失,落下马来。狐狸也不见了。只见张把腰挥马赶到,道:"哥,跌坏了么?好个所在,咱都不知道。这番鞑子来,咱们只向这厢躲。"火敬一起也到了,道:"鞑子是咱一家人,他来正好赶着做事,咱们怎去躲。"大家一齐下马去瞭看,道这高山上喜的又有水,盘桓了一回下来,不提。

只是这张把腰是个穷土鞑,满四虽常照管他,也不够他用,时常去收拾些零落牛羊儿,把手弄惯了。一日,往一个庄子上,见人牵一只牛,且是肥壮,他轻轻走过去把牛鼻上插上一个大针,自己一条线远远牵着,走不上半里,撞着一班人从田里回来,道:"这是我家牛,怎走在这里?"去一看,道是那人偷牛了,赶上把张把腰拿住,打上一顿。正是双拳敌不得四手,怎生支撑?回去告诉火敬,火敬大恼:"你寻牛去罢,怎打我兄弟?明日处他。"过得五六日,火敬与南斗一干人,装作鞑子赶将来,弓上弦,刀出鞘,把这些人吓走,一家牛羊都赶去了。不知这个是致仕张总兵的庄子,被他访知,具状在陈抚台。其时适有个李俊,是通渭县人,他包揽钱粮,侵用了不完,县中来拿,他拒殴公人,逃在满四家中。又有个马骥,是安东卫军余,醉后与人争风,把人打死,逃奔满四。各处访知,都来提拘。兵道苏燮,着他族中指挥满王寿要人。满王寿只得带了二十多个家丁去拿。满四便聚了众人计议,南斗道:"兵爷来拿,此去九死一生,没个投死之理!"李俊道:"大丈夫就死,也须搅得天下不太平,怎束手就缚?"满四道:"凭着咱胆气,料没得与他拿去,只他官兵来奈何?"马骥道:"大哥长他人志气!便这些官兵,只好囔饭,鞑子来惊得不敢作声,待他云了十里放上一个炮,去赶一赶儿,有甚武艺。若来定教他片甲不回。"满四道:"咱这里须人少。"杨虎力道:"目今刘参将到任,冯指挥在咱们人家要磕头礼,不若着人假他一张牌,每户加银多少,又着去催促,要拿去追比,人心激变,那时我们举事,自然听从。前日看的石城山,是个天险,我们且据住了,再着人勾连套虏,做个应手。势大攻取附近城池,不成逃入套去,怕他怎生?"满四连声"有理",先着杨虎力督领各家老少、牛羊、家产,走入石城山。

这厢满王寿已是来了,摆了几对执事,打了把伞,自骑了匹马,带了二十余家丁，走到堡里。满四欣然出来相见，道："上司来提，这须躲不去。"就分投着人领他的家丁去吃酒饭，一面唤人，那边布定了局。到一家，一家杀，二十多个家丁执事，不消半个时辰，都开除了。满王寿吃了两盅酒，等到日斜，不见人来，叫满四去催促。满四道："就来了。"只见火敬一干提了血淋淋二三十颗首级进来，惊得满魂不附体。满四道："从咱则生，不从则死。"一把扯满王寿上马，同入石城山，把堡子一把火烧了罄尽，都在石城山顶安身。那时李俊又去煽哄这些土鞑，便有千余之众。参将刘清知道，便领兵赶来，行时，那厢满四道："不要把他近山，先与他一个手段。"自己骑了匹白马，挺枪先行，这班马骥、南斗一齐随着。远远见了，刘参将忙叫扎住。满四一条枪，侄儿满能一杆刀，直冲过来。刘参将见兵势凶锐，无心恋战，拨回马便走。其余军士也只讨得个会跑，早已被他杀死百数，抢去衣甲刃枪数百。满四欢喜回兵。刘清雪片申文告急，陈巡抚便会了任总兵，着都司邢端、申澄，领各卫兵讨捕。这边满四探听着消息，便集众商议。杨虎力道："咱兵少，他兵多，不要与他对敌。且等他进山来，只需如此如此，便可全胜。"摆布已定。那邢都司哨见无人，

满四石城之站指挥部所在地——石城（今宁夏西吉火石寨蝉窑村）

满四儿反明据石城　项总督破险回京师

明代五龙砖雕照壁　位于固原东岳山端

果然直抵山下，只听得一声喊起，石头如雨点下来，申澄督兵救援，早被一石打着面门，死在山下。邢都司带着残兵逃之夭夭了。贼复整兵出城追赶，大赢一阵。贼势大震，穷民都去随他。

镇巡只得题本，请兵剿杀。奉旨着陈巡抚、任总兵，会同宁夏吴总兵、延绥王都堂，合兵征讨。先是吴总兵到，他道："这等小贼，何必大兵齐集？只与固原兵马，连夜前进，便可取贼首如探囊。"一面照会了王巡抚、任总兵，便浩浩荡荡往前征进。走得不上数十里，只见南斗领了一干人，说情愿投降。吴总兵不听，只顾进兵，参谋冯信进见道："我兵连夜兼行，不免疲敝，不若且屯兵少息。"吴总兵道："胡说！贼是假降以款我兵，岂可迟滞以缓军心！"传令且杀上去。前面早是满能领精兵接战，正是以逸待劳之法。只是南兵多，贼兵少，人心还要求胜，未便退后。正在那里大战，只见山两边一声炮响，又杀出两队人马，一边是火敬、李俊，一是马骥、南斗。这两支生力兵，如从天降，吴总兵三面受敌，如何抵敌得住？便大败而归，杀得任、吴两总兵直退守东山，才得扎住。遗下军资器械，不计其数，都被满四等搬去。这番满四越得志，山下扎了几个大寨，山路上筑了两座关，分兵攻打静宁州，抢夺粮饷，贼势猖獗。连连进京报警，圣旨便拿了陈巡抚、任、吴两总兵并刘参将、冯指挥，俱以军令失机听勘。遂升项副都做了总督，刘玉做了总兵，督率甘州、凉州、延绥、宁夏、陕西各镇官兵征讨。

项总督一到固原，大会文武，议进兵方略。人都道石城险峻，不易攻打，止宜坐困。总督道："石城形势，我已知道。若说坐困，屯兵五万，日费数千，岂可令师老财匮？"分兵六路，自屯中路，延绥镇巡屯酸枣沟，伏羌伯毛忠屯木头沟，京军参将夏正屯打剌赤，宁夏总兵林胜屯红城子，陕西都司张英屯羊房堡，各路都着先锋出兵。延绥兵进攻的，正值着满能寨栅，两边合战，被满能杀死二十多人，只得暂退。过了三日，总督传令，六路齐举。此时贼见官兵势大，都撤了营寨，都入石城。先是伏羌伯兵到，奋勇攻杀，破他山路上两座关隘。山路窄狭，被他两边飞下乱石弩箭，又伤了一个伏羌伯。刘玉闻报大怒，与项总督督兵直抵城下大战，被贼兵抵死拒战，围在中间。众兵惶惶，都思逃窜。刘总兵身中飞箭，家丁已折了几个，一个千户房鹿，见贼势凶勇，自己支撑不来，折身便走，早被项总督伏剑斩于马前，取头号令。众将士见了，莫不拼命砍杀，杀退贼兵，及斩了他首级数百。遣人奏捷，就奏伏羌伯毛忠战死，又揭报内阁与兵部，道："各镇兵俱集，分为六路困贼，贼已敛兵入城，犹如釜中之鱼。止虑叛贼勾连北虏，救援入寇，喜得时虽仲冬，黄河未冻，虏兵不能渡河。又已不时差人哨探，拨兵防御，可以无虞。"

此时内阁大学士彭时他看了揭，已晓得项总督甚有经纬，灭贼有日了。只是兵部程尚书担扶不住，道："满四原是靼种，毕竟要去降虏。那时虏兵一合，关中不保了。"题本要差抚宁侯朱永领京兵四万，前往帮助。抚宁侯就把事来张大，要厚给粮饷，大定赏格，正像近年李

如桢总兵往救开铁时,不曾会得在外边争先杀战,只晓得在里边竞气争赏。那彭阁老票旨,只叫抚宁侯整饰戎装,待报启行。一时官员都纷纷道:"彭阁老轻敌,定要送了陕西才歇。"奉旨与兵部会议,鼓学士道:"满四若四散出掠,他势还大,还要虑他。他如今退入山中,我兵分了六路,团团困定,要通房时,插翅也飞不出。不过一月,料一个个生擒献俘了。京军只有空名,都不堪战阵。目今四万人,一动,工部便要备器械银两,户部便要备行粮,贵部便要措马价。出师之日,还要犒赏。震动一番,无益于事,不若且止。"其时商学士辂道:"看项荩臣布置,力能灭贼,不必张皇。"程尚书道:"人只知京军不行,可以惜费,若使关申震摇,不知那用费更大,且至误国。"彭学士道:"足下计京军何时可到固原?"程尚书道:"在明年二三月。"彭学士道:"这等缓不及事。看这光景,岁终必能破贼。且据项总督所奏,止须朱永率宣大精兵五千,沿边西来,贼平自止。若使未平,当协力进剿。"明明已示一个不必发兵的意思了。程尚书愤然出阁道:"不斩数人,兵不得出。"

　　不知项总督把贼已困住,机会不可错过,每日与陕西巡抚马文升率兵围城,身坐矢石之下,并不畏怯。有将士拿防牌与他遮护,总督道:"人各有性命,何得只来卫我?"麾而去之。又对众官道:"我昔年被掳鞑中,备观城形胜,山顶水少,止靠得几个石池,不足供他数千人饮食,又上边少柴,分付拨兵断他采樵、汲水。"若是道路遇着,擒拿追杀,真把个满四困得是瓮中之鳖。每日统兵到城下搦战,他又不敢出来;及至日暮鸣金收军,他又出兵追来。项总督差指挥孙玺,领兵八百屯驻东山、若城中,贼出,便截其归路,前后夹攻。贼兵看了,半个不敢出城。又来请降,要项总督亲至城下。项总督便单骑前往。刘、总兵恐有不测,将兵屯着,自全装贯带陪着总督。马巡抚也到。那贼在门边排下许多精锐,都戴着盔甲,拿着兵器,耀武扬威。马巡抚叱他收敛进城。满四与马骥诉说遭刘参将、冯指挥激变,原非本心,求天爷免死投降。项总督吩咐道:"刘、冯二人激变,朝廷已扭解进京,已正法了。尔要降,速降可保你命。"又对满王寿道:"你原非反贼,为何尚自倔强?"满王寿便叩头道:"当日被他劫来,今日教人进退两难,只求都爷赦宥。"项总督就准降,带了满王寿归营。到次日,那贼又在城下立起木栅,讨战不降。项总督与马巡抚计议道:"兵屯城下月余,师已老了,倘或黄河冰冻,虏兵南来,若两处抵敌,势分力薄。若他或是乘我懈怠,连兵合虏,势更昌獗。这攻要速成!"与马巡抚计议,伐木做厢车攻城,又用大将军炮攻打,城中震得山摇地动,胁从贼人渐渐出降。总督都给予执照,许他近地安插,不许人生事。降者无日没有,满四军势渐渐衰弱。

杨虎力见势头不好,心里想道:"当初谋反,竟该结队逃入套中,可以存活。如今这山中是个死路,四下兵围住,料不能脱身,不如投降。"及至项总督营中,又自思他是与满四一起首恶,恐不肯饶他,好生惊恐。只见项总督叫近前来道:"你为满四谋主,本不该饶你,但我誓不杀降。倘你若能献计,生擒得满四出来,原有赏格:擒获满四,赏银五百两、金一百两,子孙世袭指挥。这赏与官,这一一与你,断不相负。"刘总兵使刮刀与他赌誓。杨虎力思量半日,道:"满四党羽虽然降的多,还有个侄儿满能,骁勇绝伦,马骥、南斗一干,尝在左右。要在城中擒他不能,不若哄他出城,天爷自行擒获,这个便可。"总督道:"这等明日你可着他到东山口,我这里用计擒他。"与了他酒食,着他归城。有两个雨司道:"虎力,满四亲信,今日来降,是假降看我兵势。正该斩首孤他羽翼,不该放他回营。"总督道:"贼势大则相依,势败则相弃,有甚亲信?他如今见我兵势,从则必死,投降诱擒满四,可以得生,还有官赏,怎不依我?真否明日便见。"东山口是延绥信地,总督带兵五千,到他信地,道:"你这支兵,连日厮杀辛苦,今日我代你守。"将兵分为左右翼,只待满四出来。

那边杨虎力逃去,见了满四,以手加额道:"恭喜,我们有了生

路了。"满四忙问时,道:"适才到项总督营边探听,见他兵心都已懈怠,只听得鞑子杀到延绥地方,延绥将官怕失守,要撤兵回去,进军中来辞,他说自要分兵来守东山口。不若乘他兵马新来,营寨未定,冲他一阵,杀他一个胆寒。若杀了他总督,其兵自退。俺们乘势杀出,投了鞑子,岂不得生?"满四道:"有这机会!"马骥道:"我们一齐杀出去。"满四道:"割鸡焉用牛刀?只我领一千精兵去够了,你们守城,怕有别路兵来攻打。"次日吃了些饭,整点一支人马,杀出城来。

立马山上一望,果然一支兵远远离开,又有一支兵到,打着皂纛旗。满四道:"这是老项了,我且做个张翼德,百万军中取上将头。拍马下山,竟至东山口。官军中瞭望见一个骑白马的出城,也知是满四来了,各做准备。满四到了军前,挺枪直进。刘总兵也舞刀来迎,此时项总督拔剑督战,延绥王巡抚见贼兵出城,也督兵相接,马巡抚指挥伏兵齐起,截住贼兵后路。满四大叫:"中计了。"大家努力杀出,杀到前,是项总督兵;杀到左,王巡抚兵;杀到右,刘总兵兵;后边马巡抚兵。往前,后又到;右首杀去,右边又兵来,箭如雨发,先射倒了白马。城里要发兵救援,又怕别路官兵乘虚袭城,只得听他。杀到两个时辰,满四渐渐力乏,官兵如潮似来,不能抵挡。满四被项总督标下把总常得胜拿了,其余尽行杀死。马巡抚道:"贼首已擒,城中丧胆,可乘势攻城。"项总督道:"战了半日,士卒皆疲。石城险峻,一时难破,且待明日。"就将满四上了囚车,差人奏捷,止住抚宁侯兵马。次日攻城,城中闻得满四被擒,都心慌意乱,只有马骥、南斗道:"我们当在死中求活,还杀出去,破围逃命,怎住在城里,滚汤泼老鼠——窠儿死?"拼死杀将出去。这边兵见总督捉了满四,也都要立功,一齐攒往,把这两个要杀杀不出,要回回不得,一个个都被生擒活捉,各在总督处报功。城里李俊、张把腰都战死,尚有火敬,他还在那里要守。刘总兵道:"自这几番战阵,已擒三个贼首,擒杀从贼数千,所存不多,不若撤兵听他散去。不然,五万人屯在此,每日钱粮费大。"

项总督道:"贼杀我一伯、三都司,官兵死者数千,若纵他去,后日必为陕西后患。且贼不过守一二日自散,下令凡贼人逃出城向南的罢了,往北投房的俱要擒拿。"此时城中人住马不住,你守我不肯,只顾得自己,那里顾家属?一夜一齐逃出,被总督分兵擒杀,都不得漏脱。只有满能逃在青山洞,被官兵用把火熏出来,也拿了。先行搜山,又拿得贼五百多名,破城捉获他家属数千。内中杨虎力的家属,就行给还虎力。传令拨兵万名,把石城险阻尽行平去,拆毁古墙,立石山顶纪功,写当日平贼日月并征讨的各官,又将诸军士的骸骨起一个大冢,杀猪羊祭他。回兵固原,犒赏各处将士。生擒贼有千余,除将满四、马骥、南斗、火敬并罪大的二百名,囚车献俘京师,其余都斩首军门。又增设一千户所防守。捷奏,朝廷旨下,项总督与马王二巡抚,各升一级,刘玉升左都督,其余有功官员以次升赏。杨虎力也得蒙恩免死。以上故事载入《三刻拍案惊奇》。

《三刻拍案惊奇》原名《峥霄馆评定通俗演义型世言》,钱塘陆人龙编撰,陆云龙评点,崇祯五年(1632年),峥霄馆书坊刊行,八卷四十回,为拟话本小说。

《型世言》一书,流传稀少,大概问世十年后,已难见该书。崇祯十六年(1643年)前后,江南书贾将其改纂,照原书版式翻刻了其中三十回,为每回新拟了回目,将书名改为《三刻》,作者亦改署觉道人、西湖浪子。

《型世言》的改纂,当是书商有意为《三言》《二拍》编造续书。冯梦龙、凌濛初二人之书行世后,颇受读者青睐,希求续书亦属情理中事。如果将《型世言》《三言》《二拍》比较,可以发现三书之间似有一脉相承的联系。冯、凌二人多取材宋元故事,且将网罗殆尽,陆人龙则专述有明一代人物,时间上有前后的衔接,加上三书的体例写法大致相同,所以拼为一组,几若天衣无缝。陆氏在编撰《型世言》时,是否有意步冯、凌之后,已难考详。凌氏不在冯氏后作"四言",

则陆氏亦不会在凌氏后作"三刻",将《型世言》改名《三刻》当不合陆氏初衷。但改名改版之《三刻》远较原名原版之《型世言》更容易在坊间流通。自《型世言》以《三刻》的新面目出现后,原刻版几遭湮没,除同出峥霄馆的《皇明十六家小品》中提及该书书名外,未见诸家记载和书目。若非韩国汉城大学奎章阁所藏孤本,学者几不知有此书。而《三刻》则流传较广,从传世的北大本、北图本、北京市文物局本三种《三刻》残本来看,曾经先后数刻,版心中还有《型世奇观》《幻影》等别名。估计曾有一个时期风行于世,广为人知。

　　《型世言》除被改纂为《三刻》外,还被部分收入《别本二刻拍案惊奇》中。今法国国家图书馆所藏的《别本二刻》系选录凌濛初《二刻》十卷、陆人龙《型世言》二十四卷合编而成。编者在移录《型世言》的过程中,对故事颇有改动,出入较《三刻》为大。此书当属《二刻》之异本,不同于《三刻》与《型世言》有前后脱胎的版本关系。《别本二刻》书前绣像,包括了《二刻》和《型世言》的有关章回。这些绣像是取自原书,还是合编时新刻,有待寓目查考。今所见奎章阁本《型世言》与国内所藏诸本《三刻》均无绣像。《别本二刻》之绣像无论出于何人之手,均可弥补缺憾,故而十分珍贵。

　　小说流传中别名并行属常见现象,再版者选择书名,每取其最为知著者署之,不必拘泥出现之早晚。《红楼梦》本名《石头记》,改称之后已成家喻户晓,新刊此收无不以《红楼梦》名之,斯其例。《型世言》与《三刻》二名,后者的影响大过前者,所以新印采用《三刻》书名。书中文字完全采用《型世言》,并在书前影印了《别本二刻》中仅存的绣像。

　　固原历史上为多事之地,正史记载于书者有,野史记石城事当属首次,也属唯一。与正史相比,出入不大,就今人描述看,除阶级观点外也相差无几,不可不读,不可不记。

## 周大旺兵变固原镇
## 李自成转战泾渭河

明朝九边重镇共有驻军八十六万多人,庞大的军费开支历来是明朝廷的一项沉重负担。到了明朝末年,由于国力衰竭,国库空虚,长期拖欠军饷的问题非常突出,仅延绥、宁夏、固原被拖欠的饷银就达三年。加之各级将官俱以空名冒支军饷以及对下级饷银的种种克扣和对士兵的残酷奴役,致使守边士兵不堪忍受。另外,宁夏地处明朝西北边防要冲,鞑靼不断南下攻扰,在给当地人民群众带来灾难的同时,也加重了官军的防御负担。明朝后期,东北女真族首领建立的后金(即后来的清朝)日益强大,严重威胁到明王朝的统治,使危机四伏的朱明王朝处于风雨飘摇之中。朝廷为了对付步步紧逼的后金,抽调宁夏和固原等镇的军队,到华北地区加强防御力量,给两地军民带来了沉重负担。

万历末年至天启、崇祯两朝,北方连年发生天灾。特别是天启末年,全年无雨,草木焦枯,百姓争食山间蓬草、树皮。草根树皮也吃光了,只好挖掘观音土充饥,出现了人吃人的现象。灾荒如此严重,而地方官吏却不顾人民死活,只知苛剥百姓,催逼钱粮,结果激起民变。

天启七年(1627年)三月,陕西澄城县知县张斗耀在催逼钱粮时,

被怒不可遏的百姓杀死。崇祯元年（1628年）十一月十七日，白水县民王二首举义旗，聚众攻打邻境的韩城、蒲城等县。接着，府谷的王嘉胤、宜川的王佐挂、安塞的高迎祥、汉南的王大梁，也先后聚众响应。由此揭开了明末农民大起义的序幕。

这一年的十二月二十四日，饱受欠饷之苦的固原镇士兵，发动兵变，劫取了固原州库的粮饷，杀死副将、千总等数名军官，成为明末宁夏地区首举义旗的边兵。甘肃巡抚胡廷宴和延绥巡抚岳和声看到起义军气势正盛，不敢派兵镇压，互相推诿观望。随后，固原起义士兵在周大旺的率领下，东出关中作战。第二年正月，固原起义边兵转战泾阳、富平、三原等地，俘虏官军游击将军李英。四月，进攻耀州（今陕西耀县），陕西督粮道参政洪承畴率官军和乡勇万余人，分十二营在云阳（今陕西淳化西北）围攻固原起义军。天黑以后，忽然雷雨大作，起义军乘机突围，奔向淳化，加入了陕北农民起义军。闰四月，陕北起义军王二、王大梁等部失败，固原起义军首领周大旺等被杀。十一月，后金兵攻占直隶遵化，甘肃、宁夏、固原、陕西的勤王兵溃散逃回，纷纷参加起义军，继续与官军对抗。这时，李自成投归延庆义军王左挂部。

陕西五路兵力的抽调，致使边里防务空虚，王左挂遂将数千人马整编成五营，乘机直捣宜川，因知县成材坚守攻之不下，便转攻韩城。陕西文武官僚恐其进犯西安，分外惊惶。三边总督杨鹤急忙将已出潼关勤王的后运部队李鸿嗣、刘国栋部两千余人追调回陕。因军中无帅，又令参议洪承畴前往，令其从邰阳、朝邑循便近道，往袭韩城，农民起义军大败，王左挂降明，李自成改投"不沾泥"，其余义军转奔清涧县。

农民义军败退后，除李鸿嗣等部原出潼关东援外，杨鹤又调集固原游击夏有哲。率领马步八百余名，固原都司李登龙率领一千余名，会同镇压奔往清涧的延绥起义军及集结鄜延、绥德等处的义军，并奏保洪承畴代理延绥巡抚，杜文焕督理固原兵，便宜施加镇压。但义军

李自成

遍布关中，杨鹤等自知无力剿灭，复又行施"招抚"分散的策略，除王左挂外，先后招抚王虎、小红狼、一丈青、掠地虎、混江龙等，并发给他们免死证明。这时，延绥知府张辇同其都司艾穆等，乘起义军分化之机，袭败了延川的义军，又诱降了王子顺、张述圣、姬三儿等部。三月，延绥东路起义军王嘉胤转战延安、庆阳，杨鹤派人诱抚，遭王嘉胤拒抚，并从神木渡黄河入山西。

五月，农民军攻破金锁关（今陕西耀县北三十里，水神峡内）。六月，王嘉胤击破府谷东北六十里的清水营及黄甫川、木瓜等堡，杀明游击李显宗，进取府谷。张献忠在米脂率众响应，自号"八大王"。杨鹤见其声势复壮，又会同洪承畴、总兵杜文焕三部，将义军围困三月，王嘉胤败走山西。十一月，西路延庆起义军神一元同高印登等，率数千人马，乘隙袭破靖边县西四十里的宁塞及安边东一百四十里的柳树涧、定边东一百里的新安边等处。刘国能号称闯塌天，在晋、畿南一带转战响应。

一度活动在陇东一带的神一元、神一魁兄弟，是这一带军民起义的著名领袖。神一元本是辽东镇（今东北）的一名军卒，跟他弟弟神

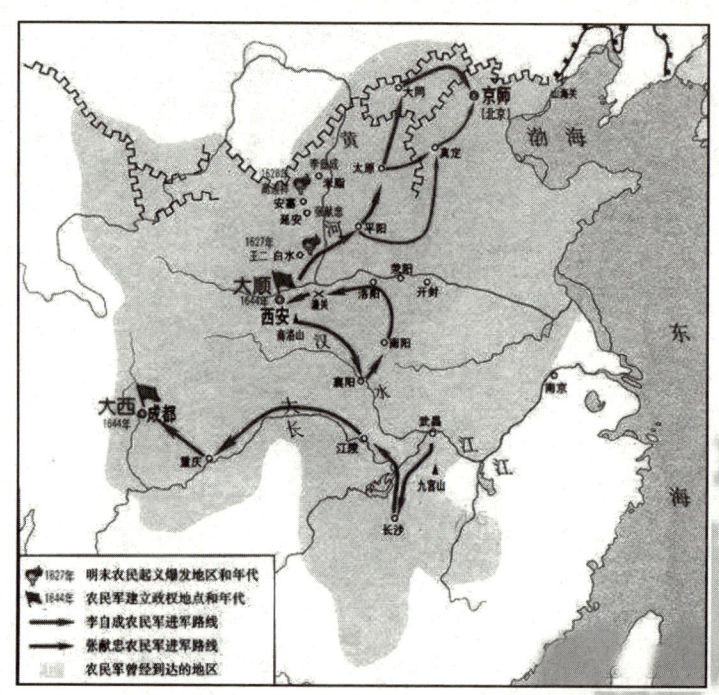

李自成起义示意图

一魁一起,以花马池以东、榆林以西的长城著名隘口——宁塞堡(今陕西靖边西四十里)为根据地,团结广大边地居民,一起反抗明朝廷。崇祯四年(1631年)正月,神一元兄弟俩有计划地放弃宁塞堡,袭破保安县(今陕西志丹)。

　　三边总督杨鹤得警,急调标下掌号守备陈有谟,督同副将张应昌、苑攀龙带领马步前往剿击;陕西巡抚练国事也派宁夏总兵官贺虎臣等前往。神一元、高应登旋亡于阵,义军遂又推举神一元的弟弟神一魁领导部众。神一魁见贺虎臣督率之宁夏兵、杜文焕督率之固原兵围攻甚急,义军累累受挫,伤亡惨重,遂于二月突围西进,于十四日包围庆阳,破其东关。由于义军放弃保安,三边总督杨鹤奉命前往延绥部署军务,带领标下官兵三百余人,方至永寿,忽听庆阳被围,形势紧迫,复又回奔宁州。这时,神一魁已率众数万,进破合水,俘知县蒋应昌。

杨鹤以邻近无兵可调，只好令宁州知府周日强同庆阳卫指挥缪光先、刘可观等相机诱抚。神一魁被其迷惑，遂向杨鹤投降了。杨鹤命令神一魁驻扎宁塞。五月十五日，杨鹤离开宁县，移驻陕西耀州（今陕西耀县）。

久已活动在镇原、固原、庆阳沿边一带的神一魁属之别部田近庵、李老柴等，先于十四日，攻破金锁关（耀州北三十里神水峡内），击毙明都司王廉。于是西徇宁县、环县，直逼固原、镇原，以胁平凉。点灯之、混天猴（本名张应金）、独行狼等原在陕西白水县东北六十里的黄龙山一带活动，便于这时，徇略陕西韩城等地。杨鹤复调王承恩、张福臻等剿击，并派中军副总兵王性善及贺虎臣分头掩击。于是官军云集环县，起义军刘六等三十六人被杀。六月，杨鹤进驻鄜州（今陕西境）。七月，李老柴、独行狼等袭破中部县（今陕西铜川一带）。杨鹤又赶赴耀州，会同陕西巡抚练国事前来围剿。练国事派总兵王承恩、副将张全昌、赵大胤，与甘肃总兵杨嘉谟等合力围攻，遂于十月十日大败义军，收复中部。李老柴、田近庵被俘。

王嘉胤进入山西后，便占领河曲，后被总兵曹文诏击败，在山西阳城遇害。其众又推左丞王自用为首领，号称紫金梁，遂联合号称闯王的高迎祥、号称八大王的张献忠、号称老回回的马守应、号称曹操的罗汝才，其他如八金刚、扫地王、射塌天、闯将、满天星、破甲锥、邢红狼、显道神、混世王、党家、黑煞神、李晋王、乱世王等三十六营于山西，有部众二十余万，分兵四出，连克大宁、隰州、泽州等城。又分兵南下太行，进逼河北。明王朝大为震惊。朝廷认为杨鹤不能及时绞杀农民起义军，遂于十一月，以主抚误国为由，逮捕三边总督杨鹤，下狱论罪，并起用洪承畴为总督陕西三边军务，对农民起义军也改"抚"为"剿"了。

李自成因"不沾泥"部败散，又改投闯王高迎祥，转战于山西、河北、河南。崇祯七年（1634年）三月，义军与陕西巡抚练国事、河

南巡抚元默等部在陕南周旋，误入陕西兴安车箱峡，适逢阴雨连绵，军士疲劳，食粮又尽，被困于大山深谷之中，因用顾君恩策略，用重宝、金银贿赂并游说总督陈奇瑜左右，向其诈降，遂被遣散归农。当李自成军刚出栈道脱离险境，陕西略阳（今陕西宝鸡南）农民军数万来投，于是声势复振。义军击破陇州，进入凤翔、巩昌、临洮、平凉府境，西破隆德，杀知县费彦芳。隆德求援，明固原道陆梦龙率领固原游击贺奇勋、都司石崇贵及步兵三百余人，救援隆德。八月二十八日，被义军于老虎沟（隆德境），伏截，陆梦龙自刎。李自成军遂进入海原、静宁，又东围陇州四十余日。

明廷见义军集结兵力二十多万，抽调陕、陇、河南兵西入潼关，湖广兵北入陕西商洛，四川兵北出陕西汉中，山西兵南出山西蒲州、韩城。图谋五路包抄。高迎祥、李自成等率领部众，迂回于六盘山，突破了明军的包围圈，遂复东出，进军湖北、河南，使明军剿灭义军于陕西的图谋落空。

十月，起义军再次攻下化平（今宁夏泾源）一带。此时，三边总督洪承畴调兵死守固原，沿途关隘一律派重兵扼守。起义军转战六盘山区和泾河流域。崇祯九年（1636年）二月，起义军从六盘山区北上，攻克固原以北的镇戎所，连续进攻海剌都、西安州等地，后又攻克潼关、西安，派刘宗敏、袁宗第等攻占了固原。不久，起义军占领宁夏镇、花马池、中卫等地，义军在流动作战中曾七次进占隆德县城。崇祯十六年（1643年）十月，起义军又攻破潼关，杀死兵部尚书，总理陕、晋、豫、川、楚、黔及江北军务的主将孙传庭，陕西总兵官白广恩逃往固原。李自成即派刘宗敏、袁宗第率兵追至固原，白广恩看到自己势力单薄，遂以城降。崇祯十七年（1644年）正月，李自成于西安建立大顺政权。三月十八日晚，起义军攻破北京城，明朝灭亡。1645年，清军攻占宁夏，李自成起义军主力退至湖北，李自成部将贺珍、李明义等，仍然带领起义军在固原等地坚持与清军战斗多年。

# 左宗棠督修西兰路
# 清官兵护路栽杨柳

清同治五年（1867年），左宗棠奉调任陕甘总督，率军进剿西北回民义军。之后，挥麾西进，收复新疆。为调运粮饷，传递文报，他颁布命令，让陕甘各处驻军修筑了一条从西安至新疆大道，史称陕甘官道，民间称"左公道"。为固定路基，防止洪水冲刷，又命令军队及饬地方民众在大路两旁及所经城邑四周植柳树一行，民间称"左公柳"。

修筑官道，左宗棠征发民工两万多人，清军七万多人。据《三官口东道碑记》载："削陡峻，扩仄险，改高即平，正曲广陂，由是循安国沿至瓦亭五十里，可以陡坡直驱，方轨逵达，无覆陷滓履兵之苦。"并在泾州至会州（今甘肃会宁）架桥梁四十一座，交平庆道所属府、州县管护。六盘山路道，清除堕石悬崖，开挖水沟，护坡防塌。改弯道十一处。官殿壑壑处，加宽三尺。立保护桩一百四十六个，改水道十一处。小六盘处，原路从十字路直通壑口，改由东山坡转弯，下低"山头一丈三尺"，使至和尚铺陡坡变缓。杨家店至六盘沟口路右转拓平。杨家店黑虎庙上段"拓宽二尺，路面宽至丈余。"

同治十年（1871年），左宗棠始命军队植树，自固原蒿店起，经

| 左公柳

和尚铺,沿六盘山车道,直达隆德、静宁。复有瓦亭驿接栽,经大湾、开成、青石嘴至固原县城。有数万株。管带精选营总兵杨德明从南二十里铺起,大湾止,栽种杨柳。

同治十二年(1873年),管带精选左营提督蔡光武,在清水沟、瓦亭、六盘山顶上,栽种杨柳。同治十三年(1874年),管带精选营游击李万贵,在清水沟、隆德界,西至大湾栽种杨柳。光绪六年(1880年),中营参将成光裕会同前、左、右、后城守备营,在五里铺、牛营、青石嘴等处,分段栽种杨柳。光绪八年(1822年),管带楚军右旗总兵张大雄,在瓦亭以南、苋麻湾、平凉交界等处,栽种杨柳。光绪九年(1883年),管带精选营右旗参将胡起云,在六盘山、和尚铺一带栽种杨柳。光绪十五年(1890年),管带精选右旗都司魏恭赋在蒿店以西六盘山根,栽种杨柳;管带精选左旗总兵刘璞,在旧六盘庙儿坪栽种杨柳。光绪十六年(1891年),管带精选中旗都司凌维翰在蒿店大路两旁,接平凉界内,栽种杨柳。光绪二十三年(1897年),知州张祥曾谕令各堡乡约,及时栽种杨柳。光绪二十五年(1989年),知州肖承恩会同城守营,在清水河一带栽种杨柳。光绪二十六年(1900年),知州

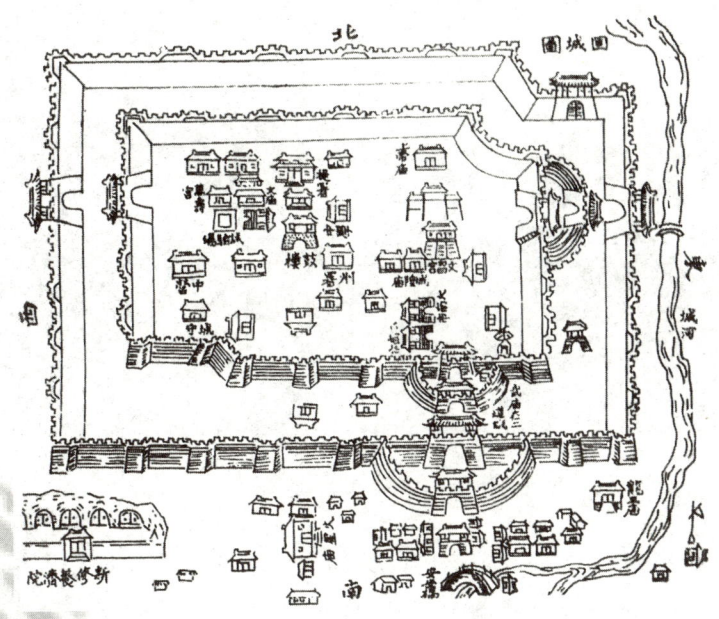

清代固原城示意图

张元淼在北海子栽种杨柳。光绪三十年（1904年），管带常备军金塔协镇金恒林，在东岳山大路两旁，栽种杨柳。光绪三十一年（1905年），管带巡防马队游击吴灿照，在黑城堡一带栽种杨柳。

筑路栽树从同治十年（1872年）开始。至光绪年，持续时间达数十年。从西安至新疆阿克苏地区长数千里，植树41.7万株。据民国31年（1942年），甘肃省政府调查，甘肃境内从平凉至酒泉有26.4万株，"皆合抱之木"。同年十二月二十七日隆德县府调查"左公柳"注册编号3936株。

平凉至隆德静宁段为左宗棠麾下魏光焘所栽。同治十二年（1874年），左宗棠巡视平同道，看魏光焘筑路营树很有成绩，曾通令嘉奖。魏光焘所筑"左公道"隆德段从六盘山至隆德县城与今西兰公路相重合，出三里店则沿今西兰公路南穿八里铺村、十八里埔村、沙塘村街道至张树上庄头，沿今西兰公路北穿神林铺沿今西兰公路南经王恒儿庄至静宁。两路相距十至二十二米。沙塘以下路面低于地面，群众称官路壕。

古原州会宁路

所栽柳树在路基左右一米阳沟中。县城官路入小东门穿西门而去,城西、南、东三面栽树而北面(渝河)却无。

光绪三十二年(1906年),固原知州王学伊发布《劝种树株示》,劝种官树以兴地利。"于二月间,会商防营,在南路官道两旁栽插杨柳,已得五千五百余株。而他处尚属缺如,自应普行劝种,以宏树政""兹拟自瓦亭镇起,黑城镇止,凡有开成、岭渠、大湾、清水河、冬至河一带,可以资其灌溉之外,两旁分界,一律补栽杨柳。川原地畔,如有土性滋润,

丝绸之路经固原(三营古道)

宜种桃、杏、枣、梨各色果木者，亦应察度办理。其能种百株以上者，奖给花红银牌；种千株以上者，奖给匾额；万株以上者，禀请奖给顶戴"。"自种之后，一不准居民私伐，二不准牧竖动摇，三不准往来行人随时攀折，四不准拉驼脚户任驼擦痒""务须各按地段，乘时栽种，毋得观望，坐失美利。一俟栽齐，先由各堡约开具清单，分别村庄树株各色数目，报明查考。嗣后按年将某村成活树株若干、某村补种树株若干，仍宜随时呈报。慎勿负本州讲求树政之至意，切切毋违"。瓦亭守备张廷栋，在瓦亭南门外河滩，辟荒地十余亩，栽种杨柳。管带巡防步队游击刘尚忠，在瓦亭峡、三关口峡，栽种杨柳；巡防军哨长都司马观成，在和尚镇铺庙儿坪一带。栽种杨柳。光绪三十二年统计，各县历年旧栽成活树木98374株，新栽86448株，固原州知州王学伊"经理林政"，还设立农事试验场，种植树苗。1926年，按照甘肃省的命令。固原县建设局在县城小教场内开辟县专业苗圃一处；隆德县在文庙两侧辟地1.33公顷，连同旧有地共2.66公顷，从事育苗。

为保护这些柳树，国民党甘肃省政府制定法令，"严禁砍伐，伐

今西兰高速公路

一补十，禁闭半月""树木与树人同重，毁木与杀人同罪"。并逐株编号，记录在案。民国5年（1916年），泾原道张广建派员来隆德县变卖公产，"凡关帝庙、马号、大校场，沿路营房公产搜卖一空"，"议伐左公柳，耆老数十人力阻得免"。后兰州政府知悉，"饬各地严令禁伐，否则以杀人论"。民国21年（1932年），新筑西兰公路通车，原官道逐渐废弃，左公柳也逐年从树心腐朽。解放初，人民政府接收公产，"官路柳树（即左公柳）计127株，大多数皮活中朽，砍挖见白"。西兰公路柳树2141株，白杨树192株。

"左公柳"隆德现存28株（其实仅存3株，其他均为民国27年新栽），集中分布在县城旧西兰公路约2公里的路段上。从隆德县防疫站至供电局门口，防疫站门向西4株，堡子山下8株，转弯处3株，临泉村至供电局门口路段13株。为保护这保护这些柳树，2000年林业局做了铁栅栏圈护，钉牌编号，注明"左公柳，清1872年"。这些树古枝老干，饱经沧桑。根底径7至10米，树身直径1.2米至1.74米。树型虬蟠苍朴，华盖如亭。

"左公柳"是历史的见证，也是今人的一面镜子。

## 张广建督甘掠财物
## 众议员通电驱督军

1912年1月1日中华民国诞生,同年3月,以赵惟熙为首的甘肃军政府与秦州(今甘肃天水)的黄钺为首的甘肃临时军政府达成协议,甘肃政局趋于统一,全省沿用清制,实行省府州县四级管理体制。1913年2月7日,开始军政分治,裁撤清制府州县,固原属泾源道(原陇道,驻平凉),设固原、隆德、海原、化平四县,隶属甘肃省,时张广建督甘,改固原提督为陇东护军使,移驻平凉。

自张广建到甘肃,贪污腐化,搜刮民财。民国5年(1916年),委员各县变卖公产,隆德关帝庙、大教场、马号绿营兵营、堡搜寻卖尽,仓储旧有常平粮八百石有余,净卖以支军饷,所有前清本色粮运用干净,张广建还在天水私设银号,滥发纸币。《民国隆德县志》载:"陆洪涛沙元,孙繁锦(张广建委派的陇南镇守使)之大铜元,以伪乱真,与欺罔同,以致市面恐慌,百物朔贵。""兰省制造银票沙元,平凉开设银行纸币,我邑各界受绝大影响不知倒落者凡几。"张广建还在田赋项下附加征收,每征银一两,征收库平银一两七钱,附加一五耗羡,五五盈余。本色粮奉准全收折价,每石连同盈余陋规,官俸款案,盈余粮一斗五升共征银二两一钱,草亩束折银九分。固原县共征二万二千零七十四元二角六分四厘。另外又附加警察费、教育费、烟亩罚款、军杂费，并征收盐税、驼捐、羊捐、毛皮税、产地税、牲畜税、屠宰税、斗行牙税、农具税、磨课税等219种。民国5年（1916年），张广建发行七厘短期公债，定为公平银八十万两，本息分厘未还。陆洪涛为了增加地方财政收入，借寓禁于征之名，行鼓励种烟之实，名义上按农户种烟之多寡以定罚款轻重，实际上罚款"按地亩征收，无论种烟与否，皆须缴纳""迫令农民种烟筹饷"。又将烟亩罚款改为清乡费，每年征收额"达270多万元"。一度增至"300多万元"。农民为了完纳高额"罚款"，纷纷将"大部分最好田地种了大烟"。常年鸦片种植面积为20万亩，烟土产量达7305万两，每年夏季，乡间罂粟花"一望无际"，鸦片成为"普遍特产"，烟捐遂成为"全省独一无二的一大笔收入"。鸦片的泛滥和烟亩罚款的不断增加，使"农村经济日趋破产，人民转见窘困，毒病生灵，弱国灭种，甚此为甚"！

民国5年（1916年）12月，张广建在兰州召开全甘肃省县长议政大会，张广建在会上说：官山林产不属地方政府所有，也不属哪个个人所有，现在以国家的名义卖给地方政府或个人，出卖的钱作为军费开支。各县政府出钱买得本县附近官山山权、林产权，可以向当地老百姓出售山中的林木、箭竹、药材、猎物及野菜野果，出售所得和省政府三七分成，地方七成，省府三成。一时间参会人员哗然，大家心里明白，卖方是张广建，买方是各地政府，首先由当地政府出钱给张广建，然后由当地政府向老百姓出售林产，再把其中一部分钱交给张广建。这是两头得利，是把民怨推给当地政府。张广建命令各县回籍调查官山范围、林产状况，估算收入，十日后上报。

固原县、隆德县、化平厅、海原县呈报六盘山林产说：明末清初到民国的三百年间，六盘山天然森林处于继续被破坏状况，分布范围在缩小消退中。清乾隆年间森林植被又退缩到泾源一带。其以外之地几被破坏殆尽。到了光绪末年，六盘山之美高山（今米缸山），已成

固原小西湖(中华民国37年)

为光山秃岭中的"绿洲","群山如赭秃无枝,竹树萧疏独见兹","美高山在城东南十里,极高而秀,故曰美高,虽无庵观祠宇之缀,而万树苍松蔚深秀",此诗句是抄录明代旧篇。现米缸山南麓的东山坡尚有松林存在,其周围的森林已荡然无存。此况前清名人可证。

如1805年清代著名学者祁韵士,沿米缸山邻近的东西古驿道,一直行至金县(今甘肃榆林中)猪嘴驿,始觉一扫荒凉沉闷心情,盖数日来童山如秃,求一木不可得见。

凡交通方便之地,森林植被的破坏常难以幸免,且一经破坏则难恢复。这也可以从一些名人经过六盘山记述证明。

19世纪40年代初,清代林则徐,被发配伊犁,行至六盘山巅,见"其沙土皆紫色,一木不生,但有细草"。1916年,著名学者谢彬,沿此道至山顶记曰:"元史屡称元主避暑六盘山,当时森林必甚丛蔚,今则童山濯濯,不堪游息矣。"

在交通阻塞的崇山峻岭之间,仅有天然次生植被,但经反复破坏,植被迅速向逆行演替方向发展,或沦为灌丛、或为荒山坡;尤其地势较平坦处,所受破坏性影响更为强烈。官树砍伐罄尽,山则童山,野则旷野,民间炊用悉赖搜辟荆榛,并无煤可以开采,当承平之时,薪已如桂,设有机警,何以聊生!穆家营子(今宁夏西吉县城)山上绵延生长次生植被串白杨(山杨或河北杨),平川为茂密高原刺灌所广布。

1936年美国传教士克劳德.皮肯斯镜头下的固原城

"须弥山,产油松,色鲜翠可爱,以窃伐者众,故粗不过椽"。记森林18处,面积2亩至80亩不等。其中,苏台有林80亩,军队曾以砍光烧木炭前后达五次,今为萌生梢林,"清凉寺"有林10亩,苏台一处萌生林,其他已不复存。

其他如山阴箭竹,去岁(1916年)大片开花、花后尽枯萎不生,山阳毛竹,仅只做薪材,无可资用于编织清扫。至于药材、果实为季节活动。况靠山吃山,靠水吃水,若断百姓生路,与民争利,非共和所为者。

张广建看了呈报,怒气冲冲,发文严饬说:为官者当勤奋政事,尔等阳奉阴违,不以上命为意,甚者抵触推诿,当严惩不贷。各县知名人士三十七人联名诣兰州请愿暂缓出卖官山林产,张广建拘捕其中为首者四人,并组织两个执行队准备去六盘山沿山县区强制执行。正在这时,甘肃各地通电反对张广建,在京的参议两院中甘肃议员也以张广建强制推行"验契""公绩""屠宰""酒类公卖"和"印花"五税诣请中央。北洋政府将其免职,赋闲北京。固原地方则传言张广

建自知大祸将至,自动辞职,携带搜括财物返乡。据说在返乡途中为土匪杀死,表达了百姓对此人的愤怒。民谣说:

> 督军张广建　奉命来督甘
> 领兵一个军　保镖一个连
> 赋税上千种　制造假铜元
> 到处刮地皮　到处卖公产
> 上好庄稼地　强制种大烟
> 砸了百姓锅　又抢手中碗
> 卖了贡院巷(兰州街名)又卖六盘山
> 天天唱大戏　晚晚进妓院
> 伤天又害理　滚蛋没几天

## 王洛宾邂逅五朵梅
## 民歌王以歌慰生平

站在六盘山上，什么声音最好听？是山泉的叮咚声？是阵阵松涛声？是豹子的吼声？是梅花鹿鸣声？都不是，最好听的声音是守山人悠扬的六盘山花儿歌声。六盘山花儿是西北多民族文化融合演绎而成的独具风情和魅力的民间艺术之花。它既有大背景文化的根脉，又体现地域文化的融合。花儿的形成应该与丝绸之路有关，与历代西北开发移民有关，与茶马互市有关，与成吉思汗征服欧亚有关。它应该是长期从事贩运的脚户歌，是赶麦场的麦客子的歌，是戍卒思念家乡的歌，也是青年男女爱情歌，老太婆的纺车歌，老汉们的赶集歌，放羊娃的吆羊歌，庄稼汉的镰刀歌。

花儿，是歌，也是诗；是茫茫高原，是滔滔大河，是民歌海洋里的一朵奇葩，更是宁夏山歌的精华。它的形成经历了一个长期演变过程，无数花儿歌手通过口头传唱，使这一民间艺术日益丰富。六盘山人按照自己方言的规律，结合自己的审美心理而创作的，有一种泥土一样的纯朴，是一种抒情的文学载体。节奏起伏变化，如潺潺溪流，似江河奔腾。作为一种民歌形式，花儿毫无疑问应包括多个层面的美学形态。六盘山花儿，是一道亮丽的地方民俗文化的风景线。无论从音乐的角度，还是从地方民俗文化的视角,能引起外来客人的看重。而第一个被六盘山花儿留住的是"西部歌王——王洛宾"。

王洛宾是地道的北京人。1913 年 12 月 28 日,他出生于北平东城牛角湾艺华胡同的一个平民家庭。父亲爱好音乐,会演奏多种民族乐器,王洛宾还有两个姐姐一个哥哥,父亲就将孩子们组成一个家庭小乐队,常在一起演奏。

1930 年,王洛宾考上北平师范大学音乐系,学习西洋音乐。在这里,他遇到了声乐老师洛瓦特夫人,让王洛宾对艺术有了某种更深的认识。权势财富均可一夜倾覆,而艺术却是永恒的。霍洛瓦特夫人看中王洛宾的天赋才华,对他悉心辅导。

毕业后,王洛宾做过几年中学音乐教师,他一直在为去巴黎进修积攒学费。1937 年,就在手续已经办下来的时候,母亲去世了,接着"七七事变"爆发,家国突变,巴黎去不成了。王洛宾不愿留下来为日本人工作,他选择带着恋人杜明远去大后方抗日。1937 年底,婚后的他们加入了丁玲领导的西北战地服务团。在这里,王洛宾结识了不少文化名人,

——王洛宾

作曲家李劫夫、周巍峙，诗人塞克，还有作家萧军、萧红夫妇。

1938年，一行人转往大西北进行抗日宣传活动。途经六盘山，天降暴雨，只好停在小旅店里歇息。老板娘人称"五朵梅"，年轻时是这一带有名的山歌手，王洛宾听说后，就请她给大家唱歌。雨过天晴，"五朵梅"站在半山腰爽朗唱了一曲当地的花儿："走哩走哩越远了，眼泪花儿漂满了"，王洛宾当场就被震住了，刹那间好似醍醐灌顶。他当场拜五朵梅为师，倾听五朵梅的演唱，他要去寻找它们的源头。

从此后，王洛宾每到一处，就注意收集各地的民歌，融入自己的创造。联欢会上维吾尔族小伙哼了一首歌，他独具慧眼，从磕磕绊绊翻译的"达坂城""辫子""老婆""漂亮"等几个零星词汇中，改编出了脍炙人口的《达坂城的姑娘》。《半个月亮爬上来》原是喀什古老的舞曲，被他重新填词，改成慢板的抒情曲。

时任青海省主席的马步芳偶然听过王洛宾唱歌，很赏识他的才华。1939年西北抗战剧团解散后，王洛宾便和妻子去了青海。

王洛宾到了大西北广阔的天地，如鱼得水般自在，他常常骑着马，跟牧民外出采风。杜明远是大小姐出身，西宁城的生活对她来说太枯燥了，两人的感情出现了裂痕，杜明远在青海待了一年独自回了兰州。

1945年，王洛宾和十七岁的女护士黄玉兰结婚了。婚前从未见过面，但两人婚后感情很好。

1949年7月的一天，马步芳叫来王洛宾："兰州要打仗了，你回青海去吧，你是个文化人，这里不需要你了。"

9月，西宁解放。王洛宾准备举家迁回北平，回去继续当个音乐教师。解放军一兵团政治部宣传部副部长马寒冰，在旧政府人员名单上看到了王洛宾的名字，心想这不是《在那遥远的地方》的作者吗？他找到王洛宾，一番恳谈后，邀他随军挺进新疆。王洛宾甚至没和家人商量，立刻就放弃了回乡的打算。

在酒泉，王洛宾收到一封任命书，被任命为人民解放军第一野战军第一兵团政治部文艺科科长。

"文化大革命"开始,王洛宾被投入监狱,整整关了十年。

不过,也有人说他是幸运的,在监狱里躲过了"文革"。而且,新疆第一监狱汇集了全疆四面八方来的犯人,各个民族都有。大家每天在砖场干完繁重的体力活之余,他总会主动找人收集当地的民歌。对方说没劲儿唱了,王洛宾就把每天两个窝窝头省下一个来,以此交换,让对方继续唱下去,就这样日复一日,攒下了三大本民歌集。

这三本民歌集中收集六盘山花儿竟达二十首。

1975年,王洛宾出狱,他已六十二岁了,此后五年他仍"被剥夺政治权利"。没有户口、房子、单位,也不想给儿子们添麻烦。他一度坚持留在监狱编外的新生队里。但最后还是被撵了出去。年过花甲的他,靠在工地做点小工维持生计。

直到1981年,这种窘迫不堪的局面才被一篇稿子所改变。新华社驻新疆分社记者赵全章深入采访王洛宾后,在新华社内参做了全面报道,得到时任中央组织部部长宋任穷的亲笔批示。当年,新疆军区召

王洛宾拜师五朵梅

开平反大会，为王洛宾恢复名誉和军籍。

当能重新自如地开始创作时，王洛宾惜时如金。他喜欢一个人待着，已不习惯别人陪。直到生命的尽头，王洛宾也没有请一个保姆照顾他的生活，全都自理。

1988年，台湾歌手凌峰到新疆拍电视片《八千里路云和月》，其中介绍了王洛宾；香港女作家夏婕又赴新疆采访王洛宾，"西部歌王""西部民歌之父"的提法渐渐传开，很多人才知道，历经浩劫的王洛宾还活在人间。

1996年3月14日，八十三岁的王洛宾因胆囊癌离世。他被迁回北京安葬，墓碑上刻着他最著名的一首歌——《在那遥远的地方》。

六盘山花儿歌手们永远记着王洛宾这个名字，六盘山下王洛宾文化园给后辈们述说着王洛宾的一生经历和与五朵梅的故事。

## 奉严令修筑西兰路
## 抗日寇开通国际道

1932年4月17日,甘肃省国民政府召开紧急会议,沿西北官道县县长出席会议,会议由省政府主席主持,军政部要员协同全国经济委员会要员参会,宣布了一条命令:"查西北官道年久失修,路断桥塌,令沿途各县辟修,夯基铺砂。县长督修,两年竣事,俸双倍,如期未竣,就地免职处决。涵洞桥梁技术事宜,着省政府委派专员另行处置,仰或周知。"于是"西北国际大通道"修筑从甘肃开始,六盘山公路的修筑也被提上了议事日程。

自古以来,六盘山道路崎岖,行路难于上青天。这从流传在六盘山区有关"鹿攀山"的传说中可见一斑。传说中的六盘山的得名与道路有关。传说有一老僧因逐鹿山涧,循鹿迹寻路前行,攀上山巅,才踏出了六盘山上的第一条路径,从那以后,人们称该山为"鹿攀山"。后又因山路盘旋曲折,路转六盘,故又称"六盘山"。如此看来,这老僧当年踏出的小径,应当就是最早的一条六盘鸟道吧。《史记》《汉书》中所说的络盘道、洛畔道即位于瓦亭关一线翻越六盘山的道路。由于山大沟深,林木茂密,只有一条狭窄的人行小道或者是驰道,此即后来的六盘鸟道。同治年间,左宗棠修西北官道,道路情况好转,

但六盘山一段仍崎岖难行。故《宣统固原州志》在"六盘鸟道"图说中也说:"六盘或云即《汉书》洛畔、络盘之沿说也。余以为古高山,是山峻嶒奥曲,跋涉恒艰、洵为天堑。……而山雨欲来,必先作云;即晴亦多雾,是以轮声鞭影,从云雾中出,亦风尘景色也。谓为鸟道,识奇耳。"可见六盘山山高地险,多雨多雾,行人登山时,须在半山腰做短暂休息后再爬越。由于云遮雾罩,后人见前人脚底,前人见后人头顶,听到的全是车轮声、甩鞭声,恍若鸟鸣鹊噪,叫成"鸟道",见识实在奇妙。

六盘鸟道也给清末变法志士谭嗣同留下了极深的影响。他的《六盘山转饷谣》,记叙了一个雨雪交加的日子自己在六盘山道上看见的一幅凄惨的雪地运粮图景,形象地描摹了六盘古道上运输粮饷士卒和民夫的艰难、辛苦以及六盘鸟道的坎坷、崎岖与难行。总之,六盘山山势陡峭,地貌险峻,林密草茂,野兽出没,加之气候多变,阴湿多雨,春秋雾绕,隆冬雪飘,给山两边人们的出行、翻越、攀爬带来了极大困难。《六盘鸟道》说得好:

> 虎牙龙脊自嶙峋,绝巘排空扼陇秦。
> 堑道崎岖通一线,征车迢递转双轮。
> 云封远隔蚕丛月,风劲横飞马足尘。
> 汉史络盘搜旧迹,东冲锁钥镇兰岷。

此道民国13年(1924年)沿左公道整修,即从凤翔路口入手,经泾州,平凉过六盘山入隆德。过会宁抵兰州。民国17年(1928年)列为以工代赈项目,国民政府拨赈灾款二十万元,华洋义粮会筹款三十五万元整修。

1932年4月20日,固原县、隆德县奉命开始动工的西兰公路蒿店至静宁司家桥段工程1935年5月1日竣工,正式通车。公路此段全长

| 1968年，六盘山公路改道动员大会

96.7公里，修涵洞17个，桥梁（多过水路面桥）6个。六盘山道路加宽2.1米，增辟弯道6个。三关口加宽1.2米，沿山开新道7公里，全程等共新道39公里。隆德县县长刘向弼，固原县县长胡福同（前任县长梁伦、钱史彤因"支吾工程，懈怠工作"而被撤换）被评为"嘉禾"而受表彰。事后，人们才知道，十分钟的省政府会的严令，近三年紧张施工并继续日出民工万人碎石铺沙，投资两千万元，建桥修涵，原来和国际西北大通道有着天大的联系。

1931年9月18日，"九一八"事变发生后，以蒋介石为代表的国民党政府对日本帝国主义的侵略采取了不抵抗政策，却调集几十万大军"围剿"中国共产党领导创建的革命根据地。与此截然不同的是，中国共产党站在民主革命和民族解放相统一的立场上，在"九一八"事变后立即发表宣言，提出组织群众，反抗日本帝国主义，组织东北游击战争，直接给日本侵略者以沉重打击的口号。

此时，在世界范围内，法西斯势力东西方互相策应，配合行动。特别是日本帝国主义企图以中国为基地，从东方进攻苏联，德、意法西斯企图从西方进攻苏联,从而达到东西夹击、灭亡苏联、消灭共产主义的战略目的,给世界反法西斯力量,特别是中苏两国提出了联合抗击德、意、日法西斯的迫切要求。

就国内局势而言,此时的国共两党都主张中国政府积极开辟西北交通线,争取苏联对中国抗日战争的援助。

就国民党政府而言,抗战前夕到太平洋战争爆发前,英美等国对中国抗战没有表示明确的支持和实质性的援助,这就使向来依靠英美的国民党政府不得不另外寻找联合依靠的对象,而这一时期苏联所表现出的积极态度势必正中国民党政府的下怀。

就中国共产党而言,东北沦陷之后,同共产国际和苏联的联系基本上被切断,海上交通也同时被阻,加上西部军在河西失败后大批红军将士或流落河西走廊、或辗转进入新疆,或被西北地方军阀关押、迫害,不仅需要一条联系共产国际和苏联的交通线,也需要在新疆、甘肃、陕西等地建立相应的机构,形成一条从西北到延安的营救西路军将士的交通线。

上述一切,不仅使建立西北国际交通线的必要性日渐突出,而且使这一国际通道的建立成为可能。

1932年1月,苏联政府为了援助中国人民的抗日战争,赠送给中国政府500辆吉斯五型3吨半卡车,载着中国政府从苏联购买的1500多吨汽油,从苏联进入新疆后由新疆古驿道进入甘肃,经玉门、嘉峪关、酒泉、武威、河口到兰州,硬是在本来就没有路的沙漠戈壁上轧出了一条"大道"。

但是,这条古驿道路面不平,有的路段十分狭窄,不能适应源源而来的军事物资运输。在这种情况下,国民党政府决定以西安兰州的公路为基础,成立交通部西北公路局,修筑甘新公路。到1934年,甘新公路全线完工。为了给苏联援华人民提供必要的食宿,甘新公路线各县均设有招待所,当时被人们称为"俄国站"。

1937年10月,根据《中苏互不侵犯条约》经中苏两国协商,苏联政府选派了援华志愿队和援华运输志愿队,及相当数量的技术人员,从阿拉木图经迪化到兰州,除部分留在兰州参加保护西北国际交通线作战以外,大部从兰州转各转区直接实施对日作战。

除了空中运输以外,苏联援华物资主要通过陆路从苏联的阿拉木图等地经霍尔果斯、塔城等地经迪化、哈密,沿河西走廊到达兰州,再由兰州翻六盘山转运到各大战区。1938年1月,苏联援赠中国的五百辆汽车满载汽油沿西北国际交通线到达兰州。在以后的时间里,苏联援华运输车队源源不断地在中苏之间进行物资运输。中国政府也利用苏联援华的汽车组成汽车兵团,直接从新疆境内接运援华物流。

八路军驻新疆、兰州、西安办事处在西北国际交通线上承担了莫斯科和延安之间物资和药品、书籍的转运任务。1937年底到1938年初,由苏联出钱,新疆人民首批支援八路军的两万件皮衣,用汽车和骆驼分批从迪化运到八路军驻兰州办事处,然后由兰州翻六盘山转运到长武,再由三八五旅收转运往抗日前线。

1937年底,滕代远从新疆返回延安时,带回高射机枪四挺、子弹两百万发、西药四百公斤,沿西北国际交通线顺利到达目的地。1940年1月,西路军总支队指战员集体返回延安时,除携带随身自卫武器外,还带着机枪四挺、子弹四十三万发,分别乘飞机、汽车从西北国际交通线到达延安。这些战略武器和物资在中国抗日战争中发挥了十分重要的作用。

值得一提的是,当时的苏联在经济上也面临着巨大的困难,棉花、皮毛及稀有金属等物资仍十分奇缺,因此,苏联政府在大力援助中国的同时,向中国政府提出了以棉花、毛皮及稀有金属为补偿的建议。苏联通过西北国际交通线,也从中国得到了大批战略物资的援助。

抗日战争期间,利用西北国际交通线往返于莫斯科和延安之间的中国共产党领导人有周恩来、任弼时、王稼祥、蔡畅、刘亚楼、陈昌浩、

观颖超、王明、康生、林彪等，还有越南共产党总书记胡志明、日本共产党主席野坂参三和共产国际顾问李德等。

特别需要强调的是，1938年6月，王稼祥同志携带共产国际给中国共产党表示支持中国共产党，承认毛泽东是中国共产党的领袖的重要文件从莫斯科经迪化、兰州翻六盘山回到延安，为维护党的领导集体团结与统一，领导全国人民推动抗日战争的胜利发展起到了至关重要的作用。另外，中共赴苏联学习、治疗的党员干部和其他进步人士以及经迪化、兰州、西安等地八路军办事处选送赴延安的进步青年，都是通过西北国际交通线到达目的地的。

国民党政府及苏联、美国政府官员也通过西北国际交通线往来于莫斯科、重庆等地之间。1942年8月20日，蒋介石从重庆抵兰州，在兰州召开甘、宁、青、新军事会议，29日往酒泉、玉门、张掖、武威视察后又转赴兰州、天水等地。

1940年苏联驻华武官、蒋介石的总军事顾问崔可夫赴华从莫斯科经迪化、兰州到达重庆。1945年4月20日，苏联新任驻华大使彼德罗夫从莫斯科经迪化、兰州去重庆赴任。

1942年美国共和党总统候选人威尔基从苏联经新疆到重庆；1944年，美国副总统华莱士也从苏联经西北国际交通线，取道兰州访华。

# 建林场营造针阔林
# 护生态建立保护区

　　六盘山森林的变化，唐以前，仍保持原有森林面貌或改变不明显；后来，随着人口增加或人口迁移，农业生产的发展以及战争等因素的影响，森林受破坏的规模也日益增大，尤其近四五百年来，人们对自然资源的需求迅速增加，反复破坏、荡涤，森林不断减少，荒山逐渐增多，改变了原有生态环境，立地条件恶化，岩石裸露，不易恢复森林，在环境条件较为良好的地带，往往被适应性较强的树种所更替，形成次生林，改变了原有森林面貌，而次生林的生长仍然受到人为活动及各种不定因素的影响，降低了森林质量。

北山森林公园

解放前夕，森林已从交通方便、人口稠密之地消失，地处僻壤的森林亦受到严重破坏，基本上成为质量低的萌生林或疏林、灌丛。六十多年来，采取加强封育、管护，改造质量低劣的次生林，进行人工营造针阔叶树种的试验等等措施，使六盘山的森林得到一定的恢复和发展。

六盘山历史时期森林的变化，是以人为因素为主要动力而引起的演变。而森林的变化反过来影响着自然环境，同时也深刻地影响于人类。

森林植被的自然地理分布是由自然条件包括地质、地貌、气候、土壤、水文以及森林植物在长期的历史演变过程等因素综合作用的结果，它逐渐形成与环境条件相适应的多种多样的相对稳定的森林类型，分布于不同区域。而热量、水分条件及其组合特征则是决定森林植被地带性分布的最重要因素。

六盘山区，南有秦岭山脉，北有蒙古高原，夏季受东南季风的影响，冬季则为干冷的蒙古高压所控制，具典型的大陆性气候特征。同时，又受高山地形的影响，使山地气候呈现出明显的垂直变化。以气候两要素热量与水分而言，如处于海拔高度2000米的山地，年平均温度为5.4～5.8℃，上升至海拔2400米之地，年平均温度降至3.4～3.6℃，而海拔2800米的地带，年平均温度仅1.3℃，六盘山的最高峰米缸山（海拔2942米），其年平均温度0.6℃。如此，年平均温度随海拔升高渐次下降，温度其他指标亦有类似规律，呈现明显垂直变化。而年降水量的变化趋势则随海拔升高而增大，变动于550～820毫米。六盘山

水沟林场人工林

南北走向，其东侧山地为夏季迎风坡，西侧为雨影区。东侧山地在海拔高度2100～2600米的地带有一个最大降水带有一个最大降水带；海拔2600米以下的地带，降水量随海拔高度的升高而增加，而在此高度、即在最大降水带以上的地带，降水量则随海拔增高而减少。森林分布的上限大致与最大降水带相一致，在此高度以上为高山草甸所分布。由于气候的垂直变化，对于森林植被的形成及植物种类的分布有着深刻的影响，而且山地的东西两侧不同，南北坡亦异。其垂直带谱：

**森林草原带** 分布于海拔1700～2300米，由低温旱生的多年生草本植物长芒草、狼针茅、白羊草以及山桃等组成的植物群落，为温带大陆性气候条件下的一种地带性植被类型，常见于阳坡、半阳坡。而山地的阴坡、半阴坡，生境比较湿润，分布落叶阔叶林。落叶阔叶林的组成树种，主要有山杨、白桦、红桦、辽东栎等；它们或者形成纯林，或者组成混交林，为六盘山森林植被的主要类型。阳坡、半阳坡的草甸草原与阳坡、半阴坡的落叶阔叶林，两者呈复合分布，构成森林草原带。

**针阔叶混交林带** 分布于海拔2200～2600米的阴坡、半阴坡，少见于半阳坡、阳坡。组成本带的阔叶树种，主要有白桦、红桦、糙皮桦、山杨、辽东栎等，而针叶树种则以华山松为主，及少量油松。华山松尚见于海拔较低的地段，多为纯林分布于偏僻山地和悬崖陡壁，亦有与辽东栎、白桦、红桦或糙皮桦等组成针阔混交林。

**阔叶矮林带** 分布于海拔2600米以上的山地，气候寒冷，常年风大，生境虽较湿润，但大风增强了低温的效应，不利树木生长。本带由糙皮桦所分布，生长矮小，树干弯曲，丛状生长，随海拔升高，呈稀疏灌丛状分布，为森林分布线的上限。

**亚高山草甸带** 分布于海拔2600～2800米及以上高度的山地，由多年生草本植物紫穗鹅冠草、紫苞凤毛菊等为主组成的植物群落。群落种类组成简单，为适应于亚高山地带特殊生境的草甸。

任一森林植物群落均有其自身的组成、结构及生态、动态的特点，由于各林分分布的地段和生长的环境条件不同，有其相似性，亦有差异性。

森林是在一定自然条件下，以乔本为主体，所形成的自然综合体。据此，六盘山森林类型，主要有华山松林、油松林、辽东栎林、山杨林、白桦林、红桦林、糙皮桦林七个类型。

华山松林，主要分布于和尚铺以南至东山坡之间。多见于六盘山南端，以西峡分布较为集中。多以小块状分布于海拔2000米至2500米之间的山带。在海拔较高处，与红桦、糙皮桦相混交，在海拔较低处，则常与辽东栎、白桦、山杨混交，分布于陡坡、峭壁地带的阴坡、半阴坡，少见于半阳坡。分布区主要为普通灰褐土，淋溶作用较弱。组成结构可分为乔木层、灌木层和草本层。苔藓层通常不发育。藤本植物少，为次生森林群落。华山松在乔木层中占六成至八成。为中幼龄林，林龄以30年至50年为主，林分布较疏，平均胸径12厘米，平均高度9米到12米，生长率1.7%，灌木层覆盖度40%至80%，高度1米至2米。

30年生的华山松林或华山松与其他阔叶树的混交林木，每公顷蓄积量50立方米。林木蓄积年平均增长1.673立方米至1.713立方米。

六盘山分布的华山松林，是原生群落经兵、火、采、垦等人为反复破坏后，在具有种源条件下，经封育自然恢复的次生群落。

油松林，以小块面积分布于海拔1700米至2100米之间的陡峻山

| 水沟林场人工林

西海子景区

坡或悬崖石裸露之地。林下土壤多为粗骨土或石质土。林木生长稀疏，平均胸径10厘米，平均高度4米至5米。林下灌丛高度1米至2米，覆盖度40%至50%。草本层覆盖度30%至40%，高度30厘米至60厘米。林结构简单，组成种类少。

辽东栎林，为次生森林群落，分布于六盘山主脉东南部，以二龙河、龙潭一带分布较集中，亦见于红峡、雪山及东山坡。主要分布于海拔1700米至2300米之间的阴坡、半阴坡，少见于半阳坡呈块状断续分布：总面积800公顷，蓄积量3400立方米，为六盘山主要森林类型之一。林下土壤大多为普通灰褐土和石灰性灰褐土。辽东栎为纯林，或与山杨、白桦、青榨槭及少脉椴、鹅耳枥、漆树等组成混交林。结构分乔木层、灌木层和草本层。一般无苔藓层。

20年至30年生的辽东栎林，平均高7米至10米，平均胸径8厘米至12厘米，52年生的辽东栎平均高度为11米至14米，林木密度差异较大，每公顷1200株至2500株不等，每公顷蓄积量30立方米至70立方米。林下灌丛繁茂，覆盖度60%至70%，高度1米至2米。草本层覆盖度20%至40%，高度20厘米至50厘米。

六盘山辽东栎为萌生林，早期生长快。高速生长期出现于前10年，直至30年仍保持旺盛生长势态。树高连年生长量0.20米至0.28米，

移民迁出区新貌

50年时,其生长仍未停止,但长速缓慢。

　　山杨林,六盘山森林群落的主要树种之一,分布总面积3000公顷,占山地森林面积的12%,蓄积量10万立方米,以四周各林场、东山坡、西峡等地分布较集中。大部分分布于海拔1700米至2400米之间的阴坡、半阴坡,少量分布于阳坡、半阳坡山地。分布空间广阔,但不连续,常与辽东栎林,红、白桦林等林分呈小块镶嵌分布或混交。在相似条件地段,常形成不同种类组合和不同林龄、密度的各类林木,互相嵌插、交错分布。林下土壤以普通灰褐土为主。

　　山杨多由根蘖在较短时期内大量繁殖而成林。可迅速生长占据上层空间,但生命周期短,不待其下部的阴性树种形成林冠,即已衰退。故其常为同龄单层林,集中分布。山杨在六盘山除纯林外,其乔木层多与辽东栎、白桦、少脉椴、华椴、茶条槭、青榨槭、榆树等组成。山杨林以中龄林为主,其面积占山杨总林的89.6%,平均胸径8厘米,平均树高6米至10米。20年至40年生的林分,平均每公顷蓄积32立方米,50年至60年成熟林每公顷蓄积70立方米。林内立木总量2061.5立方米。

　　山杨林林冠稀疏。林下透光度大。灌木层覆盖度达60%至80%,高度1米至2米。草本层覆盖度20%至60%。高10厘米至40厘米。

在阴湿地段，有发育良好的苔藓层。

山杨的速生期在10年以后，15年至20年为生长高峰期。其间年高生长量可达50厘米。20年后，高生长下降，35年后，年高生长降至20厘米。其直径生长幼年较缓，20年后急剧上升，25年至30年为高峰，连年生长量0.8厘米，最高可达1厘米，而后逐渐下降。

白桦林，广泛分布于六盘山区，尤以其自然保护区分布集中。主要生长于1700米至2450米之间的阴坡、半阴坡，少见于半阳坡。白桦林多为纯林，或与其他森林群落交互分布或混交。通常由乔木层、灌木层及草本层构成。乔木层混交树种有山杨、辽东栎、青榨槭、茶条槭、椴树、漆树以及红桦、康定柳、黄花柳等。

白桦林以幼林为主，林分较疏。平均胸径10厘米，平均高度8米至12米。灌木层植物以榛、箭竹居多，覆盖度60%至80%，高度0.5米至1米。草本层植物较多，以苔草为主，覆盖度40%至60%，高度20厘米至40厘米。

白桦生长甚快，10年至20年间连年生长量0.52米至0.58米。生长高峰在10年前后。25年后，年高生长为0.25米。其直径生长速生期在10年至25年之间，连年生长量0.75厘米。25年以后的白桦，直径生长渐降。

红桦林，多系萌生，以小范围分布于2200米至2600米之间的阴坡、半阴坡，少见于半阳坡。其垂直分布的下部常与华山松、白桦、山杨、槭树等树组成针阔叶混交林或落叶混交林。在海拔较高处，红桦一般以单层同龄性纯林为多见。由乔木层、灌木层、草本层、苔藓层组成。林分稀疏，平均胸径10厘米，平均高度10米。因上层林木稀疏，灌木层比较茂盛，覆盖度为60%，高度1.5米。草本层覆盖度8%，高15厘米。苔藓层覆盖度70%。

红桦生长较快，枝疏冠大，易于成林。树高速生长在10年至30年之间。连年生长量0.37米至0.54米，而后生长渐缓。直径生长速

生期在30年至60年间，连年生长量0.40厘米至0.79厘米。60年至80年生的红桦，年直径生长仍可维持0.28厘米的速度。

糙皮桦林，分布于海拔2500米至2600米以上的阴坡、半阴坡，少见于半阳坡。乔木层除糙皮桦外，或混交少量红、白桦，华山松等，为单层同龄林，林分较疏。平均胸径7厘米，平均树高8米。干形不良，多弯曲，生长缓慢。

全林区13个国有林场，隶属六盘山国营林业局。

**苏台林场**　隆德县崇安乡苏家台子沿六盘山一带，总面积4117公顷，林业用地面积3470公顷。

**峰台林场**　隆德县峰台乡十里铺，总面积4538.5公顷，林业用地面积4366公顷。

**西峡林场**　泾源县西峡。总面积7587.3公顷，有林地4224.2公顷。

**秋千架林场**　在泾源县秋千架。总面积7411公顷，有林地3695公顷。

**王化南林场**　在泾源二龙河。总面积10925公顷，有林地8551公顷。

**和尚铺林场**　原属固原县辖地，后属泾源县辖地，在和尚铺东山。总面积360公顷，天然林地。1958年建场。

**卧羊川林场**　原属固原县辖地，后属泾源县辖地，在和尚铺东山。总面积360公顷，天然林地。1958年建场。

**卧羊川林场**　原属固原县什字乡，后属泾源县什字乡辖地，总面积1212公顷，天然林地。

赵千户封山育林区

| 长城梁森林公园

**挂马沟林场** 在彭阳县西南挂马沟。1958年建场，属六盘山林业局，1984年划归彭阳县，2005年属六盘山林业局管理。总面积5587公顷，天然林993公顷，人工针叶林4607公顷，苗圃27公顷。

**绿塬林场** 原为原州区县办国营林场，2005年划属六盘山林业局。总面积2296公顷，天然林339公顷，人工林702公顷，苗圃3公顷，宜林地1252公顷。

固原六盘山全境自然保护区4个，分属森林、草原、丹霞地貌、湿地类型。

国家级六盘山森林自然保护区位于312国道以南六盘山脉南段，包括泾源、隆德县的全部和固原市的原州区南部的部分乡村。

保护区总面积4.2万公顷。保护区内有高等植物113科、382属、788种，其中，种子植物86科、337属、729科，经济价值较高的植物48科、150种，国家保护植物胡桃、黄芪、桃儿七、水曲柳4种，特有植物紫穗鹅冠草、四花早熟禾、六盘山棘豆3种，党参、贝母、黄芪、窝儿七、红毛七、五味子、六叶三七、六黄、鹿蹄草等贵重药用植物39种。栖居的脊椎动物24目、54科、213种，国家一级保护动物有金钱豹、林麝、红腹锦鸡、勺鸡、金雕等14种，在"中日候鸟协定"中受到保护的鸟类有草鹭、绿翅鸭、青头潜鸭、白尾鹞、大杜鹃、白腰雨燕、金腰燕等34种。昆虫17目、123科、905种，属珍贵的有金蝠蛾、丝带凤蝶、黑凤蝶、波纹水蜡蛾、褐纹十二羽蛾等。还有20科、41种苔藓植物。六盘山林区共有天然林和人工林40920公顷的水源涵养林基地。森林覆盖率由33.8%，上升到74.2%，林木总蓄积达218万立方米，价值7.2亿元，随养林木面积的增长，林区形成迥然不同的自然景观，被称为黄土高原上的"绿岛""湿岛"和"天然植物园"。据推算，保护区一次可调蓄降水8700万吨，相当于一个8000多万方的水库，给附近地区蓄水、供水、防洪、减少泥沙、净化空气、调节气候、防风固沙等有重大作用，其维持生态平衡的效益更大。保护区周边6县、18乡、93个自然村，居住着20万农民，林区每年为群众提供价值100万元以上的烧柴4000万公斤，农民从林区采集野草、野果、药材、割箭竹等的收入达130多万元。1988年经国务院批准六盘山为国家级自然保护区。

宁夏回族自治区级云雾山草原自然保护区，地处固原市原州区东北48千米处的寨科乡，是一座绿草如茵的山峰，因山顶常有云雾缭绕而得名。草原自然保护区面积4000多公顷，年均气温4℃～6℃，年降水量350～400毫米，无霜期89～110天。属中温带半干旱黄土丘陵山地区，山基由白云岩、红色黑垆土构成。云雾山是我国长芒草群系统保留较完整的干草原草场，植被主要以干草为主体，其中以长芒草为群种的群丛15个。有植物50科134属182种，其中草本植物151种，饲用植物120种；动物40科78属80种，脊椎动物31种；昆虫115种；益虫14科28种；蜘蛛5科7种。1982年固原县在云雾山建立第一个黄土高原自然保护区，1985年被列为省级自然保护区。

火石寨丹霞地貌景观自然保护区，2002年12月，宁夏回族自治区人民政府常务会议原则同意建成自治区级自然保护区。西吉火石寨的"丹霞"地貌具有独特性和典型性，是由红色沙砾岩发育而成。在西北地区黄土高原上，像火石寨这样大面积成片的以岩峰陡峭为主的"丹霞"地貌地质构造是极为少见的。这种以赤壁丹崖为特征的红色陆相碎屑岩地貌，从属于岩石地貌分类系统。因其出露地层为白垩系和第三系红色陆相碎屑岩，在半干旱气候条件下，集中发育形成，新构造运动以间歇性上升为主并辅以地震，使地块上升、崩塌、滑坡并受风化、雨蚀、重力以及寒冻等外力作用，便形成了丹崖、丹峰、怪石等奇特景观。又具有生物的多样性。保护区内天然林面积达0.2万公顷。板石窑是保护区的中心区域，天然林面积达1286.6公顷，植被茂盛，种类繁多，有高等植物54科148属216种，其中蕨类植物5科5属6种，裸子植物1科3属3种，被子植物48科140属207种。这里的天然林面积为西吉之最，覆盖率达80%左右。同时具有重要的水资源涵养功能和生态旅游功能，其内的云台山石窟、禅佛寺石窟等人文景观历史悠久。

党家岔湿地自然保护区，2002年12月，自治区人民政府常务会议原则同意建成自治区级自然保护区。党家岔（震湖）湿地内生态环境相对较好，分布有大量的鸟类、水禽、涉禽、水生动植物、湿地植物及半干旱草原植被。有脊椎动物5纲24目49科116种，其中鸟类14目28科69种。由于考察期间（10月）适逢秋冬季节，有些植物已枯萎无法辨认。但已查明的植物有22科44属62种；水生浮游植物6门19科31属（种）；水生底栖无脊椎动物7种。栖息着国家一级保护动

火石寨风景名胜区

物金雕、玉带海雕、白尾海雕3种；二级保护动物11种；中日候鸟保护协会规定的保护种类27种；中澳候鸟保护协会规定的保护种类6种；宁夏回族自治区规定重点保护的种类20种，形成了较为适宜的候鸟驿站和较为完整的生物多样性综合体。

党家岔（震湖）湿地具有其独特性和典型性，具有生物多样性和调节区域小气候的功能。湖水清澈碧透，四周青山环抱，构成了山水交融的动人画面，以它独具魅力的姿色吸引着众多游人观光。

## 六盘山开发旅游区
## 老龙潭打造观光地

六盘山国家森林公园是我国西部黄土高原上的重要水源涵养林地与国家级自然保护区。

年平均气温5.8℃，平均湿度60%～70%，平均降雨量680毫米，森林覆盖率为72.8%，是泾河、清水河、葫芦河的发源地。

被誉为黄土高原上的"绿岛""湿岛"和"天然氧吧"。区内森林茂密，气候凉爽，物种丰寓，生态环境优越，负氧离子含量极高。有流泉瀑布、松竹翠柏；有鸟语花香、怪石嶙峋山光水韵，既具北国风光之雄浑，又兼江南水乡之靓丽。

六盘山国家森林公园优越的生态环境，是六盘山林业工作者60年来坚持不懈地保护和建设生态文明的体现。在六盘山国家森林公园旅游，主题就是"走进清凉世界的净土、了解生物进化的奥秘、体验回归自然的乐趣、体味生态文明的真谛"。

老龙潭是燕山运动和喜马拉雅造山运动中山体断裂所形成的大峡谷。峡谷两侧断裂的山体断层和褶皱的地质特征非常明显。老龙潭是峡谷中的四个石潭之一，这四个石潭呈"之"字形排列。现在人们通常看到的水库就是三潭水库前面山体呈"S"型弯曲的峡谷底部分别是

老龙潭景区

一潭和二潭,水库上游的四潭是老龙潭最具原始韵味的潭。

　　老龙潭的水,相传是因为在老龙潭住着泾河龙王。神话小说《西游记》中这样描述:泾河老龙在长安和白农秀士袁守诚因为下雨打赌时输了,为了能赢得赌局,就在行云布雨时擅自改变了玉皇大帝让他降雨的时辰与点数(雨量),使原本要下的和风细雨变成了狂风暴雨。玉皇大帝盛怒之下让唐朝宰相魏徵将其斩首。泾河老龙得知后,就托梦给唐太宗李世民,请太宗救他一命。第二天,太宗就把魏徵召进宫里陪他下棋,想以此来阻止魏徵斩泾河龙王。不一会儿,只听魏徵大叫:"杀!杀!"太宗问魏徵:"为何喊杀?"魏徵说:"我刚才奉命斩泾河龙王。"太宗一听不由不惊,说:"我帮倒忙了。人算不如天算!"现在三潭坝堤前的石壁上还有一片红色的石头,水流在上面就像血一样鲜红,民间传说那是泾河龙王的血还在流。

　　老龙潭有了魏徵梦斩泾河龙王的故事,也就与龙结下了缘,唐代传奇小说《柳毅传书》就是其中之一。泾河老龙被斩后,玉帝封泾河老龙的长子为泾河龙王。洞庭龙君将独生龙女许配给他。泾河小龙游手好闲,胡作非为。洞庭龙女多次劝说,他非但不理,反而拳脚相加,

老龙潭龙文化博物馆

甚至让小龙女长期在荒无人烟的泾河滩上放羊。进京赶考的书生柳毅路过泾河,见一少妇在河边哭,便上前问明原委,传至洞庭湖。洞庭龙王得知小女遭此虐待,非常气愤,其弟弟钱塘龙王将小龙女接回了洞庭湖与家人团聚。在泾水环绕的响龙河有一座独山,当地称"龙女峰",传说这就是小龙女的化身。

这两个故事虽然有着浓郁的神话色彩,但也反映了人们征服自然、战胜自然的愿望和信心。在老龙潭的峡谷里最好看的就是两边险要的峡谷峭壁,那是白垩纪地质运动中水陆交替运动形成的灰色、白色地层,岩层发育全面,出露完整,复背构造典型,堪称奇观。

小南川景区是一个透着纯自然美的景区,这里以秀美的人工针叶林、茂密的天然次生林和跌宕起伏、清澈透亮的泉溪瀑布为主要特征。"小南川"是指两山之间南北流向的河。二龙河原称"大南川",与小南川相平行,一大一小,是泾河的主要支流。

1958年宁夏回族自治区成立以后,为保护和发展六盘山森林资源,就成立了六盘山林业局,专门负责六盘山林区的保护和建设。六十年来,经过四代林业工人的艰辛努力,使原来林相惨败的天然森林保护建设成为今天的"绿色宝库"。在135.7万亩的辖区内,有林面积已达到了92万亩,其中阔叶天然林52万亩,华北落叶松人工针叶林40万亩,实现了50年来无重大森林火灾的好成绩。

1965年,为了加快六盘山林区的建设和发展速度,改变树种单一和天然林生长速度慢的现状,六盘山林业工作者从山西引进了华北落叶松种子进行培育试验。经过科技人员的努力,攻克了技术难关,使落叶松引种试验取得成功。从此,六盘山林业局发动林业职工大搞华北落叶松育苗和上山植树运动,使华北落叶松布满了六盘山的山山峁峁、沟沟岔岔,而且已经辐射到六盘山外围的一些地区。华北落叶松有耐高寒、生长量高、成材快的特点,一般5年可以成林,10年就可以成材。小南川入口处的大片落叶松就是70年代末期种植的。

天然次生林是指以前曾经是原始森林,后因遭到人为、自然因素等破坏又重新恢复起来的天然林。小南川东面山上刚劲有力的华山松、挺拔的白桦、鲜艳的红桦以及众多的天然树种,每到深秋,整个山体五颜六色,就像一幅水彩画。落叶松的金黄,华山松的翠绿,桦树的白里透红,辽东栎叶子的颜色简直就是一幅水彩画,鲜艳诱人。置身于此,会让人浮想联翩,尽情体验大自然的鬼斧神工。

六盘山水资源丰富,有65条四季长流的河流汇集于泾河、葫芦河,每平方公里产水20.5万立方米,年径流总量2.1亿立方米,森林总调蓄能力为2840万吨。有年径流总量3.5%的水被森林蓄积,因而六盘山被誉"天然水塔"。单从泾河来说,丰富的水资源滋润了泾河流域。泾源县的土地属于黑褐土,不适宜水浇,因而有人说"六盘山的建设功在宁夏,利在甘陕"。因为泾水东流,滋润着甘肃、陕西两省的部分县、市。

小南川清澈甘甜的泉水、跌宕起伏的瀑布和茂密的森林所形成的清凉舒适的环境,沿着小南川河床逆水而上,是六盘山森林公园最佳的亲水旅游地,会让人流连忘返。

六盘山生态植物园地处海拔 1900～2590 米之间的龙泉谷内，南北长 3 公里，总面积 390 公顷，其中园区建筑面积 3 公顷，水域面积 2.3 公顷，绿地面积 384.7 公顷。相传泾河老龙王被魏徵梦斩以后，他的大太子在继承王位期间，因虐待洞庭湖龙王的女儿，经书生柳毅传书，被东海龙王打败后跑到鬼门关修身养性去了。二太子汲取了父亲和大哥的经验教训，认真地履行着龙王的职责，得到玉皇大帝的欣赏。

而在龙泉谷的小龙因长期住在这荒无人烟的深谷里，时间久了也想到山外去看一下繁华的世界，所以他就准备偷着出去。还没等他飞起来就被父亲派来的夜叉困在这里。小龙觉得无颜面再见到父亲，就变成一棵枝叶繁茂的大树。

因此，人们就把这个峡谷又叫"困龙峡"，整个峡谷也就叫"龙泉谷"了。谷内还有一眼泉水汩汩涌出，清冽甘甜，相传是小龙悔恨的泪水，人们把这眼泉叫作"龙泉"。

生态植物园的建设与打造以森林生态旅游、科普教育、植物保护、科研教学的需求为目的，遵循植物景观生态原则，以六盘山植物为主体，引进部分适地优良品种分类规划布局，共有春色苑、夏芳苑等 24 个园区；有虬龙展姿、野荷枕流、青松迎客、金蟾饮绿、苍龙卧波等 21 处奇特的自然景观；植物园共配置植物 83 科，219 属，436 种，基本形成了体现六盘山花卉文化、中草药文化、森林生态文化为主题的特色区域景观。

生态植物园的入口大门区在设计、建筑上贴近现代城市园林建筑风格。大门两侧以立石为门柱，左侧门柱上的"回归自然"四个大字，点明了植物园的意义在于走进自然中体验淳朴的、返璞归真的感受。门柱右侧立着三根高低错落的古树干，意思是"森"字。三根古树干是 2000 年在修建旅游专用公路时从小南川口的人工湖底下挖掘出来的，是距今 7000 多年以前生长在六盘山的云杉古木化石。这三棵树也代表着六盘山悠久的森林历史、优越的生态环境和旅游环境。

"春色苑"是植物园的第一个园区,体现着六盘山早春季节春暖花开的艳丽景象。种植着六盘山的芍药、牡丹、樱桃、海棠、丁香等早春开花植物和引进的园林植物30多种,或以色相聚,或以形相配,充分向游人展示早春万物复苏、百花盛开时的盎然生机。园区的前半部分设计是一个花苞形,两侧沿路种植的樱花和海棠,并用六盘山的铁梗海棠做绿篱,用各种色彩的花,形成园区整体的立体效果,把整个园区烘托成一个巨型的花苞。两侧引进的四株耐寒花卉植物白玉兰就像四位亭亭玉立的迎宾少女,花枝招展地迎接着八方游人。春色苑前面一部分种植的是引进的花色比较艳丽的早花型郁金香,周围点缀的花卉是碧桃、郁李、红叶李。这些艳丽的早花植物既渲染和强化了门区的整体色彩效果,同时给人以艳丽的感觉,还起到了迎宾的效果。

龙泉谷岸边种植的垂柳、山桃和山杏形成了"桃红柳绿"的自然景观,与园区的各色丁香、连翘、蜡梅、榆叶梅及初夏花卉雏菊、牛眼菊等自然地向夏芳苑形成过渡,展现南雁北归之时各色花卉绽蕾吐艳的繁荣景象,并使整个园区的春色与漫山盛开的山花,初显绿色的森林和清澈透亮的溪水构成一幅六盘山植物园美丽的春景画卷。

"夏芳苑"南北长330米,体现六盘山夏季绿荫涌动、繁花似锦、群芳争艳的景象。六盘山的气候比较特殊,大部分的野生花卉都在夏季开放,而且这样的植物非常丰富。在夏芳苑里布置的植物主要以草本花卉为主,共有野生花卉和引进的城市园林花卉51种。结合这里的地貌特征,随形就势,乔木、灌木和草本植物相结合,形成了以月季、玫瑰及夏花型菊科花卉为主的斑斓景观。鸡冠花、千日红和一串红鲜艳的色彩与六盘山特有的植物紫穗鹅观草、四花早熟禾、六盘山棘豆构成的地表景观,充分体现了"山外花已尽,此处芳正浓"的意境,使夏芳苑在绿树浓荫、群山环抱之中风景更加独特。置身其中,暑意顿消,会让您充分地感受六盘山这块"清凉世界"的灵秀与迷人,也会让您忘却繁忙的工作和城市的喧嚣,找到回归自然的感觉。

六盘山植物园

"秋怡园"依山傍水。在植物组成上，乔木以杜松、刺柏两种常青树和落叶松、白桦、红桦、元宝枫四种秋季叶片变色的落叶树为主，构成了园区秋天的色彩对比，使深秋季节的色彩在绿色、黄色和红色中交替变化；地表覆被植物以菊花为主，同时在这个区里分布着10种秋花植物和9种观叶、观果园林植物，使金秋时节的秋怡园花艳香溢，与青松翠柏和斑斓的秋叶形成六盘山秋季迷人的独特景观。在这里赏花、品果、观览秋色等都是最佳的场所。

"佳木园"被龙泉谷的溪水分成两半，生长在六盘山的主要园林绿化树种15种。以垂柳、绦柳作为隔离带，并用石墩木桥和过河踏步作为连接沟通南北两半的纽带。在布局上除按照树种搭配和城市园林建设的科学搭配外，地面覆被植物以六盘山野牛草为主进行绿化，创造出一种佳木挺拔秀丽、地面绿草如茵的现代园林气息。在这里，游客既可以欣赏到六盘山深处的森林、生态景观，又有身处城市公园的感觉；潺潺的流水，阵阵的林涛，悦耳的鸟鸣和清新的空气形成的环境，是在日常工作、生活环境中最难寻觅的，是休息和调整心态的最佳环境。

六盘山蔷薇科植物种类繁多，资源丰富。"蔷薇园"有六盘山蔷薇科的绣线菊属、绣线梅属、珍珠梅属、栒子属、花楸属、蔷薇属、金露梅属、稠李属等植物35种。这里春季山花烂漫，香飘满园；夏季绿波涌动，暑意即消；秋季野果满枝，色彩斑斓。与它相邻的野果园，鸟语林形成整体"鸟语花香"意境。

六盘山可食用的野果有几十种，"野果园"就是以展示六盘山野果为特征的园区。这里配置了27种野果植物，其中有华山松、山梨、山李、山桃等乔、灌木树种，还有像藤本蔷薇科的五味子、猕猴桃和丛植的低矮草本植物草莓、悬钩子等。春天的野果园、蔷薇园山花烂漫，交相辉映，和鸟语林构成了整体上鸟语花香的效果；夏天，成片的野草莓晶莹剔透，鲜艳夺人，果香四溢；秋天成熟的野果散发着浓浓的清香，使这里成为一个丰收的乐园，在这里采摘和品尝野果，野趣横生。

古代有"岁寒三友"，是众多的丹青画家最喜欢表现的对象，它们就是松、竹、梅。它们显示的是松树的挺拔刚直、竹子的正直谦虚和梅花的妩媚迷人，这也是古人通过对这三种植物的描绘，来展示人的精神品质的一种表现方法。六盘山是我国箭竹分布的最北端。因此，在生态植物园建设"三友园"意在体现六盘山的雄浑健美的外在形象和它作为西部高原上重要的水源涵养林地在调节气候、涵养水源、保持生态平衡等方面内在的美。既具北国之雄，又兼江南之秀的景观特征在这里通过"岁寒三友"表现六盘山的精神实质。同时，"三友园"

| 卧龙山公园

也潜在地表现着长期奋斗在六盘山深处的林业建设者的精神:既有他们为保护和发展资源任劳任怨的松树般地刚直,又有把六盘山建成绿色宝库而不居功自傲的修竹般地谦虚,还有像六盘山的水一样浇灌着株株幼苗,直到献出自己的终生的蜡梅般地柔情。这三种典型植物都是六盘山土生土长的,它们是华山松、华西箭竹和榆叶梅。地面丛生植物是六盘山的兰草,用它来做草坪也有着反映梅、兰、竹、菊"四君子"的精神的潜在内涵。在这里展示给游客的不仅仅是从表面上观赏六盘山的兰草,而是想通过松、竹、梅、兰四种植物让大家感受和体味六盘山林业建设者的建设成就和奉献精神,激发起我们更好地建设和美化生活环境的一种激情。

"芳香园"集中地栽植了六盘山芳香类植物,它包括丁香类、松柏类和花椒、玫瑰、黄檗等22种植物。这些芳香类植物按类别分为八个小区:丁香的透人心肺,松柏的清新,玫瑰的浓烈温馨和浸人心脾,让人心胸开阔,乏意顿消。特别是在这个"香亭"里小憩,眺望远山的浓翠与涌动的绿波,思绪会随着天上的白云、山峰的绿波荡漾起伏;再看眼前的华山松、桦树、落叶松那刚毅挺拔的身躯与幽静的环境,听着森林波涛与百鸟、流水组成的"森林畅想曲",闻着阵阵的香风,思绪也许会幻化出一种虚无缥缈的境界,被这种自然环境所融化;芳香植物的醒脑提神、通经走络、开窍透骨和柔肝醒胃等药理作用会使游人心情舒畅、精神饱满。

"常青园"以四季常青的常绿树种为主体,主要有六盘山本地的云杉、青海云杉、樟子松和引进的白皮松、刺柏、桧柏等各种松柏类树木。按照高低错落、疏密有致的原则进行配植,体现出一种永远焕发勃勃生机的常青精神。同时对原有的白桦、红桦、辽东栎充分利用进行点缀,使整个园区厚重、浓翠的松柏与桦树的红白树干形成色彩反差,绿的更翠、红的更艳、白的更亮。与淡绿色的草坪和泛黄的龙柏构成了一幅五彩缤纷的画卷,让人心旷神怡。

"秋色园"布置的是秋色植物,包括六盘山金秋时节叶片由绿变红的槭树(辽东栎)、黄栌、盐肤木;有叶片由绿变黄的白桦、白蜡、山杨;还有红色果实的忍冬和秋季开花的天目琼花等。这些天然生长的乔灌木高低错落,混合定位,和中间引进起点缀作用的矮小乔木红枫、红叶李、金叶女贞等共同构成金秋时节整个园区五彩缤纷的景观特征。似火的红叶、翠绿的青松和树下由绿变黄的草坪以及斑斓多姿的落叶,使整个园区显得更加静谧。天高云淡,秋高气爽,白云悠悠。远山层林尽染,色彩斑斓。身处其中,给人的是一种超然脱俗的感觉,也许会让人想起《香山红叶》的意境。

"引种驯化园"是展示森林后备资源培育成果的园区,种植着到六盘山扎根落户、适应六盘山气候条件的雪松、银杏、杜仲、紫杉、照山白、兴安杜鹃、头花杜鹃、千里杜鹃、红叶李、红枫、黄栌等12个品种。这些树种的引种试验,为大力扩展六盘山森林资源种类,发展园林绿化苗木的培育创造条件,也为通过培育园林绿化苗林,发展特色经济提供了途径。同时还可以让游客认识来自祖国大江南北的这些树种,也不失是一个开展科普教育的课堂。

"藤本园"是由六盘山的藤本植物群体所组成的一个园区,种植着大瓣铁线莲、甘青铁线莲和少毛复叶葡萄以及引进的猕猴桃、品萼猕猴桃、鞘柄菝葜、南蛇藤和药用植物五味子等。坐在巨型的"葡萄架"下小憩,会发现炎热的夏季与六盘山无缘,这里给人的是浸人心肺的凉爽和幽静。

"珍稀植物园"是以国家重点保护植物和六盘山濒危植物为主的园区。其目的一方面对这些物种进行培育繁殖,另一方面也通过集中展示,让游人了解和掌握这些珍稀濒危物种,以增强大家对保护珍稀物种的意识。园区里有国家一、二类珍稀保护植物连香、青海云杉、水曲柳、桃儿七、黄芪、沙东青等。

"湿生植物园"是展示六盘山的水生、湿生植物。人工开凿建设了一个半月形的水池,水池中引进种植了荷花、睡莲、泽泻、慈姑、菖蒲、眼子菜等水生植物,放养了冷水鱼供人们观赏。水池的岸采用自然式土岸,在上面用石块点缀成石矶,使整个水池富有野趣,显得与周围的环境和谐自然。在水池岸边的大黄橐吾、香蒲、醉鱼草以及蓼属、酸模属等湿生植物与垂柳和地表丛植的忍冬等的装扮下,使整个园区产生了一种荷蒲送香、柔柳献媚的效果,形成了一种北国之雄与南国之秀的完美结合。盛夏之际池中花红草绿,"接天莲花无穷碧,映日荷花别样红"就是那种意境的再现。假如说盛夏的夜晚来到这里小坐独酌,皓月当空,面对着青山绿水和水中摇曳着的荷花、睡莲,那种情趣和意境也许会像古诗中描写的"举杯邀明月,把酒问青天"或者"对影成三人"的效果。因而把这个像一轮弯月一样的水池又叫"印月池"。

六盘山野生药材种类繁多,生态植物的最后一个园区是"本草园"。园区集中地培育和展示给人们的是六盘山的中草药资源,它是按照中草药的不同将园区划分为15个小区,搜集种植了六盘山的党参、贝母、黄芪、窝儿七、红毛七、五味子、大叶三七、大黄、鹿蹄草等药用植物30科84种;引进种植了适应本地生长繁殖的人参、西洋参、枸杞、杜仲等名贵药用植物8科14种。以科为单位集中分片种植,行道树也

六盘山生态博物馆

是六盘山的药用乔木山楂、连翘、臭檀、红椋子和引进的辛荑、杜仲等。这样乔、灌、草结合，观花、观形、观叶结合，形成了一个既有科学内容，又有丰富景观和立体效果的植物种植区。在这里，不仅可以领略到六盘山丰富的中草药文化，同时也对游人的知识面进一步增加得到了拓宽，精神上也有了一种愉悦。

凉殿峡地处六盘山腹地，是一条东西长八公里的峡谷。这里山清水秀，景色秀美，气候宜人，充分体现了六盘山"无山不绿，有水皆清"的生态环境。

凉殿峡是成吉思汗避暑、屯兵的地方，也是一代天骄陨落的地方。摆在草坪上的那些石条、石柱、磨盘等，都是从下面沟里清理出来的，在这条沟里还有许多这样的东西，都是当年蒙古军队制造和使用过的生活器具，由于过于沉重无法搬运，只能放在那里。

2007年7月，固原市人民政府、宁夏社会科学院、中国元史研究会、中国蒙古史学会联合举办了"成吉思汗与六盘山国际学术研讨会"。来自蒙古国、日本、韩国和中国12个省区的90余位蒙元历史研究专家学者参加了学术研讨。凉殿峡和原州区开城镇境内的安西王府遗址是成吉思汗晚年活动的重要地方，引起了与会学者的极大关注。经过学术考察，对成吉思汗病逝六盘山形成了定论。成吉思汗及其继承者太宗窝阔台、宪宗蒙哥、世祖忽必烈等四代蒙元首领在六盘山的活动，都以六盘山为中枢。成吉思汗在六盘山时，有金国使臣请和、夏国主李晛投降，想制定灭金统一南宋的方略，安排继承人等重大政治、军事活动在这里进行，说明了六盘山在蒙元时期重要的政治、军事地位。

成吉思汗病逝六盘山以后，他的继承者宪宗蒙哥汗在开城行宫召见了郡守县令。1253年，元世祖忽必烈三次出征云南大理时都在六盘山讨论战事、休养生息；忽必烈还在六盘山开城行宫还会见了藏传佛教首领巴思巴，进行了隆重的藏传佛教宣法活动，将藏传佛教确立为蒙古汗国的主流宗教，并把对西藏纳入中国版图，对完成元帝国的统一大业意义重大。

另据史料记载,西汉思想家王符晚年因与朝廷政见不一,遭排挤陷害便遁迹六盘山著书立说,完成了他的万言巨作《潜夫论》。这些历史记载,为六盘山增添了文化内涵和神秘色彩。如果身处这幽静的山谷之中,踏着这松软的草坪,面对这青山绿水和古人留下的一切,思绪会跨越时空的界限,幻想出一幅叱咤风云的成吉思汗的雄姿和他攻打西夏以图南宋江山,成其霸业的雄心壮志!

"泾水源头出百泉"。在六盘群峰的环抱下,凉殿峡和二龙河汇集了众多的支流,像两条银色长龙,奔流不息地唱着一首永远不老的歌。相传,泾河龙王的大儿子虐待洞庭龙女被钱塘龙王打败后,再无颜回泾河龙宫,便到河深处的鬼门关修身养性去了。而他的弟弟则继承了王位,并经常去鬼门关看望哥哥,二龙河的名字也就由此而产生了。进入二龙河,除了回味美好的传说外,最让人向往游览的是茂密壮观的森林景观,茂林秀竹,奇峰连绵,水秀山碧。这里是六盘山森林与野生动物资源最富集的区域,被称为六盘山"天然植物园"和"天然动物园",形成了以森林探险、科普科考、生态观光等生态旅游特色。区内的流泉瀑布、茫茫林海、花香鸟语,给人以飘然脱俗、进入仙境的感受。

到森林中旅游,与在城市的公园、园林旅游有着截然不同的感受。大自然对人类有着不可抗拒的吸引力,清新的空气、悦耳的鸟鸣,漫山遍野的树木和奇花异草,野趣横生。俗话说,"看景不如听景"。在二龙河,如果静下来用心去听,"蝉噪林欲静,鸟鸣山更幽"。森林、流水、百鸟所奏响的"森林大合唱"会让游人抛弃城市的喧嚣与繁杂,会使大家的情操得到升华,体力得到恢复,感悟自然的境界得到提高,真正体验返璞归真、回归自然的乐趣。

沿着二龙河一直往南走,就到了鬼门关。"鬼门关,山套山,进去容易出来难。"现实中的鬼门关并不可怕,只是在长达十余公里的峡谷内，森林茂密，山环水绕，错综复杂。峡谷中时常有雾，很容易让人迷失方向。在这里栖息的野生动物种类多，自然景观独特，是一条很有价值的森林探险旅游线路。沿着溪流和丛林进去，有"菊花涧""小鬼把门""镇鬼塔""跌水潭""九阶水""蘑菇石"等自然景观。山谷内云雾缥缈，凉风习习，不时从林中跳出的狍子、林麝、野兔、山鸡等，让人感到这里充满着活力，会感慨自然界强大的生命力。处处显示着这里山水的雄奇、险峻和秀美。鬼门关的奇，在于它"山重水复疑无路"；鬼门关的美，在于它幽深的林海与缭绕的云雾；鬼门关的秀，在于它清澈甘甜的泉水与众多的瀑布流泉。到了鬼门关，才能真正领略到六盘山的"雄、奇、险、峻、秀"，才会真正体验到泾河源头这块"人间净土"的灵秀与壮观。如果徜徉于茫茫森海之中，去听林中的涛声，看生长在大树下的各色小花，采集林中的野果，会发现，泾河源头的景色是这样的纯，这样的美，让人依恋，让人难忘。会真正理解"流连忘返"这个成语的含义。

　　野荷谷景区位于泾源县城西北五公里处的香水峡，是泾河的另外一个源头。香水峡又叫窟窿峡，因为在峡内长满了野荷。又被人称为"荷花苑"。其实，野荷谷也好，荷花苑也好，只是现代人的一种俗称，取代了历史的称谓。这条峡在历史上就是古代穿越陇山鸡头道。据《史记·秦始皇本纪》记载，秦始皇在统一六国后的第二年（前220年），下令在全国修筑"驰道"，然后巡视郡国。"始皇巡陇西、北地郡，至鸡头山，过回中焉"。他的行程路线是：由咸阳向北到北地郡的郡治甘肃宁县，然后向西翻过鸡头山（又叫"笄头山"，因山形像鸡冠而得名，六盘山脉别称），到"回中宫"（今宁夏泾源县城东果家山有遗址），向西翻过陇山（六盘山），经甘肃庄浪水洛城、秦安到达陇西郡（今甘肃临洮）。从泾源县城到隆德县山河镇的路就是秦汉以来在陇山开辟的鸡头道。公路北边山脚下的村庄以前叫"官庄"，现在叫"永丰"，是唐代"原州七关"制胜关的所在地，也是泾源县历史上安化县、化平县的县址。

据新编《泾源县志》记载："县西香水店有泉一窟，水色澄碧，深不见底，相传为夕年'龙池'"，也是泾源八景"龙泉涵碧"的所在了。因此，有人把香水峡叫作龙江峡。"龙池"在1958年修建了西峡水库，汇集了香水峡、百泉谷（大南沟）的水，也为泾源县城市生活用水提供了水源。水若明镜，山水光色，清澈透亮，风景如画，令人陶醉。"泾河源山庄"就坐落在这风景秀美的山谷中。

"野荷十里出峡谷，堪与芙蓉美名齐"。野荷谷景区是一个以秀美的自然风光为特征的风景区，沿着香水峡溯流而上，峡谷北岸峭壁参天，华山松布满石崖，有西岳华山之雄险；南岸山势较缓，桦树、华山松、山杨、辽东栎等树种和刺梅、蔷薇、珍珠梅等花卉观赏乔灌木构成的图画是多么的富有诗意。走进野荷谷不到半里，谷底两旁便是连天的荷叶，荷下是汩汩的流水。碧波荡漾，如诗如画。春暖伊始，丛草茵茵，百花盛开，彩蝶翩翩，百鸟争鸣。盛夏之际，那高大的茎阡，肥硕的叶子，在山水之间亭亭玉立，如伞如盖将峡谷笼罩，一片翠绿。秋高气爽，花开了金黄一片，花随风摇曳，如亭亭少女。楚楚可爱。深秋，红叶燃烧，松涛涌动，松香扑鼻。徜徉在野荷幽谷的小径上，顿感心灵升华，宠辱皆忘。

胭脂峡位于黄花乡羊槽村，距县城东北八公里。峡谷长五公里，总面积五平方公里。在漫长的地质运动中，经过多次造地运动，使胭脂峡形成了神奇秀美的地质景观，胭脂峡东险西奇，南秀北绝，在大自然艺术大师的神功雕塑下，奇峰怪石竞相崛起，各具神姿妙态，栩栩如生。胭脂峡以"怪石""悬崖""峭壁""瀑布"为景观看点，整体结构以"幽、迷、奇、险"为特点。

"鹰嘴峰"壁立万仞，大有横空出世的气势。它就像一只巨大无比的雄鹰从天空袭面压了下来，使人有一种喘不过气的感觉，这是胭脂峡的第一个景点——雄鹰展翅。

"仙人下凡"映入眼帘的是另一番景致：山间泉水潺潺流淌，树木苍翠，一派世外桃源景象。仿佛是从殿宇林立的天宫步入人间仙境，接受大自然的洗礼。

"木鱼镇鳌"展现在游客面前的是一块形似木鱼的石头，凌空横架在山头之上。而这个庞大的山体正好是一只形似"鳌"的身体。这里还有一段动人的神话故事：鳌经常背负着大鹏鸟，而大鹏鸟却能自由自在地飞翔，鳌很不服气，就找观音菩萨评理。菩萨说："大鹏鸟有它自己的任务，那就是整日驮着天。既然你不服气，就和大鹏鸟比试比试，如果你比过它，我就让你上天，如果比不过，你就得听话。"在比试时，鳌刚一抬头就被菩萨手中扔下的木鱼压住了，永世不能翻身，只能在这里继续背负大地。

横亘于峡谷中央的"南天门"，两扇巨大的石门处于半开半合的状态，门的两壁，是高高耸立的悬崖，刀砍斧劈一般，真不愧为天之造化。当你步入门内回头再看"南天门"时，门的感觉已荡然无存了，而眼前这座劈天摩地、巍峨险峻的山峰就是被誉为"天宫仙阙"的胭脂女峰，它三面悬临深谷，峭壁百仞，挺拔峻秀，独冠群山，加上清泉流水，石山松涛的陪衬，使"胭脂女峰"更显得秀绝佳丽。

胭脂峡山高谷深，奇峰怪石争相摆态。在胭脂峰不远处有一块惟妙惟肖的石头，形似一只癞蛤蟆，两眼忘情地盯着"胭脂峰"。"癞蛤蟆想吃天鹅肉"，这只痴心的癞蛤蟆将会永远守望着"胭脂峰"。

水是山的精灵，山是水的依托，水因山而妖娆，山因水而妩媚。胭脂峡内拥有众多瀑布，第一道瀑布——沐浴瀑，它落差八米，飞雪溅玉，崩天裂石，如蛟龙出窟，入潭处，雪浪飞溅，风声雷吼；第二道瀑布——犀牛望月瀑布，水流抚过一块形似犀牛的巨石凌空倒泻，如珠帘漫卷，落下时银花四射，美不胜收；第三道瀑布在丁香谷，叫"连环瀑"，一高一低，一大一小，宛如雌雄二龙嬉戏于清溪深涧之中。略带水气的山风也轻轻送来谷中丁香花的淡淡幽香，令人心旷神怡；

第四道瀑布—神象嬉水,流水从神象头上飞落而下,宛如一条白玉珠帘悬挂岩前,岩下一个深池,就像一只玉盘,"玉珠"飞泻而下,似万斛珠泻,凌空抖落,神象和水的完美结合,造就了一派蔚为壮观的景致。流水如锦缎从头顶飞泻而过,冰凉的水珠不时溅落在脸上、身上,让人感到心跳的同时,凉爽、惬意的感觉又会让人流连忘返;第五道瀑布是最壮观的胭脂大瀑布。如果把六盘山誉为黄土高原上的一顶皇冠,那么胭脂大瀑布则是皇冠上的一颗明珠。胭脂大瀑布气势宏伟,南北宽二十米,纵深十七米,悠然从四十二米的空高抛下,在空中划了一道银白色的弧线,水流似星星从空中抛掷而落,又似银河决堤冲泻而出,以高昂雄深、水飞玉溅、佳景天成的魅力,吸引着一批批旅游者。从下向上望去,飞瀑自天抛落,银花飞溅,水雾腾起,在阳光折射下形成一道彩虹,弥漫峡谷,身临这种境界,就好像进入水帘洞天、琼瑶仙宫一样。

在胭脂峡景区内还有"观音赏曲""道人拜月""七星石人""司春女神"等景观,形象逼真,妙趣横生。大自然将这些美好的景物融为一体,真是"人在画中游,宛如图中画",地地道道的"中国山水画的原本",这是久居闹市的人们追求大自然的最佳去处。

沙南峡位于泾源县城东八公里的香水镇沙南村东侧,又称"金佛峡"。这里是香水河、盛义河、泾河的相交汇流之处。由于泾河的强烈切割,形成了从三河交汇处到平凉崆峒山四十五公里壁立千仞、水飞流急的河谷地貌。既有中尺度地貌造型的巨蜥峰、九极顶、三仰峰景点,又有小尺度地貌造型的佛肚崖、象鼻石、河马戏水、南峡象岛等景观。景观以险峻的峡谷,奇特的峰石、湍急的泾水、系列的湖心岛、大面积的次生林为主要特色,游人既可环顾峡谷奇峰,又可俯视深谷急流,步移景异,变幻多端,被称为"泾水小三峡"。

白云寺地处六盘山腹地,以山为载体,融入道教文化的一个旅游景点。据民国《固原县志》记载,白云寺南与隆德十八盘、天爷顶相通,

东与泾源相连,直达平凉。

　　白云寺的寺庙依山而建,开凿石窟,山上的苍松翠柏将整个建筑遮掩着,涧壑流水,林木葱茏。"空山不见人,但闻人语声"是白云寺的真实写照。白云、山涛、流水组成的画面让人心旷神怡,"万物静观皆有得,四时佳兴与人同",身处其中,以情观景,山、水、云与人相同,会进入物我合一的境地。

　　沿着白云寺的峡谷向西南行走,就可以到达六盘山的主峰——米缸山。米缸山古称高山,又名美高山。

　　关于米缸山还有一段很有趣的传说:很久以前,美高山就是隆德通往泾源、平凉一带的交通要道,山腰上有一块形似水缸的石头,底部有一个小孔,每当有人经过,小孔就会漏出香喷喷的米饭让人解饥,不管经过多少人,总是给每个人漏出两碗,米缸山由此得名。有一天,来了一个贪心的石匠,他吃完了两碗米饭后,觉得不解馋,便想把小孔凿大一点,多漏点米饭带在路上吃。于是他就拿出随身带的凿子,把小孔凿得像拳头那么大,拿出口袋对着石孔等待米饭出来。他等了一天也未见一粒米,石缸至今还留在山上,却从此不再漏米饭了。

　　米缸山是登高览胜的好去处。晴空万里登上山顶极目远望,日出日落,云蒸霞蔚,重峦叠嶂,峰奇谷险,有"一览众山小"之感;烟雨蒙蒙中的米缸山,波澜壮阔,若隐若现,可谓"处处真成银海色,青青独露几峰高";俯瞰四周,绵延不断的群峰,层层迭起的梯田,五色斑斓的农田,蜿蜒曲折的公路和山脚下的农庄构成的图画,使人觉得山高天旷,襟怀宽广,情趣盎然。喜欢登山、探险的朋友可以相约登上六盘山的主峰米缸山,去看一看石匠所凿坏的"米缸",体验一下登上六盘山主峰以后"一览众山小"的感觉。

# 立丰碑建成纪念馆
# 记伟绩重修会师园

历史上的六盘山以其"峰高华岳三千丈,险居秦关百二重"而著称西北高原。今天的六盘山不仅风光优美,而且是中国革命史上的一座丰碑。漫步在红绿辉映的六盘山,就如穿行在历史与现实之间,中国革命的足迹赫然入目。

1935年10月7日毛泽东率领中央红军长征登上六盘山,临风寄景,随即吟出了《长征谣》:"天高云淡,望断南飞雁,不到长城非好汉!同志们,屈指行程已二万!同志们,屈指行程已二万!六盘山呀高峰,赤旌漫卷西风。今日得着长缨,同志们,何时缚住苍龙?同志们,何时缚住苍龙?"他以民谣的形式,采取重复比兴、呼唤等手法,展示了红军将士金戈铁马、风雷激荡的雄姿,体现了"红军不怕远征难"的革命乐观主义精神和抗日的决心。1942年8月1日,毛主席将《长征谣》刊登在《淮海报》的副刊上。

毛泽东的书法艺术也是近代中国书法史上的一面旗帜。1961年他为宁夏同志手书的《清平乐·六盘山》字字点划相连,如行云流水,铁画银钩,刚劲有力。那么这位"宁夏同志"是谁?毛泽东的手迹是怎么得来的?1959年9月,北京人民大会堂落成以后,根据周恩来总

## 六盘山史话

革命烈士纪念碑

理的意见，以全国各省、自治区、直辖市设计、命名会议厅，由各省、自治区自行设计布置装修。人民大会堂宁夏厅作为人民代表参政议政的重要场所和宁夏与外省区交流的一个窗口，广大干部群众都希望布置得新颖别致，能体现地方特色和民族特色。这样，宁夏回族自治区人民委员会就把这个任务交给了办公厅。办公厅为了圆满地完成这项任务，先后派同志到中国革命博物馆和中国军事博物馆查找毛主席的手迹。毛主席当年是在六盘山上即兴吟出的，博物馆里没有主席的手迹。之后，办公厅的同志又在毛主席所有的诗词中寻找《清平乐·六盘山》词中的字，希望把这些字组合成一首词。但是，找到字连起来的词特别的别扭，体现不出毛主席书法艺术的特点。最后，担任人委会办公厅主任的黑伯理同志就向审查委员会提出了向毛主席求字的构想。因为黑伯理曾经在北京工作过，跟国家副主席的董必武同志的秘书关系密切，可以通过董必武副主席向毛主席求字。这样，黑伯理利用到北京出差的机会，向董必武副主席的秘书提出了想法，并给董必武副主席写了一封信。董必武副主席看了信后非常重视，就给毛主席写了信，说宁夏同志要装修人民大会堂宁夏厅,请主席写《清平乐·六盘山》一词。直到1961年9月8日庐山会议休息期间,毛主席用6张16开宣纸书写了《清平乐·六盘山》,并给董必武副主席写了一封信:"必武同志:遵嘱写了六盘山一词,如以为可用,请转付宁夏同志。如不可用,可以再写。顺祝健康!毛泽东一九六一年九月八日。"董老的秘书通知黑伯理以后,黑伯理即赶往北京取回了主席的手迹,并让宁夏著名摄影师米寿世等人进行翻拍处理。宁夏回族自治区人民委员会利用宁夏"五宝"之一的贺兰石请民间艺人为人民大会堂宁夏厅制作了大型毛主席手书《清平乐·六盘山》壁画,同时也在六盘山下的和尚铺竖碑,用"不到长城非好汉"的精神激励和鼓舞着六盘儿女。

六盘山红军长征纪念馆是中国工农红军长征路上海拔最高、规模最大的红色旅游景点。1985年为了纪念中国工农红军长征胜利50周年修建了"六盘山红军长征纪念亭",时任中共中央总书记的胡耀邦同志题写了"长征纪念亭"名。

该亭位于城关镇东9.5公里六盘山垭口右山巅处。整体建筑由台阶、花坛、碑亭三部分组成。总高42米。廊折曲阿,计有台阶159级;花

六盘山红军长征纪念馆

坛呈椭圆形，东西径长12米，南北径长15米，植松柏花卉。碑亭建于八角形台墀上，台墀边长96米，面积约700平方米。正前方为毛泽东主席率工农红军翻越六盘山的浮雕石壁。壁长10米，高7.5米。纪念亭心为方形，边长15米，大理石磨制地板，汉白玉护栏，亭顶为茶色琉璃瓦铛，由12根灰白色花岗岩柱擎托，亭檐镶嵌胡耀邦总书记题"长征纪念亭"汉白玉匾额。亭中矗立洛阳大青石碑，石碑正面镌刻毛泽东《清平乐·六盘山》手迹。背面篆刻六盘山纪念碑碑文，全文如下：

中国工农红军为挽救民族危亡，北上抗日，举行了震惊中外的二万五千里长征。红一方面军在毛泽东、周恩来、张闻天等率领下，经过辛苦卓越的斗争。战胜了千难万险，于1935年10月5日抵达西吉境内（西吉1942年建县，当时属隆德）。7月经隆德县翻越六盘山。时国民党军队前堵后追，重兵环逼，形势险恶，经激战败敌于固原青石嘴等地，挥师东去。是年8月18日，红二十五军由杨家磨越过六盘山。次年10月，红二、四方面军亦先后路经六盘山地区。

六盘山乃红军长征所越最后一座高山，其名彪炳史册。毛泽东同志曾赋《清平乐·六盘山》词记之。红军的英雄气概和优良传统，永远激励六盘山儿女，在振兴中华的伟大事业中奋勇前进。今值红军三大主力长征胜利会师五十周年，建亭立碑，永志纪念。

碑文由宁夏社科院原副院长、宁夏方志办公室主任吴忠礼先生起草。他回忆说："为了纪念中国工农红军长征途经宁夏和翻越长征途中最后一座大山（六盘山）的光荣历史，1967年，当地基层政府曾在固原市什字乡和尚铺村修建过一座红军长征纪念碑，没有碑文，正面为毛泽东给宁夏人民题赠的《清平乐·六盘山》。1985来为了隆重纪念长征50周年，自治区党委决定在六盘山顶峰修一座'红军长征纪念亭'，并计划在亭内竖立一块纪念碑。区党委把起草碑文的任务交给自治区党委宣传部。王一宁部长对这件事非常重视，经部务会议研究，决定交给宁夏社会科学院，作为一项由区党委直接交办的指令性的重大科研任务，组织精干力量，尽快完成。社科院党组书记、院长马俊同志很有把握，认为社科院有这方面的人才，可以按时完成任务。这时已到了中午开饭时间，马俊同志也顾不上吃饭，立即把我叫到他的办公室，将这项任务向我做了交代。他说，这是社科院建院以来，第一次由党委下达的指令性任务，又是一项涉及我党重大历史内容和举世闻名的长征题材，一定要写好。他要求，首先是史实准确、观点正确；其次要文字流畅、精练，并表意清楚；全文应有一定文采，要控制在三四百字内为宜。他最后说，你把初稿写出来后，我们再讨论，我相信你一定能很好地完成这个任务。当时，成立了宁夏地方志编审委员会，下设一个办公室，挂靠在宁夏社科院，对外称区志办，对内是社科院的地方志处，因为我研究地方史，与地方志相近，就让我担任区志办主任兼地方志处处长。地方史、地方志的研究，当然也要涵盖地方革命史和地方党史的内容，所以马俊同志把撰写碑文的任务交给了我。对我来说当然也是义不容辞的任务，而且又在我的研究范围之内，我感觉到很有把握。为了慎重，我差不多用了一个星期的时间。夜以继日地重新系统翻阅了有关红军长征的历史资料，把官修党史书的观点、高级领导人的提法和许多亲历人的回忆录等材料进行反复对比，对于这段历史充分了解后，并在自己的脑海中融会贯通，最后仅用一个小时就将碑文草稿完成。然后，一边大声朗读，一边进行修改，待自己觉得顺口了，满意了，先送给马俊同志审查。马俊同志一天后对我说：'大体就这样了，我改了改，不需召开会议讨论了，你按三四百字要求草拟两种式样的稿子就可以了。'我按马院长的要求，以草稿为基础，重新草拟成为360字和246字的两种式样的碑文讨论稿，并请区志办《宁夏史志研究》刊物负责人李仲三照原稿各誊清一份，最后又备复印一份，手抄稿上报区党委宣传部，复印件我自己保存至今。"

后来区党委宣传部把碑文讨论稿交到区党委常委会上审批通过了，又做了适当修改，最终的定稿为297字。落款为："中共宁夏回族自治

区委员会、宁夏回族自治区人民政府。公元一九八六年十月"。

2005年，为纪念毛泽东率领中央红军翻越六盘山70周年和长征胜利70周年，自治区党委、政府在原六盘山红军长征纪念亭的基础上进行改扩建，建成了六盘山红军长征纪念馆。纪念馆整体建筑由纪念馆、纪念碑、纪念广场和纪念亭、吟诗台五部分组成，南北呼应，浑然一体，规模壮观。纪念广场占地10000平方米，门口两组铜制群雕再现当年"回汉人民迎红军"和"红军翻越六盘山"的壮观场面；纪念广场的迎壁墙由三面红军军旗组成，高12米，长60米。上面镌刻着江泽民同志题写的"长征精神永放光芒"八个大字，激励着前来观瞻的千百万游人奋发进取。纪念馆陈列面积2159平方米，由"红军不怕远征难""红旗漫卷西风""三军过后尽开颜"三部分组成。馆内共展出实物279件、图片184幅、电子图表5个、沙盘一个、蜡像10尊，再现了中国工农红军长征及四次经过六盘山地区时的斗争历史。纪念碑坐落在纪念馆顶部4900平方米的平台上，高26.8米，长18米，宽4.5米，正面为江泽民同志题写的"六盘山红军长征纪念碑"碑名，东西两侧分别为毛泽东手书的著名诗篇《七律·长征》和《清平乐·六盘山》。由胡耀邦同志题名的"长征纪念亭"和毛泽东"吟诗台"坐落在纪念馆西面的山峰上，使整个景区气势恢弘、景象壮观。驻足山巅，俯瞰云海，其吐纳山川、波澜壮阔的景象会让人感受到天地浩然之气。革命传统教育基地还有将台堡红军长征胜利会师纪念园，单家集清真寺，小岔

| 江泽民题字

沟毛泽东宿营地任山河革命烈士陵园。

将台堡红军长征胜利会师纪念园，位于西吉县城南30公里处的葫芦河东岸的将台堡是一个历史悠久的小镇。2000多年前的先秦时代，秦长城由此经葫芦河向东延伸，构成了一道古老的军事屏障。将台城堡最早修筑于北宋，历代都有所修葺，城堡东西长70米，南北宽68米，堡墙高10米，正南面的堡门上是薄一波先生题写的"将台堡"三个大字。

1936年10月9日，中国工农红军第一、四方面军在甘肃会宁会师。10月22日，红二方面军总指挥贺龙、政委任弼时、副政委关向应和随二方面军行动的红军原总参谋长刘伯承率领总部及二军团官兵同红一方面军一军团代理军团长左权、政委聂荣臻、政治部副主任邓小平及所部二师（师长杨德志、政委肖华）官兵在将台堡会师。红二方面军总部就设在将台堡城堡内。会师部队举行了盛大的联欢会。至此，中国工农红军三大主力实现最后会师。

1996年，在纪念长征胜利结束60周年之际，在将台堡修建了"中国工农红军长征将台堡会师纪念碑"，江泽民同志题写"将台堡红军长征胜利会师纪念碑"碑名。10月22日纪念碑修建落成之际，毛泽东的儿媳邵华将军携子毛新宇和部分长征老红军代表亲赴将台堡参加了纪念活动。2006年，在纪念中国工农红军长征胜利会师70周年前夕，西吉县委、县政府改扩建为将台堡中国工农红军长征胜利会师纪念园。重建的纪念碑碑高26米，巍峨耸立，气势宏伟，它昭示人们长征精神与日月同辉与山河共存。古堡内的红军会师纪念馆及红军指挥部旧址面积达320平方米，主要陈列三大红军主力会师的图片和实物，以及大型电子导游沙盘、雕塑、浮雕等，通过图片和实物向人们展示了红军当年艰苦创业的战斗历程。陈列的革命文物有国家一级文物红军大马刀，红军遗留下的扁担、马灯、藤篮、工具箱、饭盒、水壶、火药盒、钟表、手雷、医药箱等，还有红军收发电文用过的小炕桌以及宋任穷、张爱萍、王平、孙毅、张震等几十位老将军的珍贵题词碑刻。

| 红军长征将台堡会师纪念园

单南清真寺始建于清光绪年间,是陕西白彦虎往俄罗斯过境之时为遗留散居者建立的陕西回民的第一个清真寺,故称"陕义堂"。寺内设有礼拜大殿,中有过亭、北厢房、水房、阿訇房和门楼。这座历经沧桑的寺院,仿佛一位饱经沧桑的老人,向人们讲述那艰苦日子里的一个个红色的故事,展示那峥嵘岁月里的一幕幕壮举。

清真寺北厢房及厢房后院,毛泽东住宿过的房屋门窗和墙壁上弹片的痕迹清晰可见。2006年,为纪念中国工农红军长征胜利70周年,西吉县委、县政府投资修建了纪念广场和纪念碑,对清真寺厢房和毛泽东宿的小院进行了修缮,使单家集革命遗址和将台堡红军长征胜利会师纪念园成为"六盘山红军长征系列红色旅游经典景区"的重要组成部分。

任山河革命烈士陵园 任山河革命烈士陵园位于距彭阳县域西北20公里处的古城镇任山河村,是自治区爱国主义教育基地、国务院批准的"全国第三批革命烈士建筑物重点保护单位"。

1955年修建了烈士陵园。以后又安葬了4名红军战士及21名剿匪牺牲的烈士，还安葬着对越防御战中牺牲的彭阳籍一等功臣陶克叶烈士的骨灰盒。1998年对陵园进行大规模改扩建，新陵园占地2.6万平方米，由纪念碑、烈士墓冢、纪念亭、陈列厅、吊唁广场组成。通往纪念碑的条石台阶共64级，是指中国人民解放军第六十四军；碑身为红色花岗岩的纪念碑高19.49米，指任山河战斗发生在1949年。碑身正面镶嵌着"革命烈士永垂不朽"八个仿毛体大字。碑身北面铭刻原六十四军军长曾思玉将军的题词："正气留千古，丹心照万年。"

小岔沟毛泽东宿营地是中国工农红军长征途时毛泽东在固原的五天四夜里的第三个宿营地。该民居坐北面南，依山而建，占地面积一千余平方米，院内有窑洞八孔，现存五孔，中间一孔曾为毛泽东当年居住。当地人民政府即对其采取了保护和修缮措施。1996年彭阳县人民政府公布为县级重点文物保护单位，中共彭阳县委组织部、宣传部、县文物站设立了保护标志，划定了保护范围，建立了保护档案，并立了标志牌。窑内保存有毛泽东当年夜宿时用过的六条腿柜、带"福"字雕花木椅、案板、水缸等生活用具。2004年更名为"毛泽东长征宿营地"，被中共彭阳县委、彭阳县人民政府确定为爱国主义教育基地。

## 凿隧道贯通六盘山
## 修高速连接青兰路

六盘鸟道不光指六盘山上道路崎岖难行，也指三关口一带整个弹筝峡道路临崖狭窄，弯转难行。

民国13年（1924年）整修原陕、甘大车道。民国16年（1927年），再次修筑。路段因地形复杂，又未勘测设计，边修边改，耗工较大。民国18年（1929年），用以工代赈加宽路面，并改原三关口沿泾河经瓦亭至和尚铺一段，走清水沟、什字、卧羊川至和尚铺。三关口、清水沟和六盘山石方工程，连续施工四年。民国24年（1935年）5月，第一次行驶客车。民国26年（1937年）9月至次年6月，耗工42万余工日。整治三关口隧道和六盘山险道。但仍坡陡湾急，车行视为畏途。1964年，修成清水沟、杨家庄、什字3座钢筋混凝土桥。以后陆续修涵洞86道。1968年，投资81万元改造六盘山盘山路段，此段东侧原22个回头湾改为18个，最小曲线由8米扩为15米，最大纵坡由11%降为8%以内。1976年，铺筑沥青路面。1983年，改造三关口隧道，由7.5米拓宽为10米，并砌筑驳岸。1986年9月至1989年底，投资767万元，改造苋麻湾至小六盘23公里路面；投资240万元，凿通三关口隧道234米。路基由原8.5米加宽至12米，路面由7米加至9米，桥、涵载重由单车15吨改建为20吨，路级由三级上升为二级。

为解决六盘山盘山公路行车艰险，经自治区交通部门多年调查、论证，国家将六盘山公路隧道列入交通部第八个五年计划重点工程。1991年3月4日由宁夏回族自治区交通厅、甘肃省公路规划设计院、重庆公路科研监理办与中国人民武装警察部队交通第五支队签订《西兰公路六盘山隧道勘测设计合同》。1991年5月20日完成施工图设计。

隧道横穿伊家沟与洪水河分水岭，沟谷横坡35°，构成东陡西缓的不对称截面，轴线走向NE57°，全长2385米。所穿越单斜地层构造，属中生代下白垩系。为暗紫色层状钙质、泥质粉砂岩和蓝灰色层状泥晶白云岩。隧道进口桩号为K6+240，路面中心标高2335.39米，单向纵坡为2.4%；出口桩号为K8+625，路面中心标高2392.63米。隧道净宽10.5米，拱顶净高7米，限载净高5米。隧道引线全长9.891公里，其路基宽度8.5米，路面净宽7米。涵洞63.4米/道，桥涵与路同宽。洞口两端设过渡段，东口长100米，西口95米，路基宽12米，路面宽9米。配套排水沟480米，隧道涌水总量为679.49立方米/小时，一氧化碳浓度允许值150PPm，平均亮度6.9LX。设计车速40公里/小时，交通量5000辆/昼夜，混合交通量6923辆，车辆荷载：汽车20吨，挂车100吨。

工程征用土地23.52亩，林地75.35亩，动用土方3973千立方米，石方202643千立方。工程总额5713.897万元，隧道平均每米造价2.396万元。

洞内设置照明、通风、消防、通信、排水等设施。两端洞口设置收费、养护、管理、维修等设施。照明通风用电总负荷567千瓦。风机35台，输电线路17公里。路灯间隔200米，平均照明度1.8b1，安全设施740米/标志。值班房配电室4幢，计376.36平方米。隧道两端重丘山岭接线线路总长0.77624公里。

1995年10月1日,321国道六盘山公路隧道正式通车,缩短通过六盘山时间1小时。

为加强战备,缓解321山路运输压力,国家交通部决定修筑兰(山)宜(川)公路(309线)。

宜(川)兰(州)公路(309线),东起陕西宜川县,西迄甘肃省会兰州市,全长837公里。设计要求路线走向不得偏离36°纬度线5公里,因而在地图上似一直线,局部蜿蜒起伏于群山沟壑中。全线均为三级公路,沥青路面,路基宽8.5米,路面6米。从甘肃镇原县马成河桥进入宁夏,经彭阳县王洼乡入原州区河川乡郭家湾,越黄峁山,在三里铺与银平公路相交,经南郊、西郊、中河、红庄乡,从庙湾垭口出县,进入西吉县偏城乡。由县城沿此路西去西吉63公里,去兰州市335公里,东去宜川502公里。1989年路段交通量(折算混合平均日交通量,下同)为:黄峁山岔路口至三里铺256辆,三里铺至固原(与银平公路重复段)1463辆,固原至卢家堡子(与银平路重复段)1953辆,卢家堡子至中水河桥岔路口450辆,中水河桥岔路口至偏城216辆。

此路是交通部投资兴修的国防公路。从马成河桥至偏城段136公里,由宁夏公路处于1972年7月开工修筑,调集固原、西吉、海原、隆德、泾源、同心6县民兵5800余人,完成路基土石方工程533万立方米,建桥12座、长398米,建涵洞323道。投资3134万元。1978年10月15日竣工通车。时值"文革",实行"大兵团作战",施工质量较差,加之有的路段黄土山体滑坡,1982年沥青重新表处21.3公里,沥青罩面35.7公里,追加投资110万元。

2016年7月30日,国家实施的六盘山集中连片特困区重点工程青(岛)兰(州)、高速公路(宁夏境)重点控制性工程六盘山特长隧道正式建成通车。11时,一辆来自江苏的越野车通过六盘山隧道,标志着我国海拔2000米以上高原地区最长高速公路隧道正式全线通车,也标志着青兰高速宁夏段顺利通车。以往车辆经过六盘山需要1个多

六盘山隧道顺利贯通留影

小时,现在只用 10 分钟,路程缩短 24 公里,该隧道提前 3 个月通车,给陕西、宁夏、甘肃、青海四个省区 61 个贫困县区 1400 万人口参与丝绸之路经济带建设提供重要交通保障。六盘山隧道借鉴了海底隧道、秦岭隧道等建设经验,采用了 16 项新技术。隧道全长 9480 米,是宁夏回族自治区第一条双线四车道特长隧道。隧道内 5 公里处是特殊灯光带,2000 米长的海底世界和蓝天白云灯光设计美轮美奂,能够调节驾驶员视力,减少疲劳,同时提升司机和乘客舒适度。隧道设有中央控制、交通监控、闭路电视、火灾警报、紧急电话、救援、广播、照明、通风、供配电和消防等 10 大国际领先水平机电系统。其中智能车道指示器在全国首次使用,一旦隧道内发生交通事故,每 38 米就有一个紧急按键,隧道内 2 分钟内启动紧急处置,隧道口也将自动关闭。

青兰高速山路是国家促进集中连片特困地区发展,加快西部地区"通疆达海"公路运输通道建设的重要举措,作为宁夏重点工程的东毛(东山坡至毛家沟)高速是宁夏境内重点工程。项目总投资 42.07 亿,于 2012 年 10 月开工建设,2016 年 7 月建成通车。它起于泾源县东山坡,连接福银高速公路同心至沿川子段,向西穿越六盘山,经隆德县与甘

青兰高速六盘山隧道

宁交界毛家沟止，与定西高速公路西段相结，全长50.193公里，双向四车道。设计时速每小时80公里。

考虑到六盘山腹地地质条件，隧道设计为单洞分离式隧道，暗洞以锚杆、喷射混凝土、钢拱架等为初期支护，采用模筑混凝土或钢筋混凝土二次衬砌，并在两次衬砌之间敷设土工布及防水板，整个支护体系结构为复合式。为了行车安全，隧道内设计有加宽车道、特殊照明段及特色绘画装饰等，并通过车行横道和两个隧道相连通，以便处理紧急情况。

东毛高速通车后，固原市一区四县，全部通高速，乡镇全部通油路，村村全部通公路。六盘山公路上再看不到重卡刹车浇水降温，看不到拖拉抛锚车。车如流水，平缓运动，徐徐越山。司乘人员不急不躁，平安旅行。六盘山路不再是鸟道，而是金道、银道、平安道、致富道，是通往北京的连心道，是通往世界的新丝绸道。